성경해석과 복음

정 규 철

Biblical Interpretation and Gospel

by Kyu Chul Chung

성경해석과 복음

2021년 8월 15일 초판 1쇄 인쇄
2021년 8월 20일 초판 1쇄 발행

저 자 • 정 규 철
발행인 • 조 경 혜
발행처 • 도서출판 그리심
07030 서울시 동작구 사당로2길 72 인정 B동(B01호)

등록번호 • 제 7-258호(1998. 4. 23)
출 판 사 • 전화 523-7589 팩스 523-7590
전자우편 • grisimcho@hanmail.net
블 로 그 • http://blog.naver.com/grisimgrisim
• http://smartstore.naver.com/grisimgrisim

값 : 표지 뒷면에

ISBN 978-89-5799-459-7 (93230)

저자 정규철

총신대학교 졸업
총신대학교 신학대학원 졸업
총신대학교 대학원 Th,M., Ph.D. (조직신학)
국제신학대학원대학교 Ph.D. (신약신학)
왕십리교회 부목사
포리교회 담임목사
계약신학대학원대학교 교수
현 국제신학대학원대학교 초빙교수 및 이사
현 예수인교회 협동목사

저서
「성경무오: 역사적 증명」
「요한복음의 새 창조」

역서
「성경무오와 교회」
「그리스도의 동정녀 탄생」

공저
「성경과 개혁신학」 (서철원박사은퇴기념논총)
「한국교회를 빛낸 칼빈주의자들」

머 리 말

신학의 모든 분야는 성경해석과 관련이 있다. 성경해석은 구약과 신약의 성경신학은 물론 교회사와 실천신학과 설교학과 선교학과도 연관된다. 조직신학은 성경해석의 종합적 결론으로 보아 무방할 것이다.

문제는 성경해석의 목표가 무엇이냐에 있다. 성경해석의 목표가 복음선포에 있다. 성경해석은 단순한 글자 풀이를 넘어서 궁극적으로 예수 그리스도의 복음을 드러내야 한다고 본다. 성경해석은 성경 메시지의 전달이다. 그것은 곧 복음의 전달이다. 성경해석은 복음을 드러내고 복음을 선포하는 신학적 작업이다. 복음을 한마디로 요약한다면 예수 그리스도의 성육신 인격과 그의 구속 사역이라 할 수 있다. 그 흔한 설교에서 복음이 선포되면 교회는 영생을 누릴 것이다.

이 책은 이러한 의도를 드러내려 하였다. 오랫동안 강의한 주제이기도 하고 약간은 창의적인 성경해석에 대한 나의 관점을 드러내고 싶었다. 제1부에서는 성경해석의 역사를 선별하여 정리하였고, 제2부에서는 성경해석의 실제를 몇몇 주제로 다루었다. 이 책의 내용 중에 글의 흐름을 위해서 이미 출간된 나의 저서에 발표된 내용 중 일부를 게재하였고, 「신학지남」과 인터넷 신문에 이미 발표했거나 박사과정 중 제출했던 글들을 포함시켰다.

나는 몇 년 전부터 이 책을 출간하고자 했다. 그러나 이 책의 제목을 선뜻 정하지 못했고, 책의 분량과 내용이 과연 적절한 것인지에 대한 자문이 없지 않았다. 그리고 출간비용도 신경을 쓰지 않을 수 없었다. 그러나 복음선포의 일환으로 책 제목을 정하고 나니까 한결 마음이 가벼워짐을 느꼈다.

이 책의 출간과 관련하여 나에게는 큰 변화가 있었다. 재직하던 학교가 재정의 어려움으로 폐교 결정을 하여 퇴직을 할 수밖에 없었다. 그래도 지난 21년 동안 계약신학대학원대학교에서 처음부터 전임으로 재직할 수 있었던 것은 하나님의 은혜였다. 담임목사 사임 이후 협동목사로 받아준 친구 민찬기 목사에게 감사하고, 국제신학대학원대학교 초빙교수로 강의할 수 있게 배려한 친구 나원 이사장에게 고마움을 표한다.

이번에도 이 책을 출간하여준 도서출판 그리심 대표 조경혜 권사님께 심심한 감사를 드린다.

2021년 7월

정 규 철

목 차

제2부 성경해석의 실제

제9장 창세기 24장의 상속자 개념

제10장 호세아의 미션

제11장 고린도전서 12:3-11 주해

프롤로그

성경해석학(hermeneutica)이라는 말이 처음 사용된 것은 슈트라스부르크(Straßburg) 출신의 단하우어(Johann Konrad Dannhauser, 1603~66)가 1654년에 출판한 「성경주석의 방법으로서의 성경해석학」(*Hermeneutica Sacra sive Methodus Exponendarum Sacrum Literarum*)이다. 이 저서의 제목에서 암시하고 있듯이, 해석학은 17세기부터 문헌해석의 방법에 관한 학으로 규정되었다. 이러한 해석학의 정의가 충분하다고 할 수 있는지는 검토할 필요가 있다.

1 Chapter 성경해석학 서론

해석학을 논함에 있어서 가장 중요한 것은 해석학의 정의일 것이다. 성경해석은 무엇이며, 성경해석은 왜 필요한가?

1. 성경해석학의 정의

해석학(hermeneutics)은 헬라어 '헬메뉴오'(έρμηνευω)에서 유래되었다. '헬메뉴오' 는 헬라신화의 헤르메스(Hermes)와 연관이 있다. 날개 달린 헤르메스는 제우스의 메시지를 인간에게 전달하는 신이었다. 헤르메스는 인간의 이해능력을 초월해 있는 것을 인간이 파악할 수 있도록 전환시켜 준다. 그의 사명은 인간의 세계와 근본적으로 다른 세계의 의미 연관을 인간의 세계에서 이해되는 의미로 옮겨 주는 것이었다. 그래서 이 단어의 여러 다양한 형태들은 어떠한 사물이나 상황이 이해 불가능한 것에서 이해 가능한 것으로 옮겨지는 과정을 보여주고 있다. 헬라인들은 인간의 이해능력이 의미를 파악하고 이를 다른 사람들에게 전달하기 위해 사용하는 도구인 언어가 헤르메스의 덕택이라고 믿었다. 흥미로운 것은 이 헤르메스가 사도행전 14:12에 언급되었다는 점이다. "바나바는 제우스라

하고 바울은 그 중에 말하는 자이므로 헤르메스라 하더라." 바울 당시에 바울은 메시지 전달자로서 인식되었다. 사실 바울은 복음 메시지의 전달자였다. 마틴 하이데거는 철학 자체를 '해석'이라 보고 해석학으로서의 철학을 명시적으로 헤르메스와 연관 짓기도 했다. 철학에도 의미전달의 개념이 있는 셈이다.

따라서 헤르메스에서 유래된 성경해석학의 기본적인 의미는 하나님의 메시지를 전달하는 이론이다. 다시 말하자면 "성경해석학은 성경 메시지의 전달에 관한 학"이라고 할 수 있다. 성경 메시지의 전달은 하나님의 말씀의 전달이다. 성경해석은 복음을 전달한다. 하나님의 말씀인 성경의 핵심은 예수 그리스도의 복음이다. 그래서 성경해석학은 가감과 왜곡 없는 하나님의 말씀인 복음의 전달에 관한 학이다. 해석은 어원적인 의미에서 단순히 메시지 전달이라고 한다면, '해석의 타락'이라든가, 해석과 해석학은 '저주' 라는 주장은 성립할 수 없게 될 것이다.[1] 하지만 불행하게도 해석의 타락은 있었다. 해석의 타락은 가감과 왜곡된 메시지 전달이다. 타락한 해석의 원조는 사탄이다. 사탄은 선악과를 먹으면 반드시 죽으리라는 하나님의 말씀을(창 2:17) 결코 죽지 아니하리라고 타락한 해석을 시행했다(창 3:4). 잘못된 하나님의 메시지 전달은 인간의 타락을 가져왔다(창 3:6).

'헬메뉴오'는 '번역하다'는 의미가 있음을 성경 자체가 말한다.[2] 세계

---

1) 제임스 K. A. 스미스, 「해석의 타락」, 임형권 역 (서울: 도서출판 대장간, 2015), 34, 60.

2) 예컨대 달리다쿰은 아람어로서(ταλιθα κουμ; טליתא קום)로서 달리다는 소녀라는 말이고 쿰은 일어나라는 말이다. 임마누엘(εμμανουηλ; עמנואל)을 번역하면 '하나님이 우리와 함께 하신다' (마 1:23)의 뜻이고, 골고다(γολγοθα)는 '해골의 곳' (막 15:22), 메시야(μεσσια; משיח)는 번역하면 '그리스도' (요 1:41), 게바(κηφας; כיפא)를 번역하면 '베드로' 라는 뜻이다.

최초의 번역 탈굼역과 유명한 70인경을 비롯하여 라틴어역, 루터의 독일어번역, 킹제임스역, 개역한글, 바른성경 등 지구상의 수많은 성경 번역은 하나님의 말씀인 복음의 전달이라는 성경해석의 과업에 매우 매우 큰 영향을 끼쳤다.

'헬메뉴오'의 의미가 메시지 전달이라면, 성경의 메시지는 예수 그리스도의 성육신 인격과 구원사역이라는 복음의 메시지이기 때문이다. 하나님의 메시지는 사도 요한의 복음서 기록 목적과 같다(요 20:31). 따라서 성경의 목표는 사람들이 주 예수 그리스도를 믿어 영생을 얻도록 하는 데 있기 때문에 성경해석의 목표도 사람들이 하나님의 아들의 성육신인 예수 그리스도의 구속사역을 믿어 죄 사함 받아 멸망하지 않고 영생 얻도록 한다는 성경 메시지와 하나님의 말씀인 복음을 전달하는 것이다.

2. 성경해석의 필요성

박형용은 다섯 가지 필요성을 제시했으나, 저자는 여기에 한 가지를 더 추가한다.[3] 이는 웨스트민스터 총회에서 채택된 표준문서에 따른 것이다.

첫째, 언어적인 차이(Language gap)를 극복하기 위해서이다. 성경과 독자의 언어에 차이가 있다.

둘째, 시간적 공간적 차이(Chronological and Regional gap) 때문이다. 과거에 기록된 성경의 장소와 현재의 독자들 사이에는 시간적 공간적 차이가 있다.

셋째, 의사소통의 차이(Communication gap)가 있기 때문이다. 성경 기

3) 박형용, 「성경해석의 원리」 (수원: 합동신학대학원출판부, 2002), 9-10.

록자들과 현대인들 사이에는 지식, 경험, 문화, 상식이 서로 다르다.

넷째, 표현의 차이(Expressional gap) 때문이다. 성경 언어와 현대어가 같지 않다.

다섯째, 성경 자체가 성경해석의 필요성을 보여준다. 누가복음 24:26-27에 보면, 예수 그리스도께서 친히 성경의 해석자가 되셨다. 그래서 이 두 제자는 복음을 알고 믿었다. 사도행전 8:34-35은 빌립이 에디오피아 여왕 간다게의 모든 국고를 맡은 관리인 내시에게 선지자 이사야의 글을 해석해주었다. 빌립의 설명을 들은 그 관리는 복음을 믿었다. 디모데후서 2:15에서 진리의 말씀을 옳게 분변하라고 권면하는 것은 성경해석의 필요성을 보여준다. 베드로후서 3:16에 따르면, 바울 서신 가운데 이해하기 어려운 것들도 있다는 것은 성경해석의 필요를 말해준다.

여섯째, 성경은 교회의 구원에 필요하다. 교회는 성경의 메시지를 통하여 구원을 받았고 받고 있으며 받을 것이다. 교회는 성경의 복음 메시지를 통하지 않고는 발생과 진행과 성장이 불가능하기 때문에 교회의 구원을 위하여 성경이 필요하다.

3. 성경해석의 법칙

성경은 어떻게 해석할 것인가? 성경해석은 문법적 역사적 신학적 해석을 하더라도 성경 자체에 의한 해석이어야 할 것이다. 이러한 성경해석의 법칙은 저자가 '성경해석학의 정의'에서 주장하는 바와 같이 성경해석은 성경 메시지의 전달이기 때문에 '성경해석의 법칙=성경 자체'(Scriptura sui ipsius interpres)라는 규정이 타당한 것으로 보인다. 「웨스트민스터 신앙고백서」에 따르면, "성경해석의 정확 무오한 법칙은 성경 자체이다."[4)]

이미 칼빈도 성경 자체가 성경해석의 최고의 법칙임을 그의 성경해석과 신학 작업에 사용하였다.[5)]

성경이 성경을 해석하는 최대 적용은 신약이 구약의 해석이라는 데 있다. 구약 해석의 최고 원리는 신약이다. 신약 없이 구약은 해석이 되지 않는다. 마태복음의 첫 구절인 "아브라함과 다윗의 자손 예수 그리스도의 계보라"(마 1:1)를 비롯하여, 사도행전 2장의 오순절 성령강림에 대해서 베드로가 구약 요엘서와 시편을 인용하면서 해석한 설교와, 히브리서 등 신약 전체는 구약 전체에 대한 해석이라고 할 수 있다. 유대교는 신약을 배격하고 구약을 해석한 결과 자연종교가 되었다.

4. 성경해석의 영광과 폐해

요셉은 하나님의 계시인 바로의 꿈을 해석하여 죄수의 신분에서 일순간 애굽 제국의 총리가 되었다(창 41:1-45). 시대를 달리하여 성경에 등장한 다니엘도 하나님의 계시인 느부갓네살 왕의 꿈을 해석하여 바벨론 제국의 총리가 되었다(단 2:1-49). 이러한 사례들은 성경해석의 영광이라 할 수 있다. 이와 반대로 스데반처럼 하나님의 메시지를 그대로 전달하는 성경해석을 잘했음에도 불구하고 순교를 당한 사례도 있다(행 7:1-60). 요한계시록에 등장하는 소아시아의 일곱 교회는 수백 년 동안 성경해석을 잘

4) 웨스트민스터 신앙고백서 제1장 9절; 「헌법」, 개정판 (서울: 대한예수교장로회총회 출판부, 2015), 276.

5) 안명준, "존 칼빈의 신학적 해석학: Scriptura sui ipsius interpres 원리를 사용한 Brevitas et Facilitas 방법론," 「장로교회와 신학」 1권 (2004), 167-87.

하다가 이슬람의 협박에 굴복하여 하나님의 메시지 전달인 성경해석을 포기한 결과 이슬람으로 변절하여 그 교회들이 자취를 감추고 현대에 이른 것으로 보인다. 참으로 안타까운 일이라 아니 할 수 없다. 같은 바울이 선교한 헬라 지역의 교회들은 아직까지 그 교회들이 정통교회라는 이름으로 존속되고 있다. 예컨대 빌립보교회, 데살로니가교회, 고린도교회, 베뢰아 교회 등이 그렇다. 이것은 이 교회들이 하나님의 메시지 전달인 성경해석을 지금까지 유지한 결과로 보인다.

어떤 면에서 철학은 성경의 메시지 전달인 성경해석에 영향을 끼쳐 하나님의 메시지를 철학적으로 변질시킨 것으로 보인다. 유대인 철학자 필로는 플라톤의 철학으로 구약성경을 해석하여 성경의 메시지를 왜곡시켰다. 중세의 토마스 아퀴나스는 아리스토텔레스의 철학으로 신학을 정립하여 성경의 메시지를 왜곡하여 자연신학이 되게 했다. 슐라이어막허는 칸트 철학으로 성경을 해석하여 계시종교인 기독교를 인본주의적인 자연종교가 되게 하였다. 불트만과 바르트와 라너는 하이데가의 실존철학으로 성경을 해석하여 성경의 메시지를 왜곡하고 기독교 자체를 의미적으로 해체하기에 이르렀다. 그리하여 독일과 프랑스와 영국에서 루터와 칼빈과 낙스가 이룩한 종교개혁의 찬란한 성경해석의 영향을 감소시킨 것으로 보인다. 사도 바울에 의하면 철학은 사람의 전통과 세상의 초등학문을 따르고 그리스도를 따르지 않는 헛된 속임수이다(골 2:8).

그래도 미국은 하나님의 메시지 전달인 성경해석을 가장 바르게 한 것으로 보이는 칼빈주의적 청교도 운동의 영향으로 역사상 유례없는 초대강국을 이루었고, 한국교회 역시 전반적으로 하나님의 메시지를 전달하는 성경해석의 결과로 역사상 초유의 발전을 누리고 있는 것으로 보인다. 동남아에서 재래종교들의 득세로 인하여 하나님의 메시지 전달인 성경해석이 지장을 받음으로써 대부분의 나라가 어렵게 사는 모습은 안타까운 일이다. 가톨릭교회는 현대철학의 영향으로 기독교를 상대화하여 더 이상 하나님의 메시지를 전달하지 못하고 있다. 그리스와 러시아의 정교회는 성상과 성화숭배를 교리화하여 하나님의 계명을 어김으로써 과거의 영광에서 후퇴하는 모습을 보여주고 있다.

제1부
성경해석의 역사

I

어떤 주제를 연구하는 가장 기본적인 방법은
그 주제에 관한 역사를 살펴보는 것이다.
예를 들어 인터넷에 대해서 알고자 하면
인터넷의 항목에서 인터넷의 역사를 살펴보면
인터넷에 대한 정보를 습득할 수 있을 것이다.
철학이나 경제학이나 예술은 물론이고
성경해석학도 마찬가지이다.
성경해석이 무엇인지를 파악하려면
일단 성경해석의 역사를 살펴보아야 할 것이다.

어떤 주제를 연구하는 가장 기본적인 방법은 그 주제에 관한 역사를 살펴보는 것이다. 예를 들어 인터넷에 대해서 알고자 하면 인터넷의 항목에서 인터넷의 역사를 살펴보면 인터넷에 대한 정보를 습득할 수 있을 것이다. 철학이나 경제학이나 예술은 물론이고 성경해석학도 마찬가지이다. 성경해석이 무엇인지를 파악하려면 일단 성경해석의 역사를 살펴보아야 할 것이다. 역사를 살펴보면 최소한 성경해석이 무엇인지를 알 수 있고, 그동안 성경해석의 역사를 통하여 성경해석의 장단점을 인지할 수 있을 것이다. 그래서 먼저 성경해석이 그동안 어떻게 진행되어 왔는가를 살펴보면서 하나님의 뜻이 얼마나 잘 전달되어 왔는지를 평가할 것이다.

2 Chapter 유대인의 성경해석

오늘날 이 지구상에서 유대인을 누가 무시할 수 있을까? 과연 누가 객관적으로 유대인들을 무시할 수 있을까? 2,000여 년간이나 나라 없이 떠돌던 유대인은 지금 이 세상에서 아무도 무시하지 못할 실력과 경제력을 소유한 민족이 되었다. 지구상에는 약 70억의 인구가 산다. 유대인은 전 세계에 산재한 인구가 통틀어 1,600만 명이라 한다. 그러나 이스라엘의 인구는 450만에 불과하다. 미국과 이스라엘에 걸쳐 있는 인구가 400만이다. 0.2%의 인구가 노벨상의 1/2을 차지했다. 세계를 지배하는 미국의 실질적 지배자는 유대인이다. 상원과 하원에서 이스라엘이 요청하는 전쟁비용은 항상 배 이상 예산을 추가해서 집행한다. 이를 반대하는 의원은 다음 선거에서는 무조건 낙마한단다. 아인슈타인, 에디슨, 스티브 잡스 등 세계 21인의 위인 중 15명이 유대인이다. 이런 것을 보면 그 누구도 유대인을 무시할 수 없다. 정치와 경제와 학문과 예술과 방송과 영화 그리고 은행 등의 분야는 물론이고 심지어 신학에서도 유대인의 해석은 빼놓을 수 없다. 왜냐하면 유대인에게 토라와 성경은 매우 중요하기 때문이다. 그래서 우리는 많은 분야 중에서도 그들의 성경해석에 주목하고자 한다.

우리가 유대인의 성경해석을 살펴야 하는 이유는 일단 성경해석에 있어서 유대인의 성경해석의 역사가 가장 오래되었기 때문이다. 성경해석의 역사에 유대인보다 앞선 것은 없다고 해도 과언이 아닐 것이다. 어떤 면에서 유대인의 저력은 성경해석의 능력에 있다고 해도 사실과 다르지 않을 것이다. 그렇다면 유대인의 성경해석의 핵심은 무엇일까? 우리는 유대인의 성경해석의 핵심은 탈무드의 이해에 있다고 보고 탈무드에 주목할 것이다. 구약성경 각권의 주석과 해석을 모은 미드라쉬(Midrash)로는 특정 주제의 효과적인 연구를 위하여 번거롭기 때문에 주제별로 모은 효과적인 방법이 필요했다. 그래서 3세기 초 에후다 하다시가 그러한 저서를 편찬했고, 그것은 미쉬나로 알려지게 되었고, 미쉬나도 세월이 지나 해석할 필요가 있어서 미쉬나의 해석집인 게마라가 편찬되었다. 탈무드는 미쉬나와 게마라를 합친 것이다.[6)]

1. 탈무드

탈무드(תַּלְמוּד; Talmud)는 '구전율법'의 총칭이다.[7)] 배제민은 탈무드가 구약의 해석이라고 평가한다.[8)] 그러나 히브리 사람들이 이룩해 놓은 구약성경의 주석이라는 설명은 더 설명되어야 할 것이다. 미쉬나는 모세가 율법을 해설했다는 구전율법의 모음집이라고 랍비 마이클 카츠와 랍비 거숀 스워츠의 보다 구체적인 설명이 있기 때문이다.[9)] 마이클 카츠와 거

6) 마이클 카츠, 거숀 스워츠 공저, 「원전에 가장 가까운 탈무드」, 주원규 역 (서울: 바다출판사, 2018), 22.

7) 이희영, 「솔로몬 탈무드」 (서울: 동서문화사, 2006), 137.

8) 배제민, 「새로운 형태의 구약연구」 (서울: 총신대학출판부, 1982), 117를 보시오.

9) 마이클 카츠, 거숀 스워츠 공저, 「원전에 가장 가까운 탈무드」, 55.

숀 스워츠의 설명이 옳다면 탈무드는 구약성경의 해석이 아니라 유대 전승의 해설집에 불과하다. 구전율법은 성문율법의 설명이라고는 하지만,[10] 우리가 성경 기록의 종결 교리를 믿는다면(계 22:18-19), 구전율법은 이미 성문율법에 다 포함되어있다고 할 수 있다. 그리고 미쉬나인 구전율법은 성문율법의 어느 구절을 해석한 것인지를 밝히지 않아서 성문율법의 해석이라고 하기에는 불분명한 측면이 있다. 따라서 엄밀하게 말한다면 탈무드는 구약성경 이외의 추가적인 유대인들의 전승이라고 할 수 있을 것이다. 이 책은 주전 3백년부터 주후 5백년에 이르는 800년 어간에 가록되었다. 탈무드는 미쉬나(מִשְׁנָה)와 게마라(גְּמָרָא)라는 두 부분으로 되어 있다. 탈무드의 부피는 소가 끄는 우차에 가득가득 실어서 열두 우차가 될 정도였다. 미쉬나는 구약성경의 주석이라는 구전율법이고, 게마라는 미쉬나의 주석이다.[11] 그러면 실제적으로 탈무드는 구전율법의 해석이라고 할 수 있을 것이다.

1) 미쉬나

(1) 미쉬나의 뜻

미쉬나(מִשְׁנָה)는 '둘째 번' 비파라는 뜻을 가진 미쉬네(מִשְׁנָה: mishne)에서 왔다는 말과, '반복하다, 말하다, 가르치다, 입으로 전하다'라는 뜻을 가진 샤나(shana)에서 왔다는 말이 있다. 미쉬네에서 왔다면 미쉬나는 '두 번째'라는 뜻이겠고, 샤나에서 왔다면 미쉬나는 '입으로 가르침'이라는 뜻이다. 그래서 미쉬나는 '구전율법'이다. 히브리 사람들은 탈무드를 '성경

10) 마이클 카츠, 거숀 스워츠 공저, 「원전에 가장 가까운 탈무드」, 19-21.

11) 탈무드는 '공부하다, 가르침 또는 배움, 연구' 를 뜻한다. 배제민, 「새로운 형태의 구약연구」, 117; 이희영, 「솔로몬 탈무드」 (서울: 동서문화사, 2006), 137.

다음 가는 책'이라고도 생각한다.[12)]

(2) 미쉬나의 내용

미쉬나는 크게 여섯 부분으로 나누어진다. 이 부분은 「론」이라고 부른다. 각 론이 다시 분할되어 63부분이 된다. 이 부분을 「부」라고 한다. 각 「부」가 다시 분할되어 「장」으로 나누어진다. 여기서는 「론」에 대해서만 말하기로 한다.[13)]

제1론 : 제라임(11부가 들어 있다). 「제라임」(זרעים)은 씨앗이라는 뜻이다. 제1론은 농토의 경작과 산물에 대한 구약성경 구절의 주석이다.

제2론 : 모에드(12부가 들어 있다). 「모에드」(מועד)는 절기라는 뜻이다. 제2론은 안식일과 유월절 그리고 장막절 등 절기에 대한 성경 구절의 주석이다.

제3론 : 나심(7부가 들어 있다). 「나심」(נשים)은 여인들이라는 뜻이다. 결혼과 이혼에 대한 성경 구절의 주석이다.

제4론 : 네지컨(10부가 들어 있다). 「네지컨」(נזיקין)은 손해라는 뜻이다. 이웃의 재산에 손해를 주었을 때, 배상에 대한 성경 구절의 주석이다.

제5론 : 코다심(11부가 들어 있다). 「코다심」(קדשים)은 거룩한 것들이라는 뜻이다. 제물을 드리는 일과 예배에 대한 성경 구절의 주석이다.

제6론 : 테하롯(12부가 들어 있다). 「테하롯」(טהרות)은 정결한 것이라는 뜻이다. 부정한 것과 정한 것에 대한 성경 구절의 주석이다.[14)]

---

12) 배제민, 「새로운 형태의 구약연구」, 118.

13) Ibid.

(3) 미쉬나가 만들어진 기간

미쉬나는 에스라 시대부터 만들어져서 주후 220년까지 이른다. 처음에는 입으로 전해져 내려오다가 미쉬나의 부피가 증가하자 기억에 담기가 어렵게 되었다. 따라서 문서화 작업이 시작되었다. 문서화 작업은 헤롯 왕 때 활동하던 힐렐(Hillel)이 시작하였다. 이 기간에는 예수님의 지상생애가 포함된다. 힐렐은 대학자로서 방대한 미쉬나를 여섯 부분으로 나누었으며, 산헤드린의 의장이며 장로였다. 이 문서화 작업은 힐렐의 제자 아키바(Akiba)가 이어 맡았고, 다시 그의 제자 메이르(Meir)가 이어 맡았고, 다시 그의 제자 유다-하나시(Jehuda Hanasi)가 계승하였다. 유다 하나시가 문서화 작업을 완성하였다. 때는 주후 220년경이다.[15] 이 기간은 외경이 작성된 기간과 상당히 일치한다. 그렇다면 구약성경 밖에 있는 미쉬나의 내용도 구약성경 본문 자체에 대한 주석이라기보다도 외경과 같은 정도의 내용이라고 할 수 있을 것이다.

(4) 미쉬나의 목적

히브리 사람들은 "하나님 말씀은 변한다"는 생각을 꿈에도 가져보지 못하였다. 그들의 머리에는 그와 같은 생각이 날 때부터 있었던 것이다. 그들은 하나님의 말씀은 절대로 변하지 않는다고 굳게 믿고 있었다. 성경 말씀을 주신 하나님은 지금, 그리고 언제나 계시기 때문에 옛날에 주신 명령은 오늘도 효력이 있고 지켜야 한다고 히브리 사람들은 생각하였다.[16]

---

14) 배제민, 「새로운 형태의 구약연구」, 118-19.

15) 배제민, 「새로운 형태의 구약연구」, 119.

16) 배제민, 「새로운 형태의 구약연구」, 120.

예를 들어, "새끼 염소를 그 어미의 젖으로 삶지 마라"고 명령하신 그 하나님은 오늘도 계시므로, 그 명령은 오늘도 그대로 효력이 있는 명령이고, 지켜야 하는 명령이다(출 23:19, 34:26; 신 14:21). 이 명령은 히브리 사람들이 농사에 종사하고 있을 때는 지키는 데 어려움이 없었다. 어느 것이 어미 염소인지 어느 것이 새끼 염소인지 쉽게 식별할 수 있었기 때문이다.[17]

그러나 히브리 사람들이 농사일을 그만두고 상업이나 그 밖의 사업에 종사하면서부터 이 명령은 지키기가 어렵게 되었다. 자기 손으로 염소를 기르지 않기 때문에 정육점에서 사온 고기와 가게에서 사온 우유와의 촌수를 알 수 없게 되었다.[18]

삶의 상황이 변했기 때문에 불변하는 하나님의 말씀을 준행하는데 어려움이 생겨났다. 이와 같은 어려움을 타개하기 위해서 미쉬나가 만들어졌다. 그러니까 미쉬나는 순수한 학문적 해석이기보다는 삶의 상황에 직면하여 그 말씀을 실천하려는 의도로 적용적인 해석을 한 것이다. 변천하는 삶의 상황에 맞도록 미쉬나를 만들어낸 실례 중의 하나가 바로 염소 새끼와 그 어미 젖에 대한 구절이다.

'염소 새끼와 그 어미 젖'에 관한 성경 구절을 변천하는 삶의 상태에서도 지킬 수 있도록 다음 네 단계로 주석하였다. "염소 새끼를 그 어미 젖으로 삶지 말라"는 명령은, (1) "가축의 새끼를 그 어미의 젖으로 삶지 말라"는 뜻이고, (2) 이것은 곧 "고기와 젖을 함께 요리하지 말라"는 뜻이다. (3) 이것은 곧 고기와 젖을 함께 먹지 말라는 뜻이다. 이와 같은 주

17) 배제민, 「새로운 형태의 구약연구」, 120-21.
18) 배제민, 「새로운 형태의 구약연구」, 121.

석에 따라서 다음과 같은 세칙이 생겼다. (4) 우유를 섞어서 만든 과자와 고기를 함께 먹지 말 것이다. 우유제품과 고기를 함께 먹지 말 것이다. 버터를 갖고 고기를 요리하지 않아야 할 것이다. 고기를 먹은 뒤에 우유를 마시려면 두 식사시간에 해당하는 시간 뒤 곧 6시간 뒤에야 마실 수 있다.[19]

또 히브리 사람들은 곡식을 사 왔을 때, 그 곡식에서 십일조가 제하여졌는지를 먼저 알기 원하였다. 그것은 십일조를 바치라는 하나님의 명령을 어김없이 지키려는 데 있었다. 그것을 확인하기 위해서 그 곡식을 판 이웃에게 문의하였다. 그러나 농경사회가 변하여 상업이나 그 밖의 상황으로 변천한 후 이와 같이 확인한다는 것은 불가능하였다. 이유는 그 곡식이 어느 지방의 누구의 것인지 추적할 수 없었기 때문이다. 미쉬나는 이 문제를 타개하기 위해서 곡식의 임자가 누구인지 모를 때에는 무조건 사 온 곡식에서 '열의 하나' 를 떼어 놓으라고 하였다.[20]

이러한 실례는 얼핏 보면 너무나 형식에 얽매인 것 같이 느껴진다. 미쉬나를 만들어 낸 동기와 목적을 모른다면 그야말로 너무나도 형식적이다. 그러나 하나님의 말씀을 그대로 어김없이 지키고자 하는 일념으로 미쉬나를 만들어냈다는 사실을 안다면 히브리 사람들의 성경관에 경의를 표할 마음이 생길 것이다.[21] 이것은 미쉬나에 대한 배제민의 평가이다. 그러나 사실상 미쉬나에는 이와 같이 구약성경을 직접 해석하는 구절이 매우 드물다.[22]

---

19) Ibid.

20) Ibid.

21) 배제민, 「새로운 형태의 구약연구」, 121-22.

22) 마이클 카츠, 거숀 스워츠 공저, 「원전에 가장 가까운 탈무드」를 보시오.

(5) 미쉬나와 신약성경

신약성경 여러 곳에 미쉬나가 언급되었다. 예수님의 제자들이 손을 씻지 아니하고 떡을 먹는 것을 본 바리새인들과 서기관들이 예수님에게 "어찌하여 당신의 제자들은 장로들의 전통을 따라 행하지 않고 더러운 손으로 빵을 먹습니까?" 라고 물었다(막 7:1-5, 8-13). 여기의 '장로들의 전통' (thn paradosin twn presbuterwn)이 미쉬나를 말한다.[23)]

부활이 없다고 하는 사두개인들이 "형이 자식이 없이 죽으면 그 동생이 형수와 결혼해서 형을 위하여 자식을 낳아야 한다"는 모세의 율법을 빙자해서 예수님을 난처하게 만들 생각으로 "칠 형제가 자식 없이 모두 죽고 그들이 한 여자와 차례로 결혼하였는데 부활할 때에 그 여자는 누구의 아내가 되겠습니까?" 라고 예수께 물었다. 이 질문을 받고 예수님은 "부활할 때는 시집도 장가도 가지 않는다. 너희는 모세의 책 중 가시나무 떨기에 대한 글을 읽어 본 일이 없느냐" 라고 대답하셨다(막 12:20-26). 예수님의 대답에 나오는 "모세의 책 중 가시나무 떨기에 대한 글"은 미쉬나에 있는 글을 가리킨다.[24)]

미쉬나에서는 자식을 믿음으로 양육하는 데 어머님의 힘이 아주 크다고 하였다. 예를 들면, 아버지와 어머니가 다 잘 믿으면 그 자식들은 온전한 신앙인이 되지만, 아버지는 잘 믿지만 어머니가 믿지 아니하면 그 자식들은 온전한 신앙인이 될 수 없다. 그러나 아버지는 믿지 않지만 어머니가 믿으면 그 자식들은 온전한 신앙인이 될 수 있다고 미쉬나는 말하고 있다. 어머니의 힘이 크다는 미쉬나의 내용이 디모데후서에 다음과 같이 반영되어 있다. "네 속에 거짓이 없는 믿음을 생각함이라. 이 믿음은 먼저

---

23) 배제민, 「새로운 형태의 구약연구」, 122.
24) Ibid.

네 외조모 로이스와 네 어머니 유니게 속에 있더니 네 속에도 있는 줄 확신하노라" (1:5).[25]

2) 게마라

(1) 게마라의 뜻

게마라(גמרא)는 '완성하다, 끝맺다, 배우다, 가르치다'는 뜻을 가진 가마르(גמר)에서 온 말이다. 그러므로 게마라는 "미쉬나를 완성하다" 혹은 "미쉬나를 보충하다"는 뜻이다.

(2) 미쉬나와 게마라와의 관계

이스라엘 본토에서 완성된 미쉬나의 사본이 바벨론에 있는 히브리 사람들에게 전해졌다. 바벨론에서는 그곳 사정에 맞도록 미쉬나를 해석하였고, 본토에서는 본토 사정에 맞게 해석하였다. 따라서 미쉬나의 종류는 하나지만, 게마라의 종류는 두 가지가 되었다. 바벨론에서 만들어진 게마라는 바벨론 게마라라 부르고, 본토에서 만들어진 게마라는 예루살렘 게마라라고 부른다. 예루살렘 게마라에는 미쉬나 63부 가운데 39부에 대한 게마라만 있고, 바벨론 게마라에는 37부에 대한 게마라만 있다. 아마도 바벨론에서도 본토에서도 미쉬나를 모두 주석하였으나, 전해 내려오는 동안에 천재지변이나 전쟁 또는 보관 소홀로 그 일부가 소실되었다고 생각된다.[26]

---

25) Ibid.

26) 그런 면에서 우리는 그 당시와 비교하여 매우 편리한 시대에서 공부를 하고 있다. 컴퓨터 클릭 한번으로 몇 권의 책이 그대로 복사되니 말이다. 배제민, 「새로운 형태의 구약연구」, 119-20를 보시오.

(3) 게마라의 내용

게마라는 그 내용을 성격에 따라서 '할라카'와 '학가다'로 나눈다. 할라카는 성경과 직접 관계되는 것이고, 학가다는 성경과 직접 관계 없는 것으로 전설, 비유, 윤리 도덕에 관한 교훈, 그리고 성경을 영해한 것이다. 요즈음 대학원에 해당하는 학교에서 선생들과 학생들이 미쉬나를 토론 연구하였다. 미쉬나를 토론하는 일은 때로는 선생과 학생들을 피로하고 지루하게 하였다. 그리고 이러할 때마다 머리를 식히기 위해서 이런 기록, 저런 기록을 하였다. 그 기록은 속담, 통속의학, 귀신학, 전설, 인물전 등이 있다. 한국에서 번역 출판된 탈무드는 지루함을 덜기 위해 선생과 학생들이 주고받은 기록 가운데서 유머스러운 것과 격언 따위를 골라서 편집한 것이다. 따라서 이 책들을 진정한 탈무드가 아니라고 배제민 교수는 주장했다.[27]

그렇다고 바벨론 게마라가 구약과 미쉬나의 바른 주석이라고는 할 수 없을 것이다. 바벨론 게마라는 구약의 여호와 하나님을 믿지 않고 사탄을 신으로 섬기는 종교로 만들었다는 주장도 있다.[28] 최근에 한국어로 출간된 「바빌론 탈무드」는 여호와 하나님에 대한 언급이 없고 돈을 사랑하라는 말과 함께 돈 버는 비법을 많이 서술하고 있다.[29]

더욱이 '유대인에게 신의 의미' 는 유대인과 동의어인 이스라엘이 "신

---

27) 배제민, 「새로운 형태의 구약연구」, 120.

28) 서철원, "청교도 신학과 장로교 신학의 차이," 인천성산교회 인천이단연구소 세미나 (2020.5.17. 유튜브). 서철원 박사는 이 강의에서 740년 카사리아 왕국이 바벨론 게마라의 유대교로 개종했고, 이들이 현재 80% 정도의 유대인들이고 그 수는 1600만 정도에 이른다고 하니까 현대 유대인들 대부분이 아브라함의 핏줄이 아니라고 주장하였다.

29) 이희영, 「바빌론 탈무드」 (서울: 동서문화사, 2009); 이희영, 「솔로몬 탈무드」 (서울: 동서문화사, 2006)를 참고하시오.

이나 사람과 싸움을 벌여 승리할 수 있는 사람" 으로 간주되고 있기 때문이다.[30] 그러면 대표적 탈무드인 바벨론 탈무드를 따르는 유대교와 유대인들은 여호와 하나님을 섬기기보다는 하나님을 대적하는 사탄의 일을 한다고 할 수 있을 것이다

(4) 게마라가 만들어진 기간

게마라는 미쉬나와는 달리 처음부터 문서로 옮겨졌다. 게마라는 주후 222년부터 500년에 이르는 기간 동안 기록된 주석이다. 이 기간은 구약외경의 작성 기간보다도 더 늦은 시기이다.

2. 탈무드의 주석방법

탈무드에 따르면 주석에는 두 가지 종류가 있다. 하나는 페샤(פשׁע; Pesha)라는 주석이고, 다른 하나는 데라쉬(תרשׁ; Derash)라는 주석이다. 페샤는 단어와 문법구조와 전후관계에 근거하여 해석하는 방법이고, 데라쉬는 단어와 문법구조와 전후관계를 벗어나서 인위적으로 적용에 중점을 둔다.

아울러 예수 그리스도 당시 유대인의 해석은 일반적으로 네 가지로 분류된다. 첫째, 문자적 해석 방법(literal interpretation), 둘째, 미드라쉬 해석 방법(Midrashic interpretation), 셋째, 페샤 해석 방법(Pesher interpretation), 넷째, 풍유적 해석 방법(Allegorical interpretation)이다.

---

30) 이희영, 「바벨론 탈무드」, 26

1) 문자적 해석

문자적 방법은 다른 해석 방법의 기초 역할을 했다. 샴마이 학파(the school of Schammai)는 "누웠을 때에든지 일어날 때에든지"(신 6:7)를 문자적 의미로 해석하여 "율법을 암송할 때 저녁에는 기댄 자세로 암송하고 아침에는 선 자세로 암송해야 한다"고 설명했다. 그러나 힐렐 학파(the school of Hillel)는 "길에 행할 때에든지"가 기록되어 있으므로 자신의 좋은 방법으로 암송해야 한다고 가르쳤다. 물론 힐렐의 가르침이 바른 것이지만 샴마이 학파는 과격한 문자적 해석의 맹점을 나타냈다. 그래서 랍비 힐렐은 성경의 해석의 일관성을 위하여 7가지 해석 규범을 제시하였다.[31)]

(1) 경중의 법칙(가벼운 것에서 무거운 것으로 혹은 불명확한 것에서 명확한 것으로 해석하는 경중 해석법), (2) 동등의 법칙(유추 및 비교법), (3) 특별에서 일반으로 연장하는 법칙(한 구절에 의한 일반화 방법), (4) 두 구절의 해석을 제3의 구절에 사용해서 설명하는 법칙(두세 구절에 의한 일반화 방법), (5) 일반적인 것에서 특별한 경우로 추론하는 법칙(일반적인 것에서부터 특별한 원리를 끄집어내는 방법), (6) 다른 구절의 유추를 사용하여 설명하는 법칙(제3의 구절들로부터 유추 비교법), (7) 자명한 추론을 적용하는 법칙(전후문맥 유추법) 등이다.

2) 미드라쉬 해석

미드라쉬(מדרשׁ) 해석 방법도 랍비 힐렐이 발전시켰다. 미드라쉬는 고대 팔레스타인의 랍비학교에서 기원된 성경주석에 붙여진 명칭으로서 '찾다, 조사하다'를 의미하는 '드라쉬'(דרשׁ)에서 유래된 말로 성경의 해

31) 권성수,「성경해석학1」(서울: 총신대학교출판부, 2005), 117-19.

석방법과 내용을 담고 있다. 그 목적은 성경 본문의 의미를 밝혀 거기에 내포된 의미를 간파하고 그로부터 새로운 율법과 원리를 이끌어내고 그와 관련시켜 권위 있는 종교적 윤리적 교훈을 세우는 것이다. 유대인의 전승에 의하면 에스라에게서 비롯된 미드라쉬는 성경의 율법 부분을 다룬 할라카나 비율법적인 부분을 다룬 학가다로 구성되어 있다.

그러나 미드라쉬 해석 방법은 건전한 면으로 흐르기보다 잘못된 방향으로 흘러서 처음에는 문법적인 해석을 했으나 나중에는 문맥을 뛰어넘는 의미를 부가하게 되었다. 미드라쉬 해석은 표면적으로는 그 출발점이 성경 본문이지만, 성경에 감추어진 뜻을 설명함으로 하나님의 계시를 당시대의 백성들에게 맞도록 적용시키는 것이다. 그런데 이런 관습은 후대에 성경 본문을 상상적으로 건전한 범위를 넘어 지나친 해석으로 흐르게 되었다.

3) 페샤 해석

페샤르(פשר: Pesher) 해석 방법은[32)] 쿰란(קומראן: Qumran)공동체의 해석이다. 쿰란 공동체가 필사한 사본은 소위 사해사본이라 한다. 이 사본들이 근래에 발견되어 성경무오성을 증거할 수 있게 된 것은 쿰란공동체의 큰 공헌이다.[33)] 그런데 그들의 해석방법인 페샤는 아람어에서 왔으며 '해결' 혹은 '해석'이라는 의미를 가지고 있다. 쿰란공동체의 해석방법에 따르면 고대 선지자가 기록한 모든 것은 감추어진 예언적 의미를 담고 있

---

32) 페샤(פשע; Pesha) 해석 방법은 이미 앞에서 언급한 바 있는 단어와 문법 구조와 전후관계에 근거하여 해석하는 페샤르(פשר: Pesher)라는 주석과 그 성격이 약간 다르다.

33) 정규철, 「성경무오: 역사적 증명」 (서울: 도서출판 그리심, 2003), 125-32.

는 것으로, 이 예언들이 자신의 언약 공동체를 통해 곧 성취되게 되어있는 것으로 믿었다. 페샤 해석 방법은 미드라쉬 방법에서 대부분 빌린 것이지만 쿰란공동체 중심의 종말론적 강조가 내포되어 있다.[34)]

4) 풍유적 해석

풍유적 해석 방법은 성경이 문자적 의미 이상의 참뜻을 지니고 있다는 사상에 그 기초를 두고 있다. 풍유를 뜻하는 알레고리(Allegory)는 다른 것(Allos)을 말한다(agoreuein)는 것이다. 풍유적인 해석은 추상적인 내용을 구체적인 대상을 이용하여 표현하는 행위이다.

풍유적 방법의 기원은 헬라인들이 그들의 종교적 신화의 전통과 헬라적 전통 사이에 나타난 상충을 해결하기 위해 발전시켰다는 데 있다. 즉 신화를 문자적으로 이해하지 않고 문자 속에 더 깊은 뜻이 있는 것으로 생각했다.

예수 그리스도 당시에는 모세의 전통에 충실하기를 원하면서도 헬라철학을 용납하는 유대인들이 둘 사이의 긴장을 해결하기 위해 모세의 전통을 풍유화시켰다. 필로(Philo, 주전 20년경~주후 50년경)가 이런 해석 방법을 사용하였다.

3. 탈무드와 신약성경

탈무드는 유대교의 경전이다. 유대교는 성경보다 탈무드를 더 중요시한다. 그러면서 유대교는 삶의 환희를 추구한다.[35)] 신약성경이 탈무드를

---

34) 예컨대 통일교, 전도관, 안식교와 신천지 등의 성경해석도 바로 이 페샤 해석을 본보기로 하여 도출한 결과라 할 수 있다.

강하게 비판한 것을 다시 정리해본다.

1) 예수님의 말씀

(1) 마태의 기록

탈무드의 원조인 미쉬나는 구전율법으로서 복음서에 '장로들의 전통'으로 표기되었다(마 15:2).[36] 마태는 '장로들의 전통'을 내세우며 예수님께 와서 따지는 자들이 바리새인들과 서기관들임을 명시하였다(마 15:1). 마태는 예수님이 탈무드(미쉬나)를 따르는 바리새인들과 서기관들을 향하여 7번 반복하여 '화 있을진저'라고 선고하셨음을 기록하였다(마 23:13-36). 바리새인들과 서기관들은 유대인들이다.

(2) 마가의 기록

마가도 '장로들의 전통'을 내세우며 예수님께 와서 따지는 자들이 바리새인들과 서기관들임을 명시하였다(막 7:1). 마가복음 7:3, 5에 등장하는 '장로들의 전통'(την παραδοσιν των πρεσβυτερων) 역시 탈무드 가운데 미쉬나를 가리킨다.[37] 예수님은 장로들의 전통에 대하여 다음과 같이 책망하셨다. "너희는 하나님의 계명을 버리고 사람의 전통(την παραδοσιν των ανθρωπων)을 붙들고 있다. 또 예수께서 그들에게 말씀하셨다. 너희는 너희의 전통을 세우기 위하여 하나님의 계명을 잘도 무시하는구나

---

35) 마빈 토케이어, 「유대인 성경 탈무드」, 이찬일 역 (부산: 도서출판 선영사, 2001), 310.

36) 도날드 헤그너, 「마태복음(하)」, 채천석 역, WBC (서울: 도서출판 솔로몬, 2000), 704.

37) 윌리암 레인, 「마가복음(상)」, 이상훈 역, 뉴 인터내셔널 성경주석 (서울: 생명의 말씀사, 1983), 307-313.

… 너희는 너희가 전하여 준 전통으로 하나님의 말씀을 헛되게 하며, 또 이와 유사한 것들을 많이 행하고 있다"(막 7:8-13). 예수님의 말씀에 따르면, '사람들의 전통'에 불과한 탈무드는 하나님의 계명을 무시하고 하나님의 말씀을 헛되게 하고 있다는 의미이다. 그렇다면 바리새인들과 서기관들이 신봉하는 신앙체계는 탈무드(미쉬나)였다.

(3) 요한의 기록

사도 요한은 예수님께서 바리새인들이 마귀의 자녀라고 말씀하신 것을 분명히 밝혔다(요 8:13, 44). 또한 요한은 당시에 탈무드(미쉬나)를 따르는 것이 분명한 것으로 보이는 '자칭 유대인'을 '사탄의 회당'이라고 명시했다(계 2:9, 3:9).[38]

2) 바울의 편지

개종 전 유대교인이었고 바리새인이었던 바울은 자기 '조상들의 전통'(갈 1:14)인 미쉬나를 '율법의 행위'로 표기한 것으로 보인다(갈 2:16, 3:10).[39] 바울에 의하면 율법의 행위로는 의롭다 함을 받지 못한다. 더구나 바울은 율법의 행위에 속한 자들이 저주 아래 있음을 선언하였다(갈 3:10). 즉 유대인이나 이방인을 막론하고 누구든지 탈무드(미쉬나)로는 칭의를 얻기는커녕 저주 아래 있다는 것이 바울의 편지인 것으로 보인다.

---

38) 그레고리 비일에 따르면, '사탄의 회당'은 유대인들이 그리스도인들을 박해했기에 붙여진 이름이다. 그레고리 K. 비일, 「요한계시록 상권」, 오광만 역, NIGTC (서울: 새물결플러스, 2016), 484. 그런데 예수님을 핍박했던 유대인들은 주로 서기관과 바리새인들이었고, 바리새인들은 탈무드 (미쉬나)를 신봉하던 자들이었다 (마 15:1).

39) 이상근, 「갈 · 히브리」 (대구: 성등사, 1990), 37.

4. 탈무드의 문제 열 가지

이상에서 살펴본 유대인의 성경해석은 우리가 참고하고 배워야 할 것이 많이 있다. 유대인들은 하나님의 말씀을 철저하게 지키려는 노력 때문에 세계에 뛰어난 민족이 되었다. 유대인이 탁월하다는 이유는 구약성경과 토라에 대한 열심 때문이라 할 수 있다. 유대인들은 탈무드를 통하여 토라와 구약성경에 대한 무한한 신뢰와 적용을 표현하였다. 탈무드는 그들의 신앙의 요체요 자긍심이라 할 수 있다. 구전율법으로서 구약 해석의 전승인 미쉬나와 미쉬나의 해석인 게마라를 통하여 구약성경에 대한 그들의 신앙과 실천을 표명하였다. 우선 문자적 해석으로 경중의 법칙, 동등의 법칙, 특별에서 일반으로 연장하는 법칙, 두 구절의 해석을 제3의 구절에 사용해서 설명하는 법칙, 일반적인 것에서부터 특별한 경우로 추론하는 법칙, 다른 구절의 유추를 사용하여 설명하는 법칙, 자명한 추론을 적용하는 법칙을 적용하였다.

유대인들은 이와 같은 문자적인 해석 외에도 힐렐이 발전시킨 미드라쉬의 기본적인 법칙으로 여러 본문에 나오는 사상, 용어, 구절을 비교하고, 일반적인 원칙을 특별한 경우에 적용시키고, 또한 해석에 있어서 문맥의 중요성을 인정하였다. 그렇지만 미드라쉬 해석은 문자적인 해석을 하기보다는 문자적인 해석을 넘어 인위적인 해석을 했다. 유대인들 중 쿰란(קומראן: Qumran) 공동체는 페샤르(פשר: Pesher) 해석 방법을 사용하기도 했다. 더구나 유대인들은 풍유적인 해석을 많이 하였다. 그 결과 성경해석의 타락이 공식적으로 시작되었다고 할 수 있다. 다양한 유대인들의 성경해석은 몇 가지 문제점이 있다.

(1) 우선 탈무드가 구약의 직접적인 해석이라는 데는 문제점이 있다. 미쉬나가 율법해석의 전승이라는 구전율법의 모음집이기 때문이다. 구전율법은 성문율법을 능가할 수 없다. 성문율법에 구전율법은 포함되어있다고 할 수 있다. 기록된 성경 외에 다른 성경은 인정될 수 없기 때문이다(계 22:18-19).

(2) 탈무드의 해석방법은 적용에 강조점을 둔 결과 문자적인 해석을 뛰어넘는 풍유적인 해석에 치중했다는 점이다.

(3) 예수 그리스도와는 전혀 상관없는 해석이라는 데 제일 큰 문제가 있다. 유대인의 성경해석은 학문적인 측면과 실행을 전제한 적용적인 측면에서 탁월하지만 하나님의 아들 예수 그리스도와 특히 하나님 아들의 성육신과 그의 구원사역을 전혀 언급하지 않는 것이 최대의 약점이다.

(4) 미드라쉬 해석은 문자적 해석을 너무 뛰어넘었다. 이 해석이 큰 문제를 일으켰다. 이 해석에서 페샤 해석과 풍유적 해석이 도출되어 적은 긍정과 많은 부정의 유산이 되었다.

(5) 신약성경은 탈무드를 강하게 비판한다. 예를 들어, 탈무드의 원조인 미쉬나는 구전율법으로서 복음서에 '장로들의 전통'으로 표기되었다(마 15:2).[40] 마가복음 7:3, 5에 등장하는 '장로들의 전통'(την παραδοσιν των πρεσβυτερων) 역시 탈무드 가운데 미쉬나를 가리킨다.[41] 예수님은 장로들의 전통에 대하여 다음과 같이 책망하셨다. "너희는 하나님의 계

40) 도날드 헤그너, 「마태복음(하)」, 채천석 역, WBC (서울: 도서출판 솔로몬, 2000), 704.

41) 윌리암 레인, 「마가복음(상)」, 이상훈 역, 뉴 인터내셔널 성경주석 (서울: 생명의 말씀사, 1983), 307-313.

명을 버리고 사람의 전통(τὴν παράδοσιν τῶν ἀνθρώπων)을 붙들고 있다. 또 예수께서 그들에게 말씀하셨다. 너희는 너희의 전통을 세우기 위하여 하나님의 계명을 잘도 무시하는구나 … 너희는 너희가 전하여 준 전통으로 하나님의 말씀을 헛되게 하며, 또 이와 유사한 것들을 많이 행하고 있다"(막 7:8-13). 예수님의 말씀에 따르면, '사람들의 전통'에 불과한 탈무드는 하나님의 계명을 무시하고 하나님의 말씀을 헛되게 하고 있다는 의미이다. 마태와 마가는 '장로들의 전통'을 내세우며 예수님께 와서 따지는 자들이 바리새인들과 서기관들임을 명시하였다(마 15:1; 막 7:1).

그렇다면 바리새인들과 서기관들이 신봉하는 신앙체계는 탈무드(미쉬나)였다. 마태는 예수님이 탈무드(미쉬나)를 따르는 바리새인들과 서기관들을 향하여 7번 반복하여 '화 있을진저' 라고 선고하셨음을 기록하였다(마 23:13-36). 요한은 예수님께서 바리새인들이 마귀의 자녀라고 말씀하신 것을 분명히 밝혔다(요 8:13, 44). 또한 요한은 당시에 탈무드(미쉬나)를 따르는 것이 분명한 것으로 보이는 '자칭 유대인'을 '사탄의 회당'이라고 명시했다(계 2:9, 3:9).[42] 개종 전 바리새인이었던 바울은 자기 '조상들의 전통'(갈 1:14)인 미쉬나를 '율법의 행위'로 표기한 것으로 보인다(갈 2:16, 3:10).[43] 바울에 의하면 율법의 행위로는 의롭다 함을 받지 못한다. 더구나 바울은 율법의 행위에 속한 자들이 저주 아래 있음을 선언하였다(갈 3:10). 즉 유대인이나 이방인을 막론하고 누구든지 탈무드(미쉬나)로는 칭

42) 그레고리 비일에 따르면, '사탄의 회당'은 유대인들이 그리스도인들을 박해했기에 붙여진 이름이다. 그레고리 K. 비일, 「요한계시록 상권」, 오광만 역, NIGTC (서울: 새물결플러스, 2016), 484. 그런데 예수님을 핍박했던 유대인들은 주로 서기관과 바리새인들이었고, 바리새인들은 탈무드 (미쉬나)를 신봉하던 자들이었다 (마 15:1).

43) 이상근, 「갈 · 히브리」 (대구: 성등사, 1990), 37.

의를 얻기는커녕 저주 아래 있다는 것이 바울의 교훈인 것으로 보인다.

(6) 결과적으로 유대교의 성경해석은 반기독교적이다. 유대인 성경해석의 최고봉인 탈무드는 오히려 하나님의 말씀을 헛되게 하고 폐하는 '사람의 전통'과 '사람의 계명들'(ενταλματα ανθρωπων, 막 7:7)이 되어 버렸다. 탈무드(미쉬나)를 따르는 유대교의 바리새인들은 마귀의 자녀이고 사탄의 회당이며 칭의를 받지 못한다. 이와 같이 예수님의 책망을 받고 신약의 정죄를 받는 성경해석이라면 궁극적으로 무슨 유익이 있을까? 구약성경을 아무리 많이 알고 십계명을 철저하게 실천한다고 해도 하나님께서 보내신 예수 그리스도를 믿지 않으면 무슨 소용이 있겠는가? 유대인들이 구약성경만 믿고 랍비들의 가르침인 구전율법 토라에만 열심 내고 신약성경과 예수 그리스도를 그들의 메시아로 받아들이지 않는다면 이 세상에서 부귀영화를 누릴 수는 있을지는 몰라도 예수 그리스도의 구속의 은총으로 말미암는 오는 세상에서의 축복은 결코 누릴 수 없을 것이다. 그들은 오히려 예수 그리스도에 대하여 '율법주의를 받아들인 유대교인'으로 선전하면서,[44] 심지어 '사악한 사제'로 평가하기도 한다.[45]

(7) 율법 곧 토라는 우리의 죄를 깨닫게 하고, 우리를 그리스도에게로 인도하며, 우리를 순종의 삶으로 이끌지만 우리를 구원하지는 못한다.

(8) 바벨론 탈무드가 구약의 여호와 하나님을 믿지 않고 사탄을 신으로 섬기는 종교로 만드는 결과를 초래했다면 성경해석의 극악한 타락이라 할 수 있을 것이다.

---

44) E. P. 샌더스, 「예수와 유대교」, 황종구 역 (고양: 크티스챤 다이제스트, 2008) 454-59.

45) 조철수, 「예수 평전」 (서울: 김영사, 2010), 123-147.

(9) 탈무드는 성경무오를 신뢰하지 않는다. 탈무드는 성경에 쓰인 숫자도 의심한다.[46)]

(10) 탈무드는 타락한 성경해석의 원조이다. 탈무드는 원초적 성경해석의 타락이라 할 수 있다(창 3:4).

유대인들은 적용 위주의 성경해석에 치우친 결과 예수 그리스도를 믿지도 않고 언급하지도 않는다. 유대인의 성경해석은 현실 적용이 너무 지나쳐서 여호와 하나님을 버리고 사탄을 숭배하도록 하는 해석으로 전락했다는 것은 성경해석의 매우 심각한 타락이라 할 수 있다.

---

46) 이희영, 「바빌론 탈무드」 (서울: 동서문화사, 2017), 527-28.

3 Chapter 성경해석과 철학

성경과 철학은 그 출발점이 다르다. 성경은 하나님의 계시이고, 철학은 하나님의 계시를 배제한 인간중심의 사상이다. 성경은 하나님의 존재와 계시를 믿어야 하지만, 철학은 하나님의 존재와 계시를 인정하지 않는다. 따라서 성경을 따르는 신학과 성경을 무시하는 철학은 그 출발부터가 다르다.

1. 철학의 등장

특이한 것은 하나님의 계시가 끊겼던 구약과 신약의 중간기 시대(주전 440년 무렵)에 철학이 발흥하였다는 사실이다. 철학의 거두들이라고 할 수 있는 소크라테스(주전 469~399)와 플라톤(주전 424~347)과 아리스토텔레스(주전 384~322)가 신구약 중간기 시대에 등장했다. 헬라시대는 구약과 신약의 중간기 시대에 해당한다. 헬라시대는 구약 말라기 선지자 이후 신약시대에 세례 요한이 등장하기까지 하나님의 계시가 없었던 시기이다. 즉 하나님의 계시가 없었던 시대에 그 유명한 철학자들이 등장했다. 그러니까 소위 서구사상의 주류를 이루는 헬레니즘은 신구약의 중간기에 발원하였다. 이러한 헬라철학은 하나님의 계시가 없는 가운데 등장한 인간의 사상이다.

철학(philosophy)이란 말은 어원적으로 지혜(sophy)를 사랑(philo)하는 것이다. 그러나 이 지혜는 하나님의 계시에서 비롯된 지혜가 아니라 인간의 머리에서 나온 것이다. 사랑도 이타적인 아가페 사랑이 아니라 계산적이고 조건적인 필레오 사랑이다. 그러니까 철학은 인간적 지혜에 대한 조건적인 사랑이다. 그래서 사도 바울은 철학이란 헛된 속임수이고 사람들의 전통과 세상의 초등학문을 따르는 것이지 그리스도를 따른 것이 아니라고 천명하였는지도 모른다(골 2:8).

그러나 이러한 헬라철학을 인정하는 자들은 세상에 많고 하나님의 계시로서 기록된 성경을 믿는 자들은 철학을 인정하는 자들보다 적다. 그러니까 철학은 대중적이고 성경은 대중적이지 않은 면이 있다.

2. 성경해석과 철학

문제는 이처럼 철학과 성경이 서로 다름에도 불구하고, 성경과 철학을 조화시키려는 시도이다. 알렉산드리아의 필로(주전 30~주후 45)는 모세오경을 철학적으로 해석하여 알레고리컬한 성경해석의 원조가 되었다. 아마도 필로가 철학으로 성경을 해석한 방식을 따라서 고대와 중세의 교회에서는 알레고리컬한 풍유적 성경해석이 주류를 이루었고 지금까지도 그 영향은 없어지지 않았다. 필로는 플라톤의 이데아 사상을 사용하여 창세기 해석을 시도하였다. 그리하여 플라톤의 이데아 사상을 기독교 사상으로 오해하여 이단사상이 생기게 되었다. 베뢰아의 귀신론이 그러할 것이다. 오리겐이 필로의 알레고리적 해석을 이어받아 기독교에 확산시켰다.

중세의 토마스 아퀴나스는 아리스토텔레스의 사상을 성경해석에 접목하여 「신학대전」을 저술하였다. 그리하여 「신학대전」은 아리스토텔레스의 철학책을 읽는 듯한 인상을 주어 대중과 격리된 것으로 보인다.

근대의 슐라이어막허는 칸트의 철학을 성경해석에 접목하여 「기독교신앙」과 「종교론」을 저술했는데, 결국 하나님의 계시를 퇴장시키고 인간의 경험적 감정만 중시하는 결과를 초래하였다. 사람들은 이런 작업을 수행한 슐라이어막허를 근대신학의 아버지와 근세신학의 교부로 칭송하였다.

현대의 칼 바르트는 「교회교의학」을 저술하여 성경의 모든 진리들을 거의 철학화하고 하나님의 계시들을 전부 부정하기에 이르렀다. 루돌프 불트만은 현대의 실존철학의 영향을 받아서인지 하나님의 계시인 성경 자체를 믿을 수 없는 것으로 평가한다. 폴 틸리히도 마찬가지로 성경이 하나님의 계시임을 부정하고 하이데거의 철학을 부각시켰다. 이러한 영향을 받아서 로마 가톨릭의 예수회 학자인 칼 라너도 하나님의 계시인 성경과 복음을 무시하고 종교다원주의를 교리화하였다. 종교다원주의는 예수를 그리스도로 믿지 않고 다른 종교를 믿어도 하나님의 백성이 된다는 거짓 사상이다.

결론적으로 하나님의 계시 공백기인 신구약 중간기에 등장한 헬라철학은 하나님을 떠난 인본주의 사상의 토대를 이루어 지금까지도 막대한 영향을 끼치고 있다고 할 수 있다. 그러나 하나님의 계시가 아닌 인간중심의 철학사상은 사상적으로 인간을 살아계신 하나님에게서 떠나게 하는 영적 재앙을 가져온 것으로 보인다. 성경에서 계시된 창조주 하나님과 구속주 하나님의 존재와 사역을 무시하고 인간의 자율적 사상의 창출만 강조하다가 이러한 결과에 이르렀다. 이러한 영적 재앙에서 벗어나는 길은 다시 하나님의 복음 계시로 돌아오는 것뿐이다. 성경 66권을 하나님의 정확

무오한 하나님의 말씀과 하나님의 계시로 믿는 복음전파자들과 신학자들은 세상의 철학사상에 주눅이 들어 성경의 메시지인 복음을 철학화할 필요가 전혀 없다. 왜 철학을 앞세워 성경의 메시지를 감추고 무시하면서 교양인인 체하는가? 때를 얻든지 못 얻든지 어리석고 미련한 자로 업신여김을 받더라도 성경의 메시지인 예수 그리스도의 복음을 두려움 없이 담대하게 전하지 못할 이유는 아무것도 없다.

4 Chapter 신약성경과 탈무드

탈무드란 무엇일까? 탈무드는 유대교의 경전이다. 유대교는 성경이 아니라 토라 해석의 전승이라는 탈무드에서 유래했다. 그러면서 유대교는 삶의 환희를 추구한다.[47] 탈무드는 미쉬나와 게마라를 합한 것이다. 게마라는 미쉬나에 대한 랍비들의 주석이다. 이것을 탈무드라고 불렀으나 중세에 기독교의 검열을 피하기 위해 게마라라고 이름을 바꾸었다.[48] 게마라는 미쉬나를 해석한 것이기 때문에 미쉬나가 없으면 탈무드도 없다. 신약성경이 기록될 당시에는 미쉬나만 있었다. 신약성경은 유대인의 미쉬나에 대하여 어떻게 언급하는지를 간단히 정리해본다. 다음 세대는 물론 모든 세대가 탈무드를 따라야 할 것인지에 대하여 신약성경이 언급하는 바가 무엇인지를 알아볼 필요가 있을 것이다.

1. 마태의 기록

마태는 탈무드의 원조인 미쉬나를 "장로들의 전통"(마 15:2)으로 표기

47) 마빈 토케이어, 「유대인 성경 탈무드」, 이찬일 역 (부산: 도서출판 선영사, 2001), 310.

48) 마이클 카츠, 거숀 슈워츠 공저 「원전에 가장 가까운 탈무드」, 주원규 역 (서울: 바다출판사, 2019), 55.

하였다.[49] 미쉬나는 모세의 토라 해석의 전승이라는 구전율법이다. 마태에 따르면 '장로들의 전통'은 '하나님의 말씀을 폐하는' '사람의 계명'일 뿐이다(마 15:6-9). 마태는 '장로들의 전통'을 내세우며 예수님께 와서 따지는 자들이 바리새인들과 서기관들임을 명시하였다(마 15:1).

마태는 예수님께서 미쉬나(탈무드)를 따르는 바리새인들과 서기관들을 향하여 7번 반복하여 "화 있을진저"라고 선고하셨음을 기록하였다(마 23:13-36).[50] 예수님께서 서기관들과 바리새인들에게 7번 화를 선포하신 이유는 그들이 천국 문을 닫아 들어가려는 자를 못 들어가게 하고, 교인을 그들보다 배나 더 지옥 자식이 되게 하고, 눈먼 인도자이고, 율법의 정의와 긍휼과 믿음을 버렸고, 탐욕과 방탕으로 가득하고, 회칠한 무덤 같으며, 선지자를 죽인 자의 자손이라고 스스로 증명한다고 마태가 기록하였다.

그러니까 마태에 따르면 서기관과 바리새인들은 이미 지옥 자식이었고(마 23:15), 뱀들이고 독사의 새끼들이었다(마 23:33). 이 같은 마태의 신랄한 공격이 원수 사랑과 모순되지 않은 것은 천국 반대의 결과를 나타내기 때문일 것이다. 미쉬나(탈무드)를 따르는 유대교가 지옥 자식, 뱀들, 독사의 새끼들인 것은 하나님의 말씀을 폐하며 하나님의 아들로서 사람이 되어 구속사역을 하신 예수 그리스도를 인정하지 않고 죽일 정도였기 때문이다. 마태는 두 아들(마 21:28-32), 악한 농부(마 21:33-46)와 혼인 잔치(마 22:1-14) 등의 비유에서도 예수님께서 당시 장로들의 전통을 내세우는 바리새인과 서기관 등의 유대 지도자들을 책망하신 것을 명시하였다.

---

49) R. T. 프랜스, 「마태복음」, 권대영, 황의무 공역, NICNT (서울: 부흥과 개혁사, 2019), 680, 685; 도날드 헤그너, 「마태복음 하」, 채천석 역, WBC (서울: 도서출판 솔로몬, 2000), 704; 신충훈, 「유대인의 세계가 보인다」 (서울: 도서출판 솔로몬, 2016), 104.

50) R. T. 프랜스, 「마태복음」, 1009.

2. 마가의 기록

마가도 "장로들의 전통"을 내세우며 예수님께 와서 따지는 자들이 바리새인들과 서기관들임을 기록하였다(막 7:1). 마가복음 7:3, 5에 등장하는 '장로들의 전통'은 미쉬나를 가리킨다.[51] 장로들의 전통은 모세의 해석이 구전되었다고 유대교의 바리새인들이 믿는 것이었고, 그 전통을 미쉬나라고 했다. 그렇다면 바리새인들과 서기관들이 신봉하는 신앙체계는 미쉬나(탈무드)였다. 장로들의 전통인 미쉬나는 율법을 일상생활까지 확장하려는 의도가 있었다. 하지만 미쉬나는 시간이 갈수록 토라의 내용을 흐리거나 왜곡하고 늘어나는 지엽적인 사항들만 나열하였기에 예수님의 통렬한 비판을 받게 되었다. 미쉬나는 인간의 고안물로서 "구약 자체에서도 지지를 받을 수 없는 것"이었다.[52]

그러므로 예수님은 장로들의 전통에 대하여 다음과 같이 책망하셨다. "너희는 하나님의 계명을 버리고 사람의 전통을 붙들고 있다. 또 예수께서 그들에게 말씀하셨다. 너희는 너희의 전통을 세우기 위하여 하나님의 계명을 잘도 무시하는구나 … 너희는 너희가 전하여 준 전통으로 하나님의 말씀을 헛되게 하며, 또 이와 유사한 것들을 많이 행하고 있다"(막 7:8-13). '고르반'은 미쉬나에 등장하는 용어이다.[53] 아들의 재산이 고르반으로 선포되면 그것은 '하나님의 재산'이 되고 더 이상 부모에게 주어질 수

51) 윌리암 레인, 「마가복음 상」, 이상훈 역, 뉴 인터내셔널 성경주석 (서울: 생명의 말씀사, 1983), 307-13.

52) 제임스 에드워즈, 「마가복음」, 전용우 역, PNTC (서울: 부흥과 개혁사 2018), 259-61.

53) 미쉬나 Nedarim 편에 자주 등장한다. R. T. 프란스, 「마가복음」, 이종만 외 역, NIGTC (서울: 새물결플러스, 2019), 468.

없다. 아버지는 바쳐진 재산을 건드릴 수 없었지만 아들은 처분할 수 있었다. 맹세나 서약은 깨뜨리지 말라는 규정을 미쉬나가 악용한 것이다(민 30:2; 신 23:21-23). 이리하여 '사람들의 전통'에 불과해진 미쉬나(탈무드)는 하나님의 계명을 무시하고 하나님의 말씀을 헛되게 하고 있다는 예수님의 말씀을 마가가 기록하였다.

마가는 예수님께서 "모든 음식물은 깨끗하다"고 말씀하신 것을 기록했다(막 7:19). 예수님의 이 선언은 구약의 규정(레 11장; 신 14장)을 무효화시키고, 사실상 토라 자체를 능가하는 신적 권위의 발언이다. 예수님이 이런 선언을 하신 것은 그리스도로서 죄로 말미암아 더러워진 모든 것을 정결하게 하실 수 있는 능력이 있기 때문이었을 것이다. 사람을 더럽게 하는 것은 입으로 들어가는 음식물이 아니라 입에서 나오는 악한 생각이다(막 7:18-20). 그 악한 생각은 음란, 도둑질, 살인, 간음, 탐욕, 악독, 속임, 음탕, 질투, 비방, 교만과 우매함이다(막 7:21-22). 예수님만이 악한 생각으로 더럽혀진 인간을 정결하게 하실 수 있기에 미쉬나의 정결구전을 가지고 감히 예수님과 그의 제자들을 비난하는 바리새인들과 서기관들을 책망하셨다.

3. 누가의 기록

누가는 마태복음과 병행구절인 누가복음 11:37-54에서 예수님께서 바리새인들에게 3가지 화로 책망하시고, 율법 교사들에게도 3가지 화를 선포하신 것을 기록하였다. 누가에 따르면 예수님은 바리새인들과 서기관들에게 화를 선포하셨다. 바리새인들과 율법교사들은 미쉬나(탈무드)를 신봉하고 가르친 유대인들이다. 그들은 하나님의 공의를 소홀히 여기고, 자신들도 지키지 않는 것들을 사람들에게 요구하고 선지자들을 죽인 자기 조상들의 선례를 따르면서 "지식의 열쇠"(막 11:52)를 가지고 자신들도 들어가지 않고 사람들이 하나님의 나라에 들어가지 못하게 막았다.

누가는 누가복음 12:1에서 예수님이 바리새인들의 외식을 주의하라고 경고하신 것을 기록했다. 바리새인들과 율법교사들은 당시 유대종교의 지도자들이었다. 그들은 위선, 사랑 없는 율법주의, 교만, 거짓된 가르침, 그릇된 가르침 그리고 그릇된 인도로 예수님의 책망을 받았다. 누가가 누가복음 11:39에서 "너희 바리새인은 지금 잔과 대접의 겉은 깨끗이 하나 너희 속에는 탐욕과 악독이 가득하도다"는 예수님의 말씀을 기록한 것은 미쉬나의 「정결법」(테하롯)의 내용과 관련된 것이다.[54] 또한 누가가 누가복음 11:42에서 '박하와 운향과 모든 채소의 십일조'와 관련해서 예수님의 책망과 화를 기록한 것은 유대교의 전승인 미쉬나(탈무드)의 여러 곳에 논의된 십일조에 관한 규정들이 실제로 시행되었음을 나타낸다.[55]

누가는 또한 사도행전 6:14에서 "모세가 우리에게 전해준 관례들"이라는 말로 미쉬나를 표현하였다. 조셉 피츠마이어는 '모세가 전해준 관례들' 은 율법이 아니라 바리새파의 랍비들이 구전으로 물려준 전통으로서 미쉬나를 가리킨다고 해석하였다.[56] 요세푸스는 이러한 구전전통을 '조상이 물려준 규정들'이라 하였고, 이 규정들은 율법과 동일한 효력을 지녔다.[57] 미쉬나는 이러한 규정들의 전통을 '조상들의 말씀'이라 하였

54) R. T. 프랜스, 「누가복음」, 이옥용 역, TTC (서울: 부흥과 개혁사, 2018), 288.

55) m. Seb. 9. 1, m. Maas. 4. 5, m. Dem. 2. 1, m. Maaser Seni in 대럴 벅, 「누가복음 2」, 246.

56) 조셉 A. 피츠마이어, 「사도행전 주해」, 박미경 역 (칠곡: 분도출판사, 2015), 555.

다.[58] 이처럼 전통을 말씀이라고 한 것은 플라톤이 '관습은 글로 기록되지 않은 율법'이라고 한 말 때문일 수 있다.[59] 또 누가는 "모세의 관례를 따라 할례를 받지 않으면 구원받을 수 없다"(행 15:1)는 말로 구전율법인 미쉬나를 드러냈다. 누가가 사도행전 23:6-8에서 바리새인들이 부활을 주장한 것은 바리새인들이 미쉬나의 가르침에 따른 것을 기록한 것이라 할 수 있다.[60] 또한 누가가 기록한 '그 관습들'(행 21:21), '유대인들의 모든 관습'(행 26:3) '조상들의 관습'(행 28:17)에는 미쉬나(탈무드)가 포함된 것으로 보인다. 이와 관련하여 누가는 예수 그리스도의 복음을 충실히 전했다. 그러면서도 천국에 들어가지 않고 들어가고자 하는 자들도 못 들어가게 하며 미쉬나를 신봉하는 율법교사(유대 지도자들)에게 예수님이 화를 선포하신 것을 기록하였다.

4. 요한의 기록

사도 요한은 예수님께서 바리새인들에게 "마귀의 자녀"라고 말씀하신 것을 분명히 밝혔다(요 8:44). 당시 바리새인들은 미쉬나에 근거하여 예수님의 증거가 참되지 않다고 주장하였다(요 8:13).[61] 유대인들이 아브라함의 자손이라고 한 것은(요 8:33) 아브라함의 중재로 모든 이스라엘이 구원

57) 요세푸스, 「전기」. 38. § 191, 「유다 전쟁사」. 7. 10. 2. § 424 in 조셉 A. 피츠마이어, 「사도행전 주해」, 555.

58) m. Aboth, 1, 1; 조셉 A. 피츠마이어, 「사도행전 주해」, 555.

59) 플라톤, 「법률」 7. 793a; 조셉 A. 피츠마이어, 「사도행전 주해」, 555.

60) F. F. 브루스, 「사도행전」, 김장복 역, NICNT (서울: 부흥과 개혁사, 2017), 557.

61) 미쉬나 Ket. 2:9 in 레온 모리스, 「요한복음 하」, 이상훈 역, 뉴 인터내셔널 성경주석 (서울: 생명의 말씀사, 1992), 12.

받을 것이라는 미쉬나의 적용이라 할 수 있다.[62)]

그러나 구약에는 아브라함의 언약만 있는 것이 아니다. 아담의 언약, 노아의 언약, 모세의 언약, 다윗의 언약, 새 언약도 구약에 기록되어 있다. 더구나 아브라함은 이스라엘만의 아버지가 아니라 여러 민족의 아버지가 될 것이라는 하나님의 축복을 받았다(창 15:4-5). 아브라함의 언약은 땅과 자손과 축복이라는 약속의 언약이고, 그 언약은 예수 그리스도를 통하여 성취된다.

유대인들은 신약을 믿지 않으니까 신약을 모른다. 신약을 모르니까 예수 그리스도를 메시아로 영접하기를 거부하고 때로는 신약을 왜곡하였다. 유대교는 새 언약을 모른다. 구약의 옛 언약만 알 뿐이다. 옛 언약은 새 언약을 통해서만 완성된다. 새 언약을 모르니까 미쉬나(탈무드)의 추종자들은 거짓말쟁이가 되고 진리를 거스르면서 예수님과 사도들을 죽이려 했다. 그래서 바리새인들은 마귀의 자녀라는 예수님의 평가를 받았다(요 8:44).

이러한 예수님의 평가는 당시에 미쉬나(탈무드)를 따르는 것이 분명한 것으로 보이는 "자칭 유대인" 이 "사탄의 회당" 이라는 요한의 기록과 일맥상통한다(계 2:9, 3:9). 사도 요한에 따르면 그리스도인들을 비방하는 자들은 그리스도인들이 증거하는 하나님을 비방하는 자들이다. 서머나 지역의 자칭 유대인들은 그리스도인들을 비방하기 위해 이스라엘의 하나님에 대한 헌신과 양립할 수 없는 우상숭배자들인 지역 당국자들과 세력을 규합했다. 이들은 유대교인들로서 그리스도인들을 비방함으로 하나님을 비방하는 사탄의 회당이 되었다.[63)] 그레고리 비일에 따르면, '사탄의 회당'

62) 크레이그 S. 키너, 「요한복음 II」, 이옥용 역 (서울: CLC, 2018), 2033.

은 유대인들이 그리스도인들을 박해했기에 붙여진 이름이다.[64] 사탄은 '우리 형제들을 참소하던 자'이다(계 12:10). 자칭 유대인들을 '사탄의 회당'이라고 지칭한 것은 그 유대인들이 그리스도인들을 로마 당국에 고발했기 때문이다.[65] 그런데 예수님을 박해했던 유대인들은 주로 서기관과 바리새인들이었고, 바리새인들은 탈무드(미쉬나)를 신봉하던 자들이었다(마 15:1-3). 그들은 마귀의 자녀였고(요 8:44), 하나님의 감람나무에서 꺾이었다(롬 11:17-21). 소아시아 일곱 교회 중 칭찬받은 서머나 교회는 자칭 유대인이라는 사탄의 회당의 모독을 받지만(계 2:9) 거짓말하는 그들이 빌라델비아 교회의 발 앞에 절하게 될 것이 사도 요한에 의해 기록되었다(계 3:9). 이것은 회심을 말하기보다는 그들에 대한 심판을 말한다.[66] 예수님께서 미쉬나를 신봉하는 유대인들에 대하여 마귀의 자식과 사탄의 회당이라고 말씀하신 것을 요한 사도가 기록한 것은 매우 특이하다. 요한의 이러한 기록은 마태, 마가, 누가의 기록과 다를 바 없다.

5. 바울의 기록

개종 전 유대교인이었으며 바리새인이었던 바울 사도는(빌 3:5) 유대교적 유산이라고 할 수 있는 미쉬나를 해로 여기고 배설물로 여겼다고 할

---

63) 크레이크 R. 쾨스터, 「요한계시록 I」, 최흥진 역, 앵커바이블 (서울: CLC, 2019), 437-39.

64) 그레고리 K. 비일, 「요한계시록 상권」, 오광만 역, NIGTC (서울: 새물결플러스, 2016), 484.

65) 그랜트 오즈번, 「요한계시록」, 김귀탁 역, BECNT (서울: 부흥과 개혁사, 2016), 176.

66) 이한수, 「요한계시록」 (도서출판, 솔로몬, 2018), 91.

수 있다(빌 3:7-8).[67] 그 이유는 그리스도 예수를 아는 지식이 가장 고상하기 때문이었다(빌 3:8). 바울은 그의 "조상들의 전통"(갈 1:14)과 "율법의 행위"(갈 2:16, 3:2, 5, 10)란 용어로 미쉬나(탈무드)를 표시한 것으로 보인다.[68] 바울이 말한 '조상들의 전통'(갈 1:14)은 모세의 율법에 기록된 것이 아니고,[69] 하나님의 계시 행위에 기원을 갖지 않은 미쉬나를 가리킨다.[70] 바울은 유대교를 지나치게 믿었고 그의 조상들의 전통에 더욱 열심이었다(갈 1:14). 바리새인이고 유대교인이며 조상들의 전통을 믿고 따랐던 바울은 유대교와 바리새파와 미쉬나가 일치됨을 나타낸다. "복음서와 바울서신에 나타난 바리새인의 모습은 본질적인 면에서 미쉬나와 탈무드에서의 모습과 일치한다."[71] 바울이 전한 복음은 "사람에게서 받은 것도 아니요 배운 것도 아니요"라고 했을 때(갈 1:12), 바울이 의미하는 바는 미쉬나로부터 복음을 전수받거나 배우지 않았다는 간증이다.[72] 바울의 복음은 '오직 예수 그리스도의 계시로 말미암은 것'이다(갈 1:11-12). 그러니까 바울이 선포한 예수 그리스도의 복음과 미쉬나(탈무드)는 아무 관련이 없다.

---

67) 프랭크 틸만, 「빌립보서」, 채천석 역, NIV 적용주석 (서울: 도서출판 솔로몬, 2014), 207; 제랄드 호돈, 「빌립보서」, 채천석 역, WBC (서울: 도서출판 솔로몬, 1999), 270.

68) 리처드 N. 롱에네커, 「갈라디아서」, 이덕신 역, WBC (서울: 도서출판 솔로몬, 2003), 218-19; 이상근, 「갈 · 히브리」 (대구: 성등사, 1990), 37.

69) Ernest De Witt Burton, *The Epistle to the Galatians*, ICC (Edinburgh: T. & T. Clark, 1948), 48.

70) J. 루이스 마틴, 「갈라디아서」, 김병모 역, 앵커바이블 (서울: CLC, 2018), 234, 256; 토마스 R. 슈라이너, 「강해로 푸는 갈라디아서」, 김석근 역, 존더반 신약주석 (서울: 도서출판 디모데, 2017), 104.

71) 제임스 에드워즈, 「마가복음」, 125.

72) J. 루이스 마틴, 「갈라디아서」, 234.

바울이 갈라디아서(2:16)에서 말하는 '율법의 행위'는 미쉬나를 가리킨다면, 로마서(3:20, 28)에 말하는 '율법의 행위'도 미쉬나의 유대교를 함의한다고 할 수 있을 것이다. 바울 당시의 유대교는 그냥 율법주의가 아니라 전통적인 율법주의를 말했다고 슈라이너가 샌더스의 주장을 해석했다.[73] 그 전통적인 율법주의는 미쉬나를 의미하는 것으로 보인다. 슈라이너의 해석이 타당하다면 샌더스가 말하는 '바울에 대한 새 관점'은 '미쉬나(탈무드)에 따른 관점'이라 할 수 있을 것이다.[74] 현대 유대교적 자유주의 신학자라고 할 수 있는 샌더스의 '바울에 관한 새 관점'을 탈무드에 의한 관점으로 보는 평가는 아직 없는 것 같다. 결과적으로 바울과 율법에 대한 새 관점은 의도적으로 바울의 복음을 무시했거나 신약신학의 이해에 미치지 못했다고 할 수 있다.[75]

바울에 의하면 율법의 행위는 조상들의 전통이면서 '다른 복음'이다(갈 1:6-9; 고후 11:4). 그 율법의 행위로는 의롭다 함을 받지 못한다(갈 2:16). 더구나 바울은 율법의 행위에 속한 자들이 저주 아래 있음을 선언하였다(갈 3:10). 이 저주는 최종적인 멸망과 유죄판결을 가리킬 수 있다. 이 저주의 대상은 다른 복음을 전하는 유대주의자들이다. 그러면 유대인이나 이방인을 막론하고 누구든지 율법의 행위인 미쉬나(탈무드)로는 칭의를 얻기는커녕 저주 아래 있다는 것이 복음서의 기록과 의미상 다름이 없는 바울의 기록이다.

따라서 바울이 "거짓 사도요 속이는 일꾼이니 자기를 그리스도의 사도

73) 토마스 R. 슈라이너, 「강해로 푸는 갈라디아서」, 166.

74) E. P. Sanders, *Paul and Palestinian Judaism: A Comparison of Patterns of Religion* (Philadelphia: Fortress, 1977).

75) 필립 그레이엄 라이큰, 「갈라디아서」, 신민우 역 (서울: 부흥과 개혁사, 2017), 100.

로 가장하는 자들”(고후 11:13)과 “광명의 천사”로 가장하고 “사탄의 일꾼”임에도 “의의 일꾼으로 가장한 자들”(고후 11:14-15)을 기록했을 때 미쉬나(탈무드)의 추종자들을 함의한 것으로 보인다. 또한 바울은 ‘다른 예수’와 ‘다른 영’을 기록하여 미쉬나의 가르침을 경계했다고 할 수 있다(고후 11:4). 바울이 기록한 ‘그리스도의 십자가의 원수들’(빌 3:18)에도 유대교의 미쉬나가 자리를 차지하고 있다.[76] 이와 같은 바울의 기록은 미쉬나의 추종자들이 근본적으로 바울의 대적자들임을 함의한다. 예수 그리스도의 사도인 바울은 미쉬나가 그리스도의 십자가와 원수임도 기록하였다.

6. 베드로의 기록

베드로가 기록한 “너희 조상이 물려준 헛된 행실”은 유대교의 미쉬나(탈무드)를 함의하고 있는 것으로 보인다(벧전 1:18). 이 ‘헛된 행실’은 이교도의 헛된 행실의 전통뿐만 아니라 유대교의 미쉬나도 포함할 수 있을 것이다.[77] 베드로가 말하는 조상 중에 유대인의 조상이 포함될 수 있는 것은 1:16의 “내가 거룩하니 나희도 거룩할지어다”는 레위기의 인용이 먼저 등장하기 때문이다. 이어서 조상들이 물려준 헛된 행실(미쉬나 포함)에서 대속을 받은 것은 은이나 금같이 없어질 것으로 된 것이 아니라 오직 흠 없고 점 없는 어린 양 예수 그리스도의 보배로운 피로 된 것임을 베드로가 기록하였다(벧전 1:18-19). 베드로가 기록한 헛된 행실에는 유대교의 미쉬나가 포함된 것으로 보인다.

---

76) 폴 바넷, 「고린도후서」, 전용우 역, NICNT (서울: 부흥과 개혁사, 2020), 639.

7. 결론

(1) 신약성경은 미쉬나(탈무드)를 강하게 비판한다. 마태는 예수님이 탈무드(미쉬나)를 따르는 바리새인들과 서기관들을 향하여 7번 반복하여 '화 있을진저'라고 선고하셨음을 기록하였다(마 23:13-36). 마가는 "너희는 하나님의 계명을 버리고 사람의 전통을 붙들고 있다. 또 예수께서 그들에게 말씀하셨다. 너희는 너희의 전통을 세우기 위하여 하나님의 계명을 잘도 무시하는구나 … 너희는 너희가 전하여 준 전통으로 하나님의 말씀을 헛되게 하며"(막 7:8-13)라는 기록으로 미쉬나를 비판했다. 누가는 누가복음 11:37-54에서 예수님이 바리새인들에게 3가지 화를 선포하시고, 율법 교사들에게도 3가지 화를 선포하신 것을 기록함으로 미쉬나를 비판하였다. 사도 요한은 예수님께서 바리새인들에게 마귀의 자녀라고 말씀하신 것을 분명히 밝혔다(요 8:13, 44). 또한 요한은 당시에 탈무드(미쉬나)를 따르는 것이 분명한 것으로 보이는 "자칭 유대인"을 "사탄의 회당"이라고 명시했다(계 2:9, 3:9). 바울은 미쉬나를 의미하는 율법의 행위에 속한 자들이 저주 아래 있음을 선언하였다(갈 3:10). 베드로는 "조상들이 물려준 헛된 행실"이라는 말로 미쉬나(탈무드)를 비판했다. 마태, 마가, 누가, 요한, 바울 그리고 베드로의 미쉬나 비판은 곧 신약성경의 탈무드 비판이라 할 수 있다.

(2) 구전율법으로서의 미쉬나와 미쉬나의 해석인 게마라(탈무드)는 성경이 아니다. 미쉬나(탈무드)는 모세의 율법해석의 전승이라는 구전율법의 모음집이다. 구전율법은 성문율법을 능가할 수 없다. 구전율법은 구약에 기록된 율법의 통제를 받아야 한다. 성문율법은 성경이지만 엄밀히 말해서 구전율법은 성경이 아니기 때문이다. 기록된 성경 외에 다른 성경은

인정될 수 없다(계 22:18-19).

(3) 유대교의 미쉬나(탈무드)는 반기독교적이다. 왜냐하면 ① 유대인의 미쉬나(탈무드)는 오히려 하나님의 말씀을 헛되게 하고 폐하는 '사람의 전통'과 '사람의 계명들'이라는 예수님의 평가를 받았기 때문이다. ② 미쉬나(탈무드)를 따르는 유대교의 바리새인들은 마귀의 자녀이고 사탄의 회당이라는 사도 요한의 기록 때문이다. ③ 오늘날도 탈무드를 따르는 유대교는 변하지 않았다. 유대교를 옹호하는 자들은 예수 그리스도에 대하여 '율법주의를 받아들인 유대교인'으로 선전하고,[78] 심지어 예수님을 '사악한 사제'로 비방하기 때문이다.[79] 제임스 던과 톰 라이트도 유대교를 옹호하면서 예수님의 신성을 부인한다.[80]

(4) 다음 세대뿐만 아니라 모든 세대는 신약성경의 가르침을 따라서 탈무드를 배척해야 할 것이다. 하지만 무조건 원천 봉쇄하는 배척의 방법보다는 예수님과 바울이 천국 복음을 전할 때 먼저 예루살렘 성전 뜰과 유대교의 회당에 들어가서 신약의 메시지를 전했던 것처럼 보다 적극적으로 지혜롭고 선한 싸움의 슬기를 발휘해야 할 것이다.

---

77) Edward Gordon Selwyn, *The First Epistle of St. Peter* (Grand Rapids, Michigan: Baker Book House, 1987), 145.

78) E. P. 샌더스, 「예수와 유대교」, 황종구 역 (고양: 크리스찬 다이제스트, 2008), 454-59.

79) 조철수, 「예수 평전」 (서울: 김영사, 2010), 123-47.

80) James D. G. Dunn, *The Partings of the Ways: Between Christianity and Judaism and their Significance for the Character of Christianity* (London: SCM press, Philadelphia: Trinity Press International, 1991), 247; 톰 라이트, 「톰 라이트 칭의를 말하다: 하나님의 계획과 바울의 비전」, 최현만 역 (서울: 에클레시아북스, 2016), 106.

5 Chapter 고대의 성경해석

성경해석에 있어서 유대인들이 역사적으로 앞섰지만 기독교적으로 해석을 하지 않았기 때문에 실제적으로는 교부들의 성경해석이 기독교적 성경해석의 시작이라고 할 수 있다. 그래도 고대의 성경해석은 영해라는 이름으로 유대인의 성경해석의 영향을 많이 받았다. 영해의 영향은 아직도 단절되지 않고 있으나 고대교회에서 정초된 기독교의 근본 교리는 기독교의 확고한 뿌리를 이루고 있다. 과거 없는 현재는 없다. 주께는 천년이 하루 같아서 고대 교회의 일들은 불과 엇그제의 일일 것이다.

1. 기독교 근본교리 작성

고대 교회에서는 풍유적 해석이 주류를 이루었으나, 고대의 교부들은 예수님의 신성교리(325년)와 삼위일체 교리(381년)와 기독론 교리(451년)를 확정했다. 이 교리는 사람들의 창작이 아니라 성경의 가르침을 교회가 공적으로 수용한 것이다. 예수 그리스도는 피조되었다는 북아프리카 리비아 출생의 아리우스(Arius, 250~336)의 도전에 이집트 알렉산드리아 출생

아다나시우스(A.D. 295-373)

아다나시우스(Athanasius, 295~373)가 활동하여 325년 니케야 공회의에서 예수 그리스도는 성부와 동일본질이라는 '예수의 신성'을 교리화했고, 성령이 피조되었다는 영항쟁자들의 도전에 갑바도기아의 세 신학자 대바실과 닛사의 그레고리와 나지안주의의 그레고리가 연구한 결과, 381년 콘스탄티노플 공회의에서 "성령은 성부와 성자와 동일본질"이라는 성령의 신성을 공식화하여 "하나의 실체에 세 인격"이라는 삼위일체 교리를 정립했다. 또한 아폴리나리우스와 유티커스의 단성론과 네스토리우스의 두 본성의 두 인격이라는 도전에 대하여 레오 감독 등의 노력으로 451년 칼케돈 공회의에서 "예수 그리스도는 두 본성의 한 인격"이라는 기독론 교리가 확정되었다.

1) 니케야 신경(Symbolum Nicaenum)과 예수님의 신성교리(325년)

콘스탄티누스는 313년에 기독교를 공인했다. 그런데 알렉산드리아에서 일어난 '아레오스 논쟁'이 애굽과 리비아 유역으로 퍼져나가 교회가 평화롭지 못하고 제국이 어렵게 되자 중재에 나섰다. 자신의 교회 담당 조언자 코르도바(Cordova)의 주교인 '호시우스'를 알렉산드리아에 보내 화해를 추구했다. 콘스탄티누스는 사소한 문제니까 해결이 잘 될 줄로 생각했지만, 사실은 기독교 운명이 걸린 중차대한 문제였다. 그래서 콘스탄티누스는 기독교 역사상 처음으로 에큐메닉 공회의를 소집하기로 결정하였고, 325년 318명의 주교들이 참석했다.

아다나시우스(Athanasius, 295~373, 사진)는 알렉산드리아 출생의 헬라 교부로서 하나님 아버지께서 아들을 통해서 일하시고, 이 말씀 역시 참

신이며 아버지와 동일 실체라고 확정했다.[81] 결국 아들이 아버지와 '동일실체'(homoousion)로 출생하였고 만들어지지 않았다는 정통 신앙이 승리하게 되었다. 황제는 '호모우시온'(homoousion)을 넣도록 권고하여 호모우시온이 니케야 신경에 들어가게 되었다. 이렇게 니케야 공회의는 기독교 역사상 최초의 에큐메닉 공회의로 '정통 기독교를 확립'하였다. 니케야 신경은 다음과 같다.

> "우리는 한 하나님 전능하신 아버지를 믿는데 모든 보이는 것과 보이지 않는 모든 것의 조물주를 믿는다. 또 한 주 예수 그리스도 하나님의 아들을 믿는데 그는 아버지에게서 출생하신 독생자이다. 이는 아버지의 실체에서 나셨고, 하나님에게서 나온 하나님이시다. 빛에서 나온 빛이요 참 하나님에게서 나온 참 하나님이시다. 그는 출생하셨고 만들어지지 않으셨으며 아버지와 동일실체이시다. 그로 말미암아 만물이 만들어졌다. 하늘에 있는 것과 땅에 있는 모든 것들이 다 그에 의해 만들어졌다. 그는 우리 인간들을 위해서 또 우리의 구원을 위해 내려 오셨고 육신이 되사 사람이 되셨다. 고난받으시고 제삼일에 살아나시고 하늘들에 오르셨다. 산 자들과 죽은 자들을 심판하기 위하여 그가 오실 것이다. 그리고 우리는 성령을 믿는다. 그러나 그가 없었던 때가 있었다고 말하고 그가 나시기 전에는 있지 않았다거나 존재하지 않은 것에서 만들어졌다거나 혹은 다른 실체나 다른 본질로부터 만들어졌다고 말하고 하나님의 아들이 가변적이거나 변이될 수 있다고 말하는 자들을 공교회는 정죄한다."[82]

---

81) 니케아 신조가 만들어진 후 약 10년이 지난 즈음에, 이단으로 정죄된 니코메디아의 유세비우스와 아리우스는 정치력을 이용하여 니케아 정통신앙을 무너뜨리기 위해 모함하고 콘스탄틴 대제를 부추겨서 아다나시우스를 파직시키고(335년), 추방했다(336년). 그 후 아다나시우스는 20년 동안 6번이나 추방생활을 당하면서 홀로 지냈다.?

82) 서철원, 「교리사」 (서울: 총신대출판부, 2003), 240-41를 보시오.

2) 콘스탄티노플 신경(Constantinopolitanum Oecuminicum, 381년)과 성령의 신성

니케아 공회의 이후 반세기에 걸쳐 진행된 '호모우시온'에 대한 투쟁은 362년 알렉산드리아 공회의에서 호모우시온을 교회의 신앙으로 확정하였다. 그러나 '지방 공회의'의 결정이 되어, 에큐메닉 공회의의 결정이 있어야 했다. 이 호모우시온에 대한 최종 결정을 위해 제2차 에큐메닉 공회의가 소집될 수밖에 없었다. 그러나 더 심각한 문제가 있었는데, 그것은 성령에 대한 논의였다. 성령이 피조물이라는 주장이 있었으므로 아들에게 적용된 호모우시온이 성령에게도 그대로 적용되어 성령이 인격적인 하나님이라는 확증이 요청되었다. 3조의 확립에 있어서 갑바도기아 신학자들이 크게 기여했다.

381년 콘스탄티노플 공회의는 성령의 동일실체 혹은 성령의 신성을 확립하여 삼위일체 교리를 확립하였다. 아버지와 아들과 성령이 '하나의 동일신성'이라는 교리를 확정하였다. 기독교 역사상 처음으로 '성부와 성자와 성령이 한 동일실체'임이 확증되었다. 이 공회의에서는 이단들을 정죄하고 니케아 정통 신앙을 가진 자들의 손에 교회가 맡겨지는 일을 황제의 뜻을 따라 결정하였다.

그러나 동방 주교들만 모였기 때문에 '성령의 나오심을 아버지로부터로만' 확정하여 동서교회간에 오랜 논쟁이 되었다. 이로써 두 교회가 분열하는 씨를 제공하였다고 할 수 있다. 갑바도기아 교부들(Basil the Great, 329~379, Gregory of Nazianzus, 330~390, Gregory of Nyssa, 335~395, 사진 좌로부터)에 의해서 세 위격들의 특성이 아버지는 비출생성, 비유래성, 아들은 출생과 로고스, 또 성령은 출래와 성화로 확정되었다.

대 바실(Basil the Great)이 '위격'에 상응하는 용어로 '프로소폰'

Basil the Great, 329-379

Gregory of Nazianzus, 330-390,

Gregory of Nyssa, 335-395

(πρόσωπον) 대신에 '휘포스타시스'(ὑπόστασις)를 선택한 것은 후자가 삼위에 실존하는 개체적 특성을 보다 강하게 부여하는 것이기 때문이다. 따라서 하나님의 단일성은 그분의 '우시아'(οὐσία)이며, 삼위일체는 '휘포스타세스' 안에서 발견된다는 것이다.[83] 바실레오스는 하나님이 아버지와 아들과 성령으로서 한 하나님이신 것을 강조한다. 수에 있어서 한 하나님이 아니라 본성에 있어서 한 하나님이시므로 세 위격이 다 참 하나님이심을 밝힌다. 바실레오스는 처음부터 성령의 신성을 전제하고 출발하였다. 바실레오스는 아레안파가 아들과 성령의 존엄을 낮추어서 세 위격이 전혀 서로 다르다고 주장하는 것에 대항하여 성령의 위격이 동일실체로서 삼위의 한 위격임을 증명한다.

실체와 위격에 대해서, 바실레오스는 "하나님은 실체에 적용되는 이름"이고 "위격은 실체의 개별 존재방식에 적용되는 개념"이라고 보았다. 성령은 바실레오스 신학의 중심에 서 있었다. 그는 아들에게 적용된 호모우시온을 성령에도 그대로 적용하였다. 삼위의 활동이 동일하므로 성령도

83) Basil, *Letter* 236. 6; NPNF II, 8. 278; 박종훈, "성 바실의 목회신학과 사회적 실천에 관한 연구"(박사학위논문, 한신대학교 대학원, 2017), 30.

동일실체이며 삼위일체의 한 위격이며 하나님이심을 증명한다.

나지안주스의 그레고리오스(Gregory of Nazianzus)는 친구인 바실레오스의 작업을 이어서 성령의 신성을 강조하여 동일 실체임을 강조한다. 세 위격이 한 하나님이심은 한 실체, 동일본성이기 때문이라고 강조한다. 나지안주스의 그레고리오스는 삼위일체와 세 위격이 한 하나님이심은 동일실체, 동일본성이라는 데 두었다. 그레고리오스가 하나님의 본성의 특성을 강조한 이유는 아레안파가 성령을 피조물로 보는 것에 대항하여 성령이 하나님이고 피조물일 수 없다는 것을 강조하기 위함이었다. 삼위일체는 "실체는 하나"이고 동일하기 때문에 본성에 의해 위격들이 구분되는 것이 아니고 특성에 의해서 구분된다고 보았다. 그는 380년 콘스탄티노플에서 신학적 연설을 하여 381년 콘스탄티노플 공회의를 준비하였다. 그레고리오스는 성령이 다른 위격들과 동등하고 동일실체이며 한 실체가 세 위격에 공동이고 동등이라고 확정하였다. 바실레오스는 성령을 하나님으로 표기하는 일에 그렇게 정열적이지 못하였지만 그레고리오스는 성령을 당당하게 하나님으로 표기하였다.

닛사의 그레고리오스(Gregory of Nyssa)는 바실레오스의 동생이었다. 그는 세 위격이 한 하나님인 것은 본질이 하나이기 때문이라고 주장했다. 이것이 그의 기본 신학이었다. 그는 삼위가 서로 상호 침투한다는 '페리코레시스'(perichoresis)를 공식화하여 창조 전 만세 전부터 아버지와 아들과 성령이 서로 연합되어 있기 때문에 삼위일체로 계신다고 보았다.[84] 세 위격이 삼위일체인 것은 각각 개별 존재이지만 서로 분리되어 있지 않고

---

84) 서철원, 「하나님론」, 교의신학 II (서울: 쿰란출판사, 2018), 135; contra Eunomium, I:16; epistula, 38, 4.

연합되어 있기 때문이라고 보았다. 닛사의 그레고리오스는 성령신학자라고 불린다. 그는 성령이 피조물이 아니라 동일한 신적 본성을 가져 하나님이심을 증명하였다. 콘스탄티노플 공회의에서 성령조의 공식화에 직접 참여하였다.[85] 특히 닛사의 그레고리오스는 성자와 성령의 관계를 '아들을 통하여'(per Filium)라고 정리하여 '아들로부터도'(filioque) 문제에서 동방교회와 서방교회의 조화 가능성을 제시했다고 할 수 있다.[86] 이상의 갑바도기아의 세 신학자의 수고의 결과로 나타난 콘스탄티노플 신경(Symbolum Constantinopolitanum)은 다음과 같다.

> "우리는 한 하나님 전능하신 아버지, 하늘과 땅과 보이는 것과 보이지 않는 모든 것들을 만드신 이를 믿사오며, 한 주 예수 그리스도 하나님의 독생한 아들을 믿는데, 만세 전에 아버지에게서 나시고 하나님에게서 나온 하나님이요, 빛에서 나온 빛이요, 참 하나님에게서 나온 참 하나님이요, 출생하셨고 만들어지지 않으셨으며, 아버지와 동일실체이시다. 그로 말미암아 만물이 만들어졌다. 그는 우리 사람들을 위하여 또 우리의 구원을 위하여 하늘에서 내려오사 성령과 동정녀 마리아에게서 성육신하시어 사람이 되셨고, 우리를 위하여 본디오 빌라도 아래서 십자가에 못 박히고 수난받으시고 장사되셨다. 성경대로 부활하사 하늘들에 오르사 아버지의 우편에 앉으셨으니, 영광으로 다시 오사 산 자들과 죽은 자들을 심판하실 것이라; 그의 나라는 끝이 없느니라. 그리고 성령을 믿사오니, 주시요 살리는 자시요 아버지에게서 나오시고 아버지와 아들과 함께 경배받으시고 함께 영광을 받으시며, 선지자들을 통하여 말씀하셨

---

85) 닛사의 그레고리오스는 기독교 역사상 처음으로 '악의 기원' 을 설명한다. 사람은 하나님의 형상으로 지어져서 선하게 창조되었다. 그러나 인간이 자유의지를 활용하여 자기에게 좋게 여겨진 악을 선택하므로 악이 나왔다고 설명한다. 그러므로 악은 하나님에게서 비롯된 것이 아니고 의지에서 나온 것이다.

86) 김석환, "캅바도기아 교부들과 칼빈의 삼위일체론,"「칼빈논단」2000 (2000), 289

> 느니라. 그리고 한 거룩한 보편적이며 사도적 교회를 믿습니다. 죄들의 용서에 이르는 한 세례를 믿사오며, 죽은 자들의 부활과 오는 세대의 생을 믿사옵니다. 아멘."[87]

로마 공회의(concilium Romanum, 382년)의 결정: 서방교회는 381년 콘스탄티노플 공회의에 공식 대표가 참석하지 못하였다. 그래서 성령의 출래를 바로 교정하기 위하여 보편 공회의를 소집해 줄 것을 로마 황제 데오도시오스에게 청원하였지만 다시 동방교회들만을 소집하여 381년 공회의의 결정을 재확인하는 데 그쳤다. 그래서 서방교회는 382년 로마 교황 다마수스의 주재 아래 로마에서 공회의를 소집하여 성령이 아들에 의해 만들어졌다고 말하는 자는 신성모독이라고 정죄하였고, 다른 이단들을 정죄하고서 콘스탄티노플 공회의의 교리 결정을 수납하였다.

3) 칼케돈 신경(Chalcedonense, 451년)

431년 에베소 공회의에서 한 인격 두 본성을 결정했다. 그런데 로마의 황제 데오도시오스 2세(Theodosius Ⅱ)의 승인 아래 449년 에베소 총회에서 알렉산드리아의 유티케스의 정통성을 선언하고 애굽의 수도승들이 레오(로마의 감독)의 교리 서신을 받은 플라비아노스(콘스탄티노플의 대주교, 446~449)를 폭행하여 죽게 했다. 그래서 레오는 이 총회를 강도들의 총회라고 정죄하였다. 그러나 데오도시오스 2세가 죽자 그의 누이 풀케리아(Aelia Pulcheria, 399~453)가 정치적인 힘을 발휘하여 공회의의 소집에 동의하였다. 그리하여 로마의 감독 레오가 원하는 대로 이탈리아가 아니고 칼케돈을 공회의의 소집지로 정하고 451년 공회의를 소집하였다. 6백 명

---

87) 서철원, 「교리사」, 376-77를 보시오.

퀴릴로스(A.D. 412-444)

레오 1세(A.D. 440-461)

의 주교들이 참석하였고 공회의의 전체적인 목표는 제국의 안목에서는 전제국 내에 단일 신앙을 확립하는 것이었다. 니케야 신경을 정통 신앙의 표준으로 재확인하고 또 콘스탄티노플 신경을 이단 반박용으로 재확인하였다. 그리고 알렉산드리아 감독 퀴릴로스(Cyrilos, 412~444)의 교리 서신들을 인정하고 또 레오의 교리 서신을 유티케스주의의 반박과 콘스탄티노플 대주교 네스토리우스(Nestorius, 428)의 그리스도 본성의 두 인격 주장에 대한 배척에 합당한 것으로 수납하였다. 유티케스(Eutyches)의 근본주장은 그리스도의 몸은 성육신 후에 우리와 동일 실체가 아니고 오히려 성육신 후에는 그의 본성은 신적인 한 본성이라는 것이다. 이 주장은 라오디게아의 감독 아폴리나리스(Apollinarios)에게서 처음으로 나타났던 이단이었다.[88] 로마의 감독 레오 1세(Leo I, 440~461)는 탁월한 정치적인 능력으로 칼케돈 신경의 공식화를 이루도록 도왔고 칼케돈 공회의를 주도하였다. 레오는 그리스도의 한 인격과 두 본성이 한 인격에 결합하였음을 강조하여 칼케돈의 공식화가 바로 이루어지게 일하였다. 칼케돈 신경은 다음과 같다.

---

88) 라오디게아의 감독 아폴리나리스와 알렉산드리아의 유티케스의 단성론, 콘스탄티노플 대주교 네스토리우스의 그리스도의 두 인격 같은 이단적 주장은 결과적으로 터키와 이집트가 그리스도교의 융성 시대에 선진국을 유지하다가 현대에는 도리어 후진국으로 퇴보하는 계기가 되었을 가능성도 추측할 수 있을 것이다.

"그러므로 거룩한 교부들을 따라 우리 모두는 이구동성으로 한 동일한 아들, 우리 주 예수 그리스도를 고백해야 할 것으로 가르친다. 신성에 있어서 동일한 완전한 자이시며, 인성에 있어서 동일한 완전한 자이시며, 참 하나님과 참 사람이시며, 합리적인 영혼과 육체로 된 동일자이시며, 신성에 있어서 아버지와 동일실체이시며, 인성을 따라서 우리와 동일실체이시고 죄를 제외하고는 모든 면에서 우리와 동일하시다. 신성을 따라 만세 전에 아버지에게서 나시고 마지막 날에 우리를 위해서 또 우리의 구원을 위해서 인성을 따라서는 그 동일자가 동정녀 마리아, 하나님의 출생자로부터 나셨다. 하나의 동일한 그리스도, 아들, 주님, 독생하신 자이시다. 두 본성에 있어서 혼합 없이 변화 없이 분열 없이 분리 없이 인식되어야 하며, 결코 연합 때문에 본성들의 차이가 제거되는 것이 아니고 더욱이 양 본성의 특성들이 손상되지 않는다. 그리고 한 인격으로 또 한 존재 방식으로 함께 들어갔고 두 인격으로 나뉘거나 분열되지 않으며 한 동일한 아들, 독생하신 하나님, 말씀, 주, 예수 그리스도이시다. 선지자들 이전에 그에 대해 또 그 자신 예수 그리스도가 우리를 가르치신 것처럼 교부들의 신경을 우리에게 전하여 주셨다."[89]

2. 어거스틴과 아다나시우스 신경

서방교회는 삼위일체 교리와 기독론 교리 공식화 작업에 독창적인 사고로 적극적인 기여는 하지 못하였다. 그러나 어거스틴의 큰 저작을 통하여 성령의 나오심을 아버지와 아들로부터(ex Patre Filioque)로 확정하여 삼위일체를 교회의 근본 신앙으로 받아들였다. 이 작업에 있어서 콘스탄티노플 공회의의 결정을 승인하고 수납한 것이다.

암브로시우스(Ambrosius, 340~397)는 삼위일체론을 세움에 있어서 콘스탄티노플 신경과 같은 신학적 견지에서 전개한다. 그러나 암브로시우스

89) 서철원, 「교리사」, 486-87를 보시오.

는 갑바도기아 교부들과는 달리 영이 아버지에게서만 아니라 아들에게서 나오심을 강조한다. 그의 영향을 받은 어거스틴은 성령의 나오심을 아버지와 아들에게로 확정하였다.[90]

어거스틴(A.D. 354-430)

어거스틴(Augustine, 354~430)은 354년 오늘날의 알제리에 해당하는 로마 제국의 식민지 북아프리카의 소도시 타가스테에서 태어났다. 아버지 파트리키우스는 이교도였으나, 어머니 모니카는 그리스도인이었다. 어머니 모니카가 어거스틴을 교육했으나 어렸을 때 세례를 받지는 않았다. 그는 고향과 인근 도시 마다우로스 혹은 마다우라(Madaura)에서 초등교육을 받은 후, 카르타고에서 공부하려 했지만 어려운 집안 형편으로 잠시 학업을 중단하기도 했다. 370년 집안의 사정이 나아지자 아버지는 16살의 어거스틴에게 수사학을 배우게 하려고 카르타고로 유학 보냈다. 카르타고에서 그는 키케로의 글 「호르텐시우스」를 읽고 철학에 심취하게 된다. 어머니 모니카는 그가 자기와 같은 그리스도교인이 되기를 원했지만, 당시 철학에 심취해 있던 어거스틴은 마니교의 이성적이고 체계적인 교리에 매력을 느껴 마니교도로서 10여 년을 머무르기도 했다.

또 이 시기의 371년 열일곱 살에 그는 한 젊은 여성과 동거생활을 시작하여 14년 동안 같이 살면서 아데오다투스라는 아들을 낳기도 했으나 어린 나이에 죽었다. 이러한 아들의 행동을 받아들일 수 없던 어머니 모니카는 아들과 절교를 선언한다. 그 당시 어거스틴은 마니교 지도자들의 지적 수준이 그다지 높지 않다는 것을 알고 회의를 느껴 잠시 신플라톤주

90) 아우구스티누스, 「삼위일체론」, 김종흡 역 (서울: 크리스챤 다이제스트, 1997), 제5권 14장.

의자가 되었다가, 마니교도 동료의 추천으로 타가스테, 카르타고, 로마, 밀라노 등에서 수사학과 철학을 가르쳤다. 그러다가 384년 밀라노로 건너가게 되면서 밀라노의 주교 암브로우스를 만나고 그의 설교를 통해 감동받는다. 그 일은 그가 하나님을 다시 바라보게 하는 계기가 되었고, 2년 뒤 어거스틴은 회심하게 된다. 397년 히포의 주교가 된 어거스틴은 3년간 「참회록」을 집필했다.

어거스틴은 성경해석자라기보다는 신학자와 변증가였다. 그는 다양한 지식과 자신의 변증법적 재질과 사변적 호기심으로 중세 스콜라 철학의 아버지가 되었고, 열정으로 중세 신비주의자들에게 자극을 주었고, 교회제도에 대한 관심으로 중세 가톨릭교회의 계급제도를 강화하였고, 성경의 충족성과 명료성을 강조하여 종교개혁의 원동력을 제공한 신학자였다. 성경해석 면에서 어거스틴은 계시의 점진성을 인정하였고, 구약 전체에서 복음을 발견하려고 시도하였으며, 풍유적 해석이 역사적 의미에 근거해야 한다고 하였다. 그는 히브리어는 모르고 헬라어도 약간 아는 정도에서 70인경과 라틴 역본에 의존하였기 때문에 성경의 역사적 의미에 약했으며, 티코니우스의 해석법칙들을 수용하여 성경에 풍유적 해석을 가하였다.[91]

그러나 어거스틴은 성경원어 지식이 불완전했어도 「삼위일체론」을 저술하여 신학적으로 최선을 다했다는 점이 평가받을 만하다. 그의 풍유적 해석에도 불구하고 어거스틴의 위대성은 그의 「삼위일체론」에서 "성령이 아버지와 아들로부터 나오심"을 명시한 신학적 교리적 공헌에 있다.[92] 이것은 그의 스승 암브로시우스에게 받은 영향이다. 이것은 450년경 아다

91) 권성수, 「성경해석학1」, 133-34.

92) 아우구스티누스, 「삼위일체론」, 185-86.

니시우스 신경 23조에 적시되었다. "성령은 아버지와 아들에게서 나오시고 만들어지지 않으시고 창조되지 않으시고 출생되신 것이 아니고 나오신다"(Spiritus Sanctus a Patre et Filio, non factus nec creatus nec genitus, sed procedens). 이러한 진술로 삼위일체 교리가 결말되었다.[93)]

이와 관련하여 동방교회는 성령이 아버지에게서만 나오신다는 381년의 콘스탄티노플 신조를 고집하고, 아다시우스 신경을 인정하지 아니하여 서방교회와 갈라지게 되었다. 서방교회는 지금까지 콘스탄티노플 신조와 함께 아다나시우스 신경을 수용하고 있다. 암브로시우스와 어거스틴 그리고 아다나시우스 신경의 진술은 요한복음 1:1, 1:13, 3:5, 10:30, 15:26 등의 내용과 일치한다.

아다나시우스 신경(450년경)은 아다나시우스(Athanasius, 295~373)가 작성한 것이 아니다. 단지 어떤 무명의 학자가 아다나시우스라고 이름 붙인 것이다. "성령이 아버지와 아들로부터 나오심"은 고대를 지나 중세에 이르러 589년 톨레도 3차 공회의에서 공식적으로 채택되었다.

이상과 같이 고대교회가 성경의 가르침을 따라 공인한 삼위일체 교리와 기독론 교리는 우리 기독교의 두 뿌리이자 기독교의 근본 교리이다. 따라서 고대교회가 풍유적 해석과 영해의 경향에도 불구하고 성경을 정확하게 해석하여 기독교의 근본 교리를 정립하고 당대와 후대에 잘 전달하였음을 현대교회는 잊지 말아야 할 것이다.

93) 서철원, 「교리사」 (서울: 총신대출판부, 2003), 411-13.

6 Chapter 칼빈의 성경관과 해석[94)]

루터의 종교 개혁은 1618~48년의 30년 전쟁을 가져왔다. 유럽 전체가 네덜란드, 스웨덴, 덴마크, 노르웨이, 프랑스로 구성된 개신교와 오스트리아, 에스파냐를 중심으로 한 구교를 축으로 전쟁을 벌이게 된다. 1648년 베스트팔렌 조약으로 전쟁이 마무리되었다. 어떤 통계에 의하면 독일의 인구가 원래는 1,600만 명이었는데 30년 전쟁을 하고 나서 600만 명만 남았다는 것이다. 1,000만 명 이상이 죽거나 피난하였다. 프랑스에서는 신구교의 갈등으로 37년간의 위그노 전쟁(1562~1598)이 있었고 1598년 낭트칙령으로 그 전쟁이 종결되었다. 왕권신수설의 옹호자 루이 14세(1638~1715)가 낭트칙령을 폐지했다가 프랑스의 시민혁명(1789~1794) 때 회복되었다, 종교개혁의 놀라운 파장이었다.[95)] 기존세력에 대한 성경의 진리 전달의 파장이 상상을 초월했다. 성경을 연구한 결과 루터는 이신칭의의 복음교리를 재발견했다. 이 외에 루터의 독일어 성경번역으로 독일을 한층 선진문화국가가 되도록 했다고 본다. 또한 비진

---

94) 이 장은 원래 정규철, 「성경무오: 역사적 증명」 (서울: 도서출판 그리심, 2003), 243-64에 수록된 박사 논문의 일부인데 몇 가지 소제목을 첨가한 것이다.

95) 프랑스어 위그노는 Huguenote로 독일어 Eidgenosse의 스위스 계열 프랑스어로서 맹약자를 뜻한다.

리에 대하여 성경의 바른 진리를 주장하는 용기가 있었다. 성경을 연구하고 가르치는 가운데 이신칭의의 교리를 발견하고 강조하여 종교개혁을 일으켰다.

존 칼빈(1509~1564)

루터의 뒤를 이은 존 칼빈(John Calvin, 1509~1564)은[96] 1509년 7월 10일 프랑스 파리 동북부 노용(Noyon) 시에서 출생했다. 아버지 제라드 칼빈(Gerard Cauvin)은 원래 하층민이었으나 시민권을 획득하였다. 칼빈은 노용 지방의 교회 장학금으로 1523년 파리 대학에 입학하여 철학, 변론학을 공부하였다. 그 후 아버지의 뜻을 좇아 오르레앙(Orleans) 대학과 부르즈(Bourges) 대학에서 법학을 공부했다. 또 1530년에는 파리 대학에서 헬라어와 히브리어 등 인문학을 공부하기도 했다. 1531년 아버지의 죽음을 맞이한 이후 갑작스럽게 회심하였다. 1534년 5월 4일 노용에서 가톨릭교회가 주는 연금을 거부하고 투옥되었다가 1535년 스위스 바젤로 피신하였다. 그의 미사 반박문 때문에 프랑스에서 신교도가 박해받자, 1536년 3월 프랑스 왕 프랑수아 1세(1494~1547)에게 서문을 붙여 보내는 「기독교강요」(*Institutes of Christian Religion*)를 출간하였다. 그의 나이 26세 때였다. 1537년 칼빈은 파렐(Guillaume Farel, 1489~1565)의 강청으로 제네바에 정착하여 성경을 가르쳤고, 1년 후에 설교자가 되었다. 1538년 4월 23일 추방되어 프랑스의 스트라스부르로 피신하였다. 그는 늘 건강이 좋지 못했고, 음식도 가려야 했으며, 끊임없는 연구로 잠이 부족하였다.

---

96) 칼빈(Calvin)은 프랑스어 발음대로 깔뱅이라고 표기해야 한다는 주장도 일리가 있으나, 이미 친숙한 표현이어서 영어식으로 칼빈으로 표기할 뿐이다.

1564년 2월 16일의 설교를 끝으로 제네바에서 방문 온 파렐의 품에서 5월 27일 55세를 일기로 숨을 거두었다. 그는 묘지에 비석을 세우지 말도록 유언했다. 170달러를 유산으로 남길 만큼 검소했다.

1. 칼빈의 성경관

칼빈(Jean Calvin)은 종교개혁가이면서 성경주석가였다.97) 칼빈의 59권

---

97) 장 칼빈(Jean calvin)은 피카르디(Picardie) 지방의 노용(Noyon)에서 1509년 7월 10일 태어났다. 그의 아버지는 노용에서 반시간쯤 떨어진 거리에 위치한 퐁 레베크(Pont l' veque)라는 작은 마을에서, 술통이나 물통을 만들고 수리하는 일에 종사했던 제라르 코뱅(Gerard Cauvin)이었고, 그의 어머니는 잔느 르프랑(Jeanne Lefranc)이었다. 칼빈은 자신이 태어난 도시에서 공부를 한 다음, 1523년 8월에는 파리로 가게 되었다. 그는 거기서 우선은 라 마르슈 대학(College de la Marche)에서 강의를 들었고, 그리고 얼마 후에는 몽테귀 대학(Col1ege de Montaigu)으로 학교를 옮겼다. 그의 아버지가 법학을 할 것을 권유했기 때문에, 칼빈은 1529년에는 오를레앙 대학교(Universites d' Orleans)와 부르쥬 대학교(Universite de Bourges)를 다녔다. 1531년 아버지가 사망하자, 그는 자신의 취향을 따르기로 하고, 문학과 인문주의에 몸담았다. 그 결과, 1532년에 칼빈은 *Commentaire sur le Traite de la Clemence de Seneque*을 발표했다. 그즈음, 그의 삶 속에서 급격한 하나의 종교적 회심이 일어났다. 그는 1533년에 파리 대학교의 총장인 자기의 친구 니콜라 콥(Nicolas Cop)을 위해서, 콥이 같은 해 11월1일 연설한 유명한 연설문을 작성했다. 파리를 떠나게 되어서, 칼빈은 앙굴렘(Angou1eme)과 네락(Nerac)에 갔는데, 거기서 르페브르 데타플(Lefevre d' Etaples)을 만났다. 1534년 5월 4일, 노용에서 칼빈은 자신의 성직록을 사임했으며, 그 후 프랑스를 떠났는데, 여정은 프와티에와 오를레앙을 거쳐서, 바젤로 향하는 것이었다. 칼빈은 1536년 3월 바젤에서 자신의 *Institution de la religion chretienne* 초판을 출판했으며, 날짜가 1535년 8월 23일로 매겨진 유명한 "프랑수아 1세에게 보내는 서간문" 을 써서 그것의 서문으로 대신했다. 「기독교강요」의 라틴어 2판은 1539년에 나왔고, 프랑스어 초판은 칼빈 자신에 의해 번역되어서, 1541년에 출판되었다. 그 책은 이후로도 두세 번 더 개정되고 보완된 다음에, 라틴어로 된 최종판은 1559년에, 그리고 그것의 프랑스어 번역판은 1560년에 각각 발행되었다. 칼빈은 1536년 2월 바젤을 떠나 프랑수아 1세의 누이 인 르네(Renee) 공주를 만나보기 위해서 페라르(Ferrare)로 갔다. 그후, 칼빈은 마지막으로 노용을 잠시 방문한 후, 영원히 프랑스를 떠났다. 그는 바젤(Basel)로 가려고 했으나, 길이 막혀 리옹(Lyon)과 제네바(Genave)를 거치는 긴 우회로를 택해야 했는데, 그는 바로 그 제네바에서 1536년 9월 파렐(G. Fariel)에 의해 붙들리고 말았다. 칼빈은 그 도시에 1536년부터 1538년까지 체류했다. 그는 1538년 8월

의 작품들(Corpus Reromatorum)이 완성된 이후로[98)] 칼빈에 관한 연구는 학자들 사이에서 국제적으로 매우 활발하게 진행되었다.[99)] 그러나 칼빈이 성경 무오를 주장했는지 성경 유오를 주장했는지에 관하여는 논란이 있다. 예를 들어 칼빈의 성경 무오 반대자로서 두메르그(Emile Doumergue)는 칼빈이 성경의 전적 무오를 주장하지 않았다고 주장하였다.[100)] 그는 칼빈이 여자적 축자 영감설을 가르치지 않았고, "성경의 단어들이 중요한 것이 아니라, 교리, 영적 교리, 본질이 중요하다"고 주장했다.[101)] 칼빈의 글들 가운데는 간단히 처리하여 넘겨 버릴 수 없는 난해한 구절이 있는데, 그 구절들의 심각한 난해성이 제기된 것은 바로 브릭스(Charles A. Briggs)

거기서 추방당한 후, 그 다음 달인 9월에 스트라스부르(Srasbourg)로 갔다. 그는 거기서 목사와 교수로서 일했다. 그는 최초와 프랑스인 개혁교회를 설립했는데, 그 교회는 모(Meaux) 교회와 프랑스 내의 다른 여러 교회들의 모교회 역할을 했다. 칼빈은 1540년 8월 이들레트 드 뷔르(Idelette de Bure)와 결혼했다. 그리고 스트라스부르와 개신교를 대표해서 프랑크푸르트회담(1539), 하그노회담(1540), 보름스회담(1541), 라티스본느회담(1541) 등에 참여했다. 그 어간에 제네바가 그를 다시 불렀으므로, 그는 1541년 9월 13일 그 도시에 들어갔다. 칼빈은 제네바에서 1553년 세르베투스(Servetus)와 투쟁하는 중에, 그의 사형을 주장했다. 그러나 그를 화형에 처하는 것은 반대했다. 그리고 그는 자유당들(Libertins)과 싸워서 1555년 그들을 물리쳤다. 그 후부터, 그는 제네바와 그리고 세계에 큰 영향력을 행사했다. 그는 1559년 제네바 대학교(Academie de Genave)를 세웠는데, 이 대학은 프랑스 대학들의 모델이 되었다. 그는 일곱, 또는 여덟 가지 중병으로 시달렸으면서도, 밤낮으로 일했고, 어떤 때는 매일 설교했고, 중요하고도 방대한 저술들에 매달렸으며, 여기 저기 편지하고 답장하는 일을 계속하다가, 1564년 5월 27일 죽었다. 에밀 두메르그, 「칼빈사상의 성격과 구조」, 이오갑 역(서울: 기독교서회, 1995), 9-12.

98) *Ionnis Calvini Opera quae supersunt Omnia*, ed. N. W. Buam, E. Cunitz, E. Reuss, P. Lobstein, & A. Erichson(Brunswick & Berlin: C. A. Schweiske, 1863-1900). 이 시리즈는 *Corpus Reromatorum*의 29-87권을 구성하고 있다.

99) W. Niesel, Calvin-Bibliographie 1901-1959(Munchen: Chr. Kaiser Verlag, 1961); D. Kempff, *A Bibliography of Calviniana 1959-1974*(Leiden: E. J. Brill, 1975); E. A. Dowey, "Studies in Calvin and Calvinism since 1948," *Church History* 24(1955), 360-367.

100) Emile Doumergue, *Jean Calvin: Les Hommes et les Choses de Son Temps* Vol. 4(Paris: Librairie Fischbacher, 1910), 70 ff.

101) Ibid., 78.

와 같은 유능한 논쟁자들이 칼빈은 성경의 무오성을 견지하지 않았다는 주장을 뒷받침하는데 그 구절들을 오용하고 있기 때문이다.[102] 브릭스는 은혜와 구원의 성취면에서 성경은 무오하고 과학과 역사적인 면에서 성경에 오류가 있다고 보았다.[103]

로저스는 칼빈이 말하는 성경의 무오성이란 성경 전체에 해당되는 것이 아니라 구원에 관한 부분에만 해당되며, 구원 이외의 부분에서 발견되는 오류는 고의적이고 의도적인 것이 아니라 시대의 상황을 반영한 적응(Accomodation) 때문이라고 했다.[104]

특히 한국의 연세대학의 이양호 교수는 "축자영감설을 주장하는 사람들의 견해인, 칼빈은 성서사본의 오류는 인정하지만 성서원본의 오류는 인정하지 않았다는 주장은 받아들이기 어렵다"고 말한다.[105]

반면에 칼빈의 성경 무오 옹호자로서 에드워드 다위(Edward Dowey, Jr)는 학위논문에서 칼빈의 성경관은 본질적으로 하지와 워필드의 성경관과 동일한 것이었다고 주장하였다.

> 칼빈은 항상 성경해석에서 발견한 오류들을 성경원본에 돌리지 아니하고, 우리가 현재 사용하고 있는 성경에 돌린다. 두메르그와 클레비어(Clavier), 그리고 다른 사람들이 칼빈의 자유로운 귀납적 해석방법을 성경의 기원을 설명하는 구술설(dictation theory)과 반대되는 것으로 소개

102) Charles Augustus Briggs, *The Bible, the Church and the Reason: The Great Foundations of Divine Authority*(New York: Charles Scribner's Sons, 1893), 219 ff., Cf. 110 ff.

103) Ibid., 93-94.

104) Jack Rogers and Donald McKim, *The Authority and Interpretation of the Bible: an Historical Approach*, 98-111.

105) 이양호, 「칼빈: 생애와 사상」(천안: 한국신학연구소, 1997), 91.

하는 것은 잘못이다. 칼빈을 축자영감설의 옹호자가 아니라고 생각하는 사람들은, 문제점을 결정하지 않고 내버려두는 칼빈의 해석의 개방성을 그 증거로 삼고 있지만, 사실은 그와 정반대이다. 성경에 있는 모호한 것들은 신학적으로 인정되었다. 그것들은 성령께서 겸손을 증진시키기 위하여 계획하신 것들이었다. 그러나 이들 모호한 것들이나 분명히 잘못된 것들은, 영감받은 저자가 메시지를 전달하는 데 있어서 완전한 기구가 아니었기 때문에 그러한 인간적인 오류가 성경에 있게 되었다고 해석되어서는 안 된다. 신학자 칼빈에게 있어서 성경에 오류가 있다는 것은 생각조차도 할 수 없는 일이다. 그러므로 그는 불일치하게 생각되거나 부정확하게 생각되는 구절들을 설명하고 또 해석하여 끝없이 조화를 이루었다. 그러나 비평학자인 칼빈은 천진난만하게 잘못을 인정하였다. 그러나 잘못이나 과장된 것은 다만 무지한 복사자들에 의하여 저질러진 큰 실수일 뿐이다.[106)]

그리고 칸쪄는 "칼빈의 주석들을 조금만이라도 일별해 보면 단번에 누구나 곧 개혁자 칼빈이 얼마나 신중하게 축자적 무오교리를 그의 성경 주석에 적용하고 있는가를 알게 된다"고 주장했다.[107)] 이 논문은 칼빈의 성경관에 대한 이러한 두 가지 견해 중에서 칼빈이 성경 무오를 주장했다는 견해가 정당했음을 다음의 연구를 통해서 제시할 것이다. 우리가 여기서 칼빈을 다루는 이유는 칼빈이 종교개혁가로서 뿐만 아니라 성경 주석가로서 성경의 권위를 확립하였기 때문이다. 칼빈이 성경의 영감과 권위와 무오를 주장한 것은 그의 새로운 창작이 아니라 중간기 문헌들과 초대교회 교부들이 믿고 주장해 왔던 그 기본 전제를 다시 반복하고 강조한

---

106) Edward Dowey, Jr., *The Knowledge of God in Calvin's Theology*(New York: Columbia University Press, 1964), 100-104. "There is no hint anywhere in Calvin's writings that the original text contained any flaws at all."

107) K. S. Kantzer, "Calvin and the Holy Scripture," *Inspiration and Interpretation Ed. John F. Walvoord*(Grand Rapids: Wm. B. Eerdmans Pub. Co., 1957), 142.

것이다. 이 성경 무오 교리에 대한 칼빈의 주장은 성경 무오에 대한 구약 교회의 신앙과 신약 교회의 신앙이 동일함을 나타낸다.

1) 성경 무오

칼빈은 그의 불후의 명저인 「기독교강요」에서 성경의 무오성에 관하여 많은 언급을 했기 때문에, 이 논문에서는 그의 언급들을 참고하면서 그의 성경 무오 사상을 연구하고자 한다. 칼빈은 성경이 스스로 주장하는 성경의 영감과 무오와 권위를 그의 저술에 그대로 반영한 것으로 보인다. 칼빈의 성경에 대한 태도는 다음의 구절을 보면 확실히 알 수 있다.

> 하나님께서 그 자신을 말씀과 환상(oracles and visions)으로 조상들에게 알리셨든지 아니면 사람들의 사역과 봉사를 통해서 그들이 후대까지 전승시켜야 할 것을 나타내셨든지 간에, 하나님께서 그들에게 가르쳐 준 교훈의 확고한 정확성(firm certainty)이 그들의 마음판에 확실하게 새겨져 있었다는 것은 의심할 여지가 없다. 그러므로 그들은 그들이 배운바 계시들이 하나님께서 직접 주셨다는 사실을 확신하고 있었다. 하나님은 항상 확실한 증거가 있는 말씀을 해 주셨기 때문에 그의 말씀은 단순한 의견과는 달리 무한히 월등한 성질의 것이었다.[108]

이 인용문이 흥미로운 것은 계시 수납자들에게 주어진 확증과 관련되어 있다는 점이다. 그 확증으로 말미암아 진리에 대한 확실성이 그들의 마음판에 새겨졌었다. 하나님께서 가르쳐주신 교훈의 확고한 정확성은 성경의 오류 없는 정확성을 말한다. 성경 기록자들이 배운 계시들은 하나님

---

108) Calvin, *Institutes of the Christian Religion* I. vi. 2., ed. John T. McNeill, *The Library of Christian Classics VXX*(Philadelphia: The Westminster Press, 1967), 71. 이하는 *Inst*. I. vi. 2.와 같은 형식으로 약기한다.

께서 직접 주신 것으로 확신하고 있었고, 하나님은 항상 증거가 있는 말씀을 해주셨다는 칼빈의 말은 그가 성경의 무오성을 확신하고 있었다는 근거가 된다. 물론 이 인용문은 계시가 성경으로 문서화되어야 할 필요성과 아울러 하나님의 말씀의 월등한 성질을 제시하고 있다. 이와 관련하여 칼빈은 성경에 대해서 기본적으로 다음과 같이 이해했다. "하나님께서 인간에게 구술하신 66권의 성스러운 책인 성경은 참으로 그의 백성에 대한 그 자신의 특별계시이다."[109] 칼빈에게 있어서 실제로 모든 성경은 "하나님의 말씀"이었다. 칼빈은 성경에서 하나님께서 "그의 거룩한 입을 여신다"고 믿고 있었기 때문에, "성경이 말씀하기를"이라는 말과 "성령께서 말씀하시기를"이라는 말을 동의어적으로 사용하였다.[110] 성경은 "하나님 자신의 입으로부터 우리에게 왔다."[111] 그래서 칼빈은 십계명을 주해할 때, "이제 우리 하나님 그분 자신의 말씀을 들어 봅시다"는 말을 하였다.[112] 이와 같이 하나님께서 인간에게 구술하신 하나님의 특별계시로서의 성경의 필요성에 대하여 다음과 같이 주장했다.

> 왜냐하면 인간의 마음이 배은망덕하여 하나님을 잊기 잘하고, 모든 종류의 오류에 빠지기를 잘하며, 수시로 새로운 거짓 종교를 만들기를 얼마나 좋아하는가를 생각해 보면 교리의 창고를 만드는 것(written proof of the heavenly doctrine)이 아주 필요함을 곧 이해할 수 있다. 그렇게 함으로써 그 교리가 인간의 나태함과 오류 때문에 무산되거나 인간의 주제넘은 오만불손 때문에 부패되는 것을 막을 수 있어야 한다.[113]

---

109) *Inst*. I. vi. 1.
110) Ibid.
111) *Inst*. I. vii. 5.
112) *Inst*. II. viii. 12.
113) *Inst*. I. vi. 3.

2) 성경의 필요성

성경의 필요성은 인간의 마음이 배은망덕하여 하나님을 잊기 잘하고, 모든 종류의 오류에 빠지기를 잘하기 때문이다. 뿐만 아니라 하나님의 말씀의 구두전달과 관련된 오류에의 가능성은 성경으로 문서화되는 것(inscripturation)을 불가피하게 해준다. 그리고 천국 교리(Coelestis Doctrina)의 문서화는 인간의 나태와 오류와 오만불손으로부터 그것을 보존해 준다. 이것은 칼빈이 하나님께서 우리에게 하늘로부터 직접 말씀해 주시는 것과 같은 동일한 진정성과 권위를 가지고 성경도 우리에게 말씀하고 있다는 것을 증거해준다. 즉 칼빈은 애초부터 성경의 필요성을 말할 때 하나님의 말씀이 인간의 나태함으로 인하여 오류 있게 전달되는 것을 막기 위함이라는 것을 강조했다. 그러니까 성경의 기록은 처음부터 오류로부터 보호하기 위함이었다고 칼빈은 이해하고 있었다.

칼빈은 성경을 기록한 사람을 '서기'나[114] '성령의 신체기관'[115]이나 '하인'[116]으로 보았다. 그러니까 칼빈은 사도들의 저작들도 '하나님의 신탁'이라고 하였으며,[117] 성경이 '성령의 구술'에[118] 의해서 만들어졌다고 주장하였다. 따라서 칼빈에게 있어서 성경의 무오함은 너무나 명약관화하다. 하나님 말씀의 무오한 보존이 성경 기록의 필요성이다. 하나님의 말씀을 오류 없이 보존하는 것이 성경 기록을 필요로 하게 했기 때문에, 성경

---

114) *Inst*. IV. viii. 5.

115) Comm. on 2 Tim. 3:16. 이러한 표기는 John Calvin, *Commentaries: The Second Epistle of Paul The Apostle to the Corithians and the Epistles to Timothy, Titus and Philemon*, trans. T. A. Smail(Grand Rapids, Michigan: Wm. B. Eerdmans Pub. Co., 1973)에 있음을 가리킨다.

116) *Inst*. I. vii. 5.

117) *Inst*. IV. viii. 9.

에 오류가 있다고 하면 하나님의 말씀을 보존하려고 기록한 성경의 가치를 떨어뜨리는 것이 된다. 그러므로 성경 기록의 필요성은 성경의 무오성을 전제하고 있다.

이와 함께 칼빈은 "성경은 창조자 하나님에게 가고자 하는 누구에게나 안내자와 교사로서 필요하다"고 말했다.[119] 그의 「기독교강요」 제1권 3장과 4장의 제목은 "하나님에 관한 지식은 자연적으로 인간의 마음에 심겨졌다"와 "이 지식은 부분적으로는 무지와 부분적으로는 악에 의해 시들었거나 부패되었다"로 되어있다. 이러한 제목들은 우리 인간이 성경을 필요로 하는 이유를 말하고 있다. 하나님의 일반계시 혹은 자연계시는 인간의 타락한 상태 때문에 하나님을 알게 하거나 경배하는 능력을 만들어내지 못한다. 그래서 분명한 성경의 문자적인 가르침이 우리를 올바르게 하기 위해서 우리에게 주어져야 한다.

성경은 하나님으로부터 우리에게 와서 하나님에 관한 혼동의 미로에서 우리를 이끌어내는 끈과,[120] 우리로 하여금 우리의 창조자를 명확하게 보게 하는 안경이며,[121] 우리의 무지를 깨우치는 학교교사와 같은 기능을 한다.[122] "성경은 성령의 학교이고, 그 안에서 알기에 필요하고 유익한 어떤 것도 부족하지 않으며, 그러한 지식을 위한 방편 이외의 어떤 것도 가르치지 않는다."[123]

성경은 비록 우리에게 일어나는 모든 하찮은 질문에 대한 대답까지 주

118) *Inst*. IV. viii. 6.
119) 이 말은 *Inst*., I권 vi장의 제목이다.
120) *Inst*., I. vi. 3.
121) *Inst*., I. vi. 1.
122) *Inst*., I. vi. 2.
123) *Inst*., III. xxi. 3.

지는 않음에도 불구하고 원래 가지는 목적을 이루기에는 충분하다. "우리의 삶을 인도하는 것과 관련된 모든 것이 성경에 너무도 풍부하게 들어있다."[124] 그것들을 통하여 성령은 우리를 '모든 진리'로 인도하시기 때문에, 계시된 성경 외에 다른 무엇의 보충이 필요하다는 생각은 '성령을 탄식하시도록' 한다.[125] 칼빈의 이러한 진술들은 성경의 필요성과 충분성을 주장하는 것이다. 칼빈은 성경으로부터 성령이 우리가 인생과 경건을 알아야 할 필요가 있는 모든 것을 우리에게 가르치고 보이신다고 주장했다. 이와 같은 성경의 필요성과 충분성 때문에 성경이 무오하다는 것은 당연한 귀결이다. 아울러 칼빈은 성경에 관하여 다음과 같이 말했다.

> 어떤 신탁된 말씀이 하나님의 말씀으로 공약되어 인정을 받을 때에는 어떤 사람도 인간으로서의 상식과 육감을 결여하고 있지 않는 한 말씀하신 자를 불신할 만큼 뻔뻔스러울 수는 없다. 그러나 말씀이 매일 매일 하늘로부터 주어지지 않고 하나님께서 그의 진리를 영구히 기억되게 하기 위하여 그가 기뻐하신 수단으로 성경책만을 존귀케 하셨기 때문에 성경이 갖는 권위는 하나님께서 성도들에게 직접 육성으로 말씀을 주시는 것처럼 성경이 하늘로부터 발설된 것임을 확신하는 데서만 완전한 권위를 얻는다.[126]

성경은 하나님께서 직접 성도들에게 말씀하시는 것과 같은 것으로 확신해야 할 것을 칼빈은 말한다. 그러니까 성경은 하나님에게서 비롯되었

---

124) John Calvin, *Commentary on the Book of the Prophet Isaiah*, Vol. II, trans. William Pringle(Grand Rapids, Michigan: Wm. B. Eerdmans Pub. Co., 1947), 344-349.

125) John Calvin, *Commentary on the Gospel According to John*, Vol. II, trans. William Pringle(Grand Rapids, Michigan: Wm. B. Eerdmans Pub. Co., 1949), 142-145.

126) *Inst*. I. vii. 1.

다. 하나님은 하나님의 말씀을 영구히 기억되게 하기 위해서 성경을 존귀케 하셨다. 하나님께서는 성경 안에서만 하나님의 말씀을 영원히 기억하도록 신성하게 보존하기를 원하셨다. 그래서 성경은 하나님의 진리를 영원히 기억되게 하는 하나님이 기뻐하신 수단이다. 하나님의 살아 있는 말씀을 매일 하늘로부터 직접 듣는 것처럼, 성경의 기원은 하늘에서 유래되었다는 것을 칼빈은 말하고 있다. 성경은 영원하고 사람이 침범할 수 없는 진리이다. 성경은 영원하고 오류가 없으며, 신적인 권위가 있다. 성경의 기원이 하늘에서 유래되었다는 것은 성경의 저자가 하나님이라는 것을 말한다.

또한 같은 장에서 칼빈은 다음과 같이 분명하게 주장하고 있다. 하나님은 성경의 저자이시다는 사실을 주장하고 있다.

> 교리에 대한 확신은 하나님이 그것의 저자임을 의심하지 않아야 비로소 수립된다. 이러므로 성경에 대한 최고의 증거는 일반적으로 하나님께서 그것(성경) 안에서 인격적으로 말씀하신다는 사실에서 나온다.[127)]

칼빈이 여기서 말하는 교리는 그의 성경 이해와 깊은 관련이 있는 것으로 보인다. 하나님의 가르침이라는 의미의 교리(doctrina)는 그것의 교사이신 하나님의 관점에서 온 것인데, 다른 말로 하면 진리가 신적으로 역사에 계시된 것이고 현재 우리가 성경 안에서 배우도록 드러난 것이다. 칼빈에 의하면, 신적인 교리는 하나님의 인격적인 말씀인 하나님의 아들을 통하여 여러 시대에 여러 수령자에게 주어진 계시였다.[128)] 교리는 그 원래의 형태에 있어서 개인들에게 주어진 특수한 계시들이었다. 지금은

---

127) *Inst*. I. vii. 4.

128) *Inst*., IV. viii. 5.

그것이 하나님께서 주시기를 원하는 모든 계시인 성경의 형태를 취하고 있다. 그래서 그 특성상 교리로서의 성경은 사실상 지금 여기서 설교하시고, 가르치시고, 약속하시고, 권고하시는 하나님이다. 왜냐하면 기록된 것이 하나님의 말씀임을 독자들이 깨닫도록 성령에 의해서 해석되고 입증되기 때문이다.[129] 칼빈은 교리 혹은 가르침에 대해서 다음과 같이 말하였다.

> 하나님은 그의 말씀으로써 항상 의심을 극복하게 하는 믿음을 만드셔서, 모든 단순한 의견을 초월하게 하셨다. 마침내 하나님의 계시의 의사소통인 가르침으로서 영원히 세상에 존재하게 될 그의 진리가 '가르침의 지속적인 계승' (continuo progressu doctrinae)을 끊임없이 진행되도록 하기 위해서, 그는 그가 족장들에게 준 바로 그 말씀들이 공공벽보(tabulis)에 있는 것과 같이 기록되도록 의도하셨다. 이러한 목적을 위해서 율법이 공포되었으며, 그 후에 선지자들이 율법의 해석자로서 첨가되었다. 율법은 앞으로 이 주제에 대해 논하게 될 때 더 명백하게 볼 수 있겠지만 그 유용성이 다양할지라도 특별히 하나님과 인간 사이의 화목의 방법을 가르치기 위해서 모세와 모든 선지자에게 맡겨진 것이었다.[130]

따라서 이와 같은 교리와 하나님의 계시로서의 특성을 가진 하나님의 말씀으로서의 성경이 무오함은 당연한 귀결이다. 우리가 이러한 교리의 신앙 위에 확고히 서려면 하나님이 성경의 저자라는 사실을 의심 없이 확신해야 한다. 칼빈은 "성경의 진정한 저자가 하나님 바로 그분"이라고 하였다.[131] 성경의 저자는 하나님이라는 것이 칼빈의 주장이다. 이와 관련하여 칼빈은 다음과 같은 말을 덧붙이고 있다.

---

129) J. I. Packer, "John Calvin and the Inerrancy of Holy Scripture," in *Inerrancy and the Church*, ed. John D. Hannah(Chicago: Moody Press, 1989), 162.

130) *Inst*., I. vi. 2.

131) *Inst*. I. vii. 4.: "authorem eius esse Deum."

> 성령의 조명을 받게 될 때 우리는 성경을 하나님이 주신 것으로 믿게 되지만, 우리 자신이나 다른 사람들의 판단에 의지하여서는 믿을 수 없다. 즉 인간의 판단을 초월하여서만 성경이 하나님 자신의 입으로부터 직접 받아 인간의 봉사를 통해서 우리에게 주어지게 되었음을 완전히 확신하게 된다.[132)]

3) 유기적 축자영감

칼빈은 여기서 성령이 성경을 조명한다는 것을 말한다. 그리고 성령으로 말미암아 내적으로 가르침을 받은 사람은 진심으로 성경을 신뢰한다는 것을 말한다. 그러므로 성경을 증거물이나 이성에 종속시키는 것은 잘못이다. 성경이 마땅히 지녀야 할 확실성은 성령의 증거에 의해 얻게 된다. 왜냐하면 성경이 그 자체의 위엄 때문에 존경을 받는다 하더라도 그것이 성령으로 말미암아 우리 마음에서 확증되기 전에는 진정으로 우리 마음을 감동시키지 못하기 때문이다. 즉 성경은 성령의 내적인 증거로써 하나님의 살아 있는 말씀임을 증거한다. 성경은 하나님 자신의 입으로부터 직접 받아 인간에게 주어진 것이다. 성경은 하나님에게서 직접 유래되었기 때문에 하나님의 말씀이다. 그리고 성경은 하나님의 말씀이기 때문에 성령의 조명을 받아야 잘 이해가 된다. 성경은 성령의 증거를 받고 있음으로 오류가 없다.

> 그러나 이미 지적한 바와 같이 사도들과 그들의 계승자들 사이에는 다음과 같은 차이가 있다. 사도들은 성령을 충만하게 받은 확실하고 권위 있는 필기자들이다. 그러므로 그들이 쓴 글은 하나님의 말씀으로 받아들여져야 한다. 그러나 그들의 계승자들은 다만 성경에 제시되고 수록된 것을 가르치는 일만을 해야 한다.[133)]

---

132) *Inst*. I. vii. 5.

133) *Inst*. IV. viii. 9.

칼빈은 여기서 축자영감설의 근거를 제공하고 있다. 사도들은 성령을 충만하게 받아서 확실하고 권위 있는 하나님의 말씀의 필기자들로 묘사했기 때문이다. 사도들은 성령의 정확한 필기자들이었다. 그러므로 사도들이 필기한 성경에는 오류가 없다. 우리는 칼빈의 「기독교강요」에서 이상에서 인용한 것만 가지고도 성경의 무오성에 관한 충분한 증거를 제시했다고 본다. 성경 무오의 근거가 되는 성경의 영감에 대해서 칼빈이 어떻게 생각했는지는 디모데후서 3장 16절과 베드로후서 1장 20절에 대한 그의 주석을 통해서 잘 파악할 수 있다. 디모데후서 3장 16절을 강해하면서 그는 다음과 같이 말하고 있다.

> 바울은 첫째로 성경의 권위 때문에, 그리고 둘째로 성경이 가지는 효용성 때문에 성경을 높이 평가하고 있다. 그는 성경의 권위를 지지하기 위해서 성경이 신적으로 영감된 것임을 선언한다. 왜냐하면 성경이 영감된 것이라고 하게 되면 누구나 논쟁의 여지 없이 경외심을 가지고 성경을 받아야 하기 때문이다. 우리의 종교와 다른 종교들을 구별해 주는 원리는 바로 이것이다. 곧 하나님께서 우리에게 말씀해 주셨다는 사실을 아는 것과 선지자들은 그들 자신의 생각을 말하지 않고 다만 성령의 도구로서 하늘로부터 명령받아진 것들을 말했을 뿐이라는 사실을 확신하는 것이다. 그래서 누구든지 성경에서 유익을 얻고자 하는 자는 무엇보다도 먼저 다음과 같은 것을 기정된 사실로 인정해야 한다. 율법과 선지서들은 인간의 뜻을 따라 전달된 교리가 아니라 성령에 의하여 구술된 교리이다. 모세와 선지자들은 그들에게서 우리가 받아 가지고 있는 성경 말씀을 임의로 말하지 않았다. 그들은 신적 감동을 받아 말했기 때문에 말씀해 주시는 이는 사실이 그렇듯이 하나님의 입 자체라고 확신 있고도 대담하게 증거했다. 우리는 성경을 하나님께 대한 것과 동일한 경외심을 가지고 경외하여야 한다. 왜냐하면 성경은 하나님 한 분에게서만 유래되고 인간적인 어떤 불순물도 혼합되어 있지 않기 때문이다.[134)]

칼빈은 바울과 마찬가지로 성경의 권위를 지지하기 위해서 성경이 신적으로 영감된 것임을 주장하였다: "그는 성경의 권위를 지지하기 위해서 성경이 신적으로 영감된 것임을 선언한다." 그는 성경이 영감된 것이라고 하게 되면 누구나 논쟁의 여지가 없이 경외심을 가지고 성경을 받아야 한다고 믿었다. 칼빈은 기독교와 다른 종교들을 구별해 주는 원리는 성경의 영감임을 주장했다. 이와 같이 칼빈이 성경의 영감을 말한 것은, 그가 성경의 영감과 아울러 성경의 무오를 확신하고 있었음을 증거한다. 성경은 영감되었으므로 무오하다는 것이 칼빈의 주장이다. 칼빈은 "성경은 하나님 한 분에게서만 유래되고 인간적인 어떤 불순물도 혼합되어 있지 않기 때문이다"는 문장을 통해서 성경이 무오하다는 것을 분명히 하였다.

성경의 영감을 통해서 성경의 내용이 하나님께서 우리에게 말씀해 주신 것이라는 점을 확신한다고 칼빈은 주장하였다.[135] 성경에서 선지자들은 그들 자신의 생각을 말하지 않고 다만 성령의 도구로서 하늘로부터 명령받아진 것들을 말했을 뿐이다. "복음은 하나님으로부터 나왔으며, 옛 선지자들은 그리스도가 부르는 대로 받아 적었다."[136] 율법과 선지서들은

134) John Calvin, *Commentaries: The Second Epistle of Paul The Apostle to the Corithians and the Epistles to Timothy, Titus and Philemon*, trans. T. A. Smail(Grand Rapids, Michigan: Wm. B. Eerdmans Pub. Co., 1973), 329-330. "인간적인 어떤 불순물도 혼합되어 있지 않기 때문이다"의 원문은"nec quicquam humani habit ad mixtum" (has nothing of man mixed with it)이다.

135) "영감"에 대해서, 하나님께서 인간이 쉽게 이해하도록 그의 가르침을 인간의 역량에 맞추신 것(accommodation)으로 칼빈이 생각했다고 이해하는 사람 가운데 Berkouwer, McNeill, Rogers, McKim, Battles 등이 있으나, 칼빈의 영감에 대한 개념을 제대로 파악하지 못한 것으로 보인다. 도날드 K. 맥킴, "칼빈의 성경관," 도날드 K. 맥킴 외 공편, 「칼빈에 관한 신학 논문」(서울: 기독교문화협회,, 1993), 87.

136) John Calvin, *Commentaries: The Epistle of Paul The Apostle to the Hebrews and The First and Second Epistles of ST PETER*, trans. W. B. Johnston(Grand Rapids, Michigan: Wm. B. Eerdmans Pub. Co., 1974), 240.

인간의 뜻을 따라 전달된 교리가 아니라 성령에 의하여 구술된 교리이다. 즉 성경은 성령에 의하여 구술되었다고 표현할 정도로 성령의 영감으로 말미암아 기록되었기 때문에 오류가 없고 정확하다.

모세와 선지자들은 성경 말씀을 임의로 말하지 않고, 신적 감동을 받아 말했기 때문에 그들은 하나님의 입 자체라고 확신 있고도 대담하게 증거했기 때문에 그들이 기록한 성경은 무오한 것이 당연하다. 왜냐하면 성경은 하나님 한 분에게서만 유래되었기 때문에 무오하고 권위가 있다. 그러므로 이와 같은 성경에 대해서 하나님께 대한 것과 동일한 경외심을 가지고 경외하여야 한다. 구술과 관련하여 워필드가 "칼빈이 마음에 지니고 있었던 것은 영감의 방법이 구술이었다는 것을 주장하는 것이 아니라 영감의 결과가 마치 구술로 적혀진 것처럼 인간적인 불순물의 혼합으로부터 전적으로 자유한 순전한 하나님의 말씀이라는 것이다"고 주장한 것은 전적으로 정당하다고 할 수 있다.[137)]

베드로후서 1장 20절에 관한 주석에서 칼빈은 거듭 우리를 이렇게 깨우쳐 주고 있다. "예언들은 하나님의 확실한 말씀이고, 인간의 사사로운 생각에서 나온 것이 결코 아니다. 그러므로 하나님께서는 성경을 통해서 우리에게 말씀하고 계신다는 것을 우리가 확신해야 한다." 그는 계속하여 말한다. "바른 지식은 선지자들을 하나님처럼 신뢰하는 데서 시작된다." 그는 말하기를, "그들이 성령으로 감동되었다고 했지 그들의 주체성마저 상실했다고는 하지 않았다. 왜냐하면 그들이 스스로는 아무것도 말하지 못하고 다만 성령을 그들의 지도자로 삼아 순종했기 때문이다. 그런데 성

---

137) 칼빈이 구술을 말한 것은 영감의 양태(mode)를 이야기한 것이 아니라, 영감의 효과가 구수의 결과로 나타났다는 것을 의미한다고 워필드는 주장했다. Benjamin B. Warfield, *Calvin and Augusrine*, ed. Samuel G. Craig(Philadelphia: The Presbyterian and Reformed Pub. Co., 1971), 64.

령은 그 자신의 지성소에서처럼 그들의 입도 주관하셨다."[138] 따라서 "성경은 하나님 한 분에게서만 유래되고 인간적인 어떤 것도 혼잡되어 있지 않기 때문이다"는 칼빈의 말은 "그들이 성령으로 감동되었다고 했지 그들의 주체성마저 상실했다고는 하지 않았다"는 그의 말로 보충되어야 한다.

그러니까 칼빈이 말하는 성경의 영감은 기록자의 주체성과 상관없이 기계적으로 기록하는 기계적 영감이 아니라 기록자들의 주체성을 상실하지 않고 하나님의 말씀을 기록하는 유기적 영감을 지칭한다. 성경의 기원과 권위 및 특질에 관해 이상의 여러 견해와 아울러 칼빈의 중심 사상을 확실하게 천명하기 위해서는 다른 곳에서 몇 가지를 더 인용하는 것이 좋을 것 같다. 그는 둘째 복음서의 저자가 마가인 것에 대해 다음과 같이 말했다.

> 마가는 일반적으로 베드로의 사적인 친구요, 제자인 것으로 믿어지고 있고, 베드로가 구술하여 준 대로 복음서를 받아썼다고 한다. 그래서 그는 단지 기록자요 서기로서의 직분을 수행한 것으로 생각한다. 그러나 이 점에 관해서 너무 신경을 쓸 필요는 없다. 왜냐하면 그것은 우리에게 거의 아무런 중요성도 없기 때문이다. 오직 마가가 성령의 인도와 구술에 의해서만 복음서를 기록한 자격이 갖추어진 하나님이 임명한 증인임을 믿으면 된다.[139]

칼빈에 의하면, 마가는 일반적으로 베드로의 개인적인 친구요, 제자인

138) John Calvin, *Commentaries: The Epistle of Paul The Apostle to the Hebrews and The First and Second Epistles of ST PETER*, 343-344.

139) John Calvin, *Commentaries: A Harmony of the Gospels MATTHEW, MARK AND LUKE* Vol. 1, trans. A. W. Morrisson(Grand Rapids, Michigan: Wm. B. Eerdmans Pub. Co., 1972), xii-xiii.

것으로 믿어지고 있는데, 마가가 성령의 인도와 구술에 의해서 복음서를 기록하였다고 했다. 이것은 마가복음이 성령의 영감으로 기록된 것을 증거한 칼빈의 주장이다. 칼빈에 의하면, 마가는 성령의 인도와 구술에 의해서만 복음서를 기록한 자격이 갖추어진 하나님이 임명한 증인이다. 네 복음서 저자들에 관하여 그는 말하기를, "하나님은 복음서 저자들이 기록해야 할 것만을 그들에게 구술하셨다. 그렇게 함으로써 각각 자기의 독특한 부분을 가지게 하는 한편 전체가 하나로 집합되게 하셨다."[140] 칼빈은 네 복음서가 성령의 인도로 기록되었는데 네 복음서의 기록자들에게 각각 특별하게 인도함으로써 네 복음서가 각각 독특한 부분을 가지게 되었다. 그런데 한편으로 네 복음서 전체가 하나로 집합되게 하셨다는 칼빈의 말은 성령의 영감에 따른 성경 내용의 통일성을 뜻한다고 볼 수 있다. 로마서 15장 4절에서 칼빈은 바울의 사상을 다음과 같이 의역하고 있다.

> 성경에 있는 것은 어느 것 하나라도 너를 교훈하기에 무익하거나 너의 생활을 인도하는 데 유용하지 않는 것이 없다. … 이것은 아주 흥미 있는 구절이다. 이 구절을 통해서 우리는 하나님의 말씀에는 어떤 것도 헛되거나 무용한 것이 포함되어있지 않다는 것을 알게 된다. 고로, 성경에 말씀된 것은 무엇이나 배워야 한다. 왜냐하면 우리가 알 필요도 없는 것을 성령이 가르쳤다고 생각하면 이는 곧 성령을 모독하는 것이 되기 때문이다. 그러므로 우리가 알아두어야 할 것은 성경이 우리에게 가르쳐 준 것은 무엇이나 경건의 진보에 도움이 된다는 점을 알도록 하자.[141]

---

140) John Calvin, *Commentaries: The Gospel according to ST JOHN 1-10*, trans. T. H. L. Parker(Grand Rapids, Michigan: Wm. B. Eerdmans Pub. Co., 1974), 6.

141) John Calvin, *Commentaries: The Epistles of Paul The Apostle to the ROMANS and to the THESSALONIANS*, trans. R. Moackenzie(Grand Rapids, Michigan: Wm. B. Eerdmans Pub. Co., 1973), 304-305.

성경은 하나님의 성령으로 말미암아 영감되었기 때문에 성경에 있는 것은 어느 것 하나라도 사람들을 교훈하기에 무익하거나 너의 생활을 인도하는 데 유용하지 않는 것이 없다. 성경은 성령으로 영감되었기 때문에 하나님의 말씀이고, 하나님의 말씀에는 어떤 것도 헛되거나 무용한 것이 포함되어있지 않다. 그러므로 성경의 말씀은 무엇이나 배워야 한다. 만약 우리가 알 필요도 없는 것을 성령이 가르쳤다고 생각하면 이는 곧 성령을 모독하는 것이 된다는 것이 칼빈의 주장이다. 이러한 주장이 가능한 이유는 성경이 하나님의 영감 된 말씀이고 무오한 말씀이기 때문이다. 성경의 교훈은 어느 것이든지 경건의 진보에 도움이 된다.

칼빈은 계시의 과정과 특별히 하나님의 진리가 성경으로 기록되게 되었던 과정을 우리에게 서술하고 있다. 그러나 특별히 우리의 관심을 집중시키는 것은 그가 성경 자체를 하나님의 성문화된 말씀으로 평가했다는 점이다. 우리는 다음과 같은 칼빈의 말을 놓쳐서는 안 된다. "보다 뚜렷한 가시적 유형교회를 세우는 것이 하나님을 기쁘게 하였을 때, 그의 말씀이 기록되게 한 것은 바로 그의 뜻이었다."[142] 기록된 것은 바로 하나님의 말씀이므로 성경은 하나님의 성문화된 말씀이다. 그래서 그는 전 구약성경의 경우에 대해서 요약하여 다음과 같이 말했다.

> 그러므로, 율법, 선지서, 시서, 역사서 등으로 되어있는 성경은 전체가 모두 구약의 고대 사람들에게는 주님의 말씀이었으며, 그리고 그리스도가 오시기 이전까지 제사장들과 교사들은 그들의 교훈을 이 규범에 일치시켰다. 그들의 직책은 전적으로 이 범주 안에 제한되어 있었기 때문에 그들이 하나님의 입에서 받아 백성들에게 답을 줄 수 있도록 그들은 좌로나 우로 빗나가는 것이 합당치 않았다.[143]

---

142) *Inst*. IV. viii. 6.

성경은 기록된 하나님의 말씀이기 때문에, 성경은 하나님의 입과 같다. 구약성경 전체가 하나님의 말씀이었다. 구약성경 전체가 하나님의 입에서 나온 하나님의 말씀이었다. 이것은 구약성경 전체가 하나님의 영으로 영감되었음을 의미한다. 그리고 구약 시대의 제사장들이나 교사들은 하나님의 입에서 받아 백성들에게 줄 수 있도록 좌로나 우로나 빗나가지 않았다. 성경의 무오한 내용을 오류 없이 전달하려고 한 것이다. 구약 시대 교사들은 구약성경이 하나님의 무오한 말씀이기 때문에 성경에 일치된 내용만을 교훈했다. 그것은 구약성경이 하나님의 성령으로 영감된 하나님의 말씀이었기 때문이다. 하나님의 말씀은 성령으로 영감 되었기 때문에 그 자체로 권위가 있고 정확무오하였다. 이것은 구약성경 전체가 주님의 말씀으로서 오류가 없었음을 증거한다. 그러기에 성경은 우리가 하늘로부터 하나님의 음성을 듣는 것과 같았다.

> 그 후에 하나님께서는 예언자들을 통해서 율법서에 새로운 말씀을 첨가하셨는데, 그것은 전연 새로운 말씀이 아니고 율법을 반영하는 것이었다. 예언자들이 가르친 교훈은 율법에 대한 해석에 불과했으며, 앞일을 예언한 것을 제하면 새로 첨가한 것은 없었다. 예언을 제하면 그들은 율법을 순수하게 설명했을 뿐이다. 그러나 여호와께서는 약한 양심들이 만족할 만한 더 분명하고 더 풍부한 교훈을 나타내시고자, 예언들도 기록하여 말씀의 일부로 간주하도록 명령하셨다. 동시에 역시 예언자들이 성령의 말씀을 받아 기록한 역사를 말씀에 첨가하셨다.[144)]

칼빈은 구약성경의 예언서들도 성령의 말씀임을 주장하였다. 구약의 예언서들은 예언자들이 새로운 하나님의 말씀을 교훈한 것이 아니라 이미

---

143) *Inst*. IV. viii. 6. “verbum Domini fuit veteri populo.”

주어진 모세의 율법을 해석하는 정도였다. 선지자들의 교훈 중에서 앞일을 예언한 것을 제외하면 율법서에다 특별히 첨가한 것은 없었다는 것이 칼빈의 설명이다. 예언자들은 그저 율법을 순수하게 설명했을 뿐이다. 그러니까 예언자들이 율법을 해설한 것을 기록한 것이 예언서이다. 이 예언서들도 구약성경을 구성하고 있다. 칼빈은 이러한 예언서도 성령의 말씀을 받아 기록한 것이라고 하였다. 즉 예언서의 영감을 말한 것이다. 예언자들이 교훈한 것은 율법을 해설한 것이었지만, 그것을 기록할 때는 성령의 감동으로 기록했다는 말이다. "그들은 성령의 무오하고 권위 있는 필경사들이었으므로 그들의 기록들은 하나님의 신탁의 말씀들로 주장되어야 한다."[145] 그러기에 예언서도 성령의 말씀이다.

> 성령은 성경의 저자이시다. 그는 변하실 수도, 자신과 다를 수도 없으신 분이시다. 그러므로 분명히 그는 성경 안에서 일단 자신을 나타내 보이신 그대로 영원히 존속하실 것이다. 성령이 자신을 퇴화, 혹은 타락시키는 것이 명예스러운 일이라고 우리가 생각하지 않는 한 이 말은 성령에 대하여 모욕적인 언사가 아니다.[146]

구약성경뿐만 아니라 모든 성경이 성령으로 영감 된 하나님의 말씀이고 성령의 말씀이기 때문에 성령은 성경의 저자이다. 성령은 변하실 수도, 자신과 다를 수도 없으신 분이시기 때문에, 성령의 영감으로 기록된 성령의 말씀인 성경도 변하거나 성령의 뜻과 다를 수 없다. 그래서 성경이 무오한 것은 오히려 자연스럽다. 성경의 저자이신 성령은 성경 안에서 일단 자신을 나타내 보이신 그대로 영원히 존속하실 것이기 때문에, 성령의 감

---

144) *Inst*. IV. viii. 6.

145) *Inst*. IV. viii. 9.

146) *Inst*. I. ix. 2. "He is the Author of the Scriptures."

동으로 기록된 성경의 진리도 영원히 존속한다고 해도 과언이 아니다. 성경의 저자는 성령이기 때문에, "성경은 성령의 학교이며, 여기서는 필요하고 유익한 지식은 하나도 빠뜨리지 않는 동시에, 유익한 지식이 아니면 아무것도 가르치지 않는다."[147] 성경은 성령의 영감으로 기록되었기 때문에 성경의 모든 내용은 모두 유익한 지식이다.

> 그러면, 그렇게 많은 성도의 피로 확증되고 증언된 성경의 교훈을 우리는 어떠한 확신을 가지고 받아들여야 하는가? 그들은 일단 성경의 가르침을 수용한 후 용감하고 대담무쌍하게, 심지어는 큰 정열을 가지고 죽임을 당하는 것까지도 주저하지 않았다. 이렇게 많은 대가를 치르고 우리에게 물려주었는데, 우리가 어떻게 이를 견고하고 흔들리지 않는 확신을 가지고 받아들이지 않겠는가? 그러므로 성경이 많은 순교자의 피로 말미암아 인증되었다고 하는 것은 성경에 대한 증명으로서는 결코 평범한 것이 아니다. 특히 그들이 죽기까지 그들의 신앙을 증거하되 잘못된 정신의 소유자들에게서 자주 볼 수 있듯이 이를 지나친 광신으로 하지 않고, 하나님께 대한 확고하고 견고하며 건전한 열심을 가지고 그렇게 하였다는 것을 생각할 때에 그것은 더욱 명백해진다.[148]

많은 성도는 성경의 교훈을 위하여 순교의 피를 흘렸다. 성경은 하나님의 오류 없는 절대 진리의 말씀이라는 것이 성도들의 피로써 확증되고 증언되었다는 것을 칼빈이 증언했다. 이것은 성경이 절대 불변의 어길 수 없는 하나님의 말씀임을 명백히 증거해준다. 수많은 성도가 성경의 가르침을 수용한 후 용감하고 대담무쌍하게, 심지어는 큰 정열을 가지고 죽임을 당하는 것까지도 주저하지 않았던 것은 성경이 무오할 뿐만 아니라 살

---

147) *Inst*. III. xxi 3. "Scripture is the school of the Holy Spirit."

148) *Inst*. I. viii. 13.

아계신 하나님의 말씀인 줄로 굳게 확신했기 때문이다. "이렇게 많은 대가를 치르고 우리에게 물려주었는데, 우리가 어떻게 이를 견고하고 흔들리지 않는 확신을 가지고 받아들이지 않겠는가?" 라는 칼빈의 호소는 성경을 하나님의 무오한 말씀으로 받아들이는 것이 너무나 당연한 것임을 보여준다. 성경이 하나님의 무오한 말씀이라는 사실은 많은 순교자의 피로 말미암아 인증되었다.

이와 같은 사실은 성경에 대한 증명으로서는 결코 평범한 것이 아니고 매우 특별한 것이다. 특히 성도들이 죽기까지 성경에 대한 그들의 신앙을 증거하되 잘못된 정신의 소유자들에게서 자주 볼 수 있듯이 이를 지나친 광신으로 하지 않고, 하나님께 대한 확고하고 견고하며 건전한 열심을 가지고 그렇게 하였다는 것을 생각할 때에, 성경은 절대적으로 무오한 하나님의 말씀임이 더욱 명백해진다. 그러므로 칼빈에 의하면, 성경은 "모든 의의 완전한 표준" 이며[149] "점이나 흠이 없고" [150] "확실하고 무오한 법칙" 이며[151] "무오한 하나님의 말씀" 이다.[152]

이상의 연구를 통해서 볼 때, 칼빈은 성경의 영감을 확신하였고 성경의 무오를 굳게 믿었다. 성경의 저자가 성령이라고 주장했고, 성경은 성령의 학교라고 표현했다. 칼빈은 성경이 인간의 기억력 감퇴와 기억 상실 때문에 오류 없이 하나님의 말씀을 보존하도록 하기 위하여 기록되었음

---

149) 존 칼빈, 「기독교강요요약」, 이형기역(서울: 크리스챤다이제스트사, 1990), 35.

150) John Calvin, *Commentaries on the Twelve Minor Prophets* Vol. 1, trans. John Owen(Grand Rapids, Michigan: Wm. B. Eerdmans Pub. Co., 1949), 506.

151) John Calvin, *Commentaries on the Book of Psalms* Vol. 5, trans. James Anderson(Grand Rapids, Michigan: Wm. B. Eerdmans Pub. Co., 1949), 2.

152) John Calvin, *Commentaries: The Second Epistle of Paul The Apostle to the Corithians and the Epistles to Timothy, Titus and Philemon*, 331.

을 주장하였다. 성경은 성령의 영감으로 기록되었기 때문에 성경에 유익한 지식이 아닌 것은 아무것도 없다고 했으며, 성령이 영원히 존속하듯이, 성경의 진리도 영원할 것임을 암시했다. 칼빈은 성경의 영감에 있어서 구술을 말했으나 그 의미는 기계적 영감이 아니라 성경 기록자들의 주체성마저 상실한 것은 아니기 때문에 유기적 영감을 말한 것이다. 성령께서 인간의 주체성을 상실하지 않도록 영감하셨어도 오류가 없이 영감을 하셨다. 그래서 수많은 성도는 성경이 하나님의 틀림없는 말씀이라고 굳게 확신했기 때문에 하나님의 말씀인 성경을 위하여 순교의 피를 흘리는 것도 주저하지 않았다. 따라서 성경은 성도들의 순교의 피로써 증거되고 확증되었기 때문에 성경은 살아 계시는 하나님의 무오한 말씀으로 받아들이는 것이 당연하다고 하였다. 그러므로 요세푸스가 이미 구약 교회 성도들이 순교로써 성경 무오를 지킨 것을 증거하였으므로, 성경 무오 교리는 구약 교회 성도뿐만 아니라 신약 교회 성도의 신앙이다.

2. 칼빈의 성경해석

칼빈의 성경해석이 오해를 받기도 했다. 예를 들어, 이양호는 칼빈이 성경원본에도 오류가 있었음을 인정했다는 근거로 다음의 네 가지를 제시했다. 창세기 1:16, 사도행전 7:14, 마태복음 27:9, 사도행전 4:6 등이다. 그러나 이양호 스스로가 첫째 경우는 성경기자가 그 시대인들의 지적 역량에 적응시켰다고 해명하고, 둘째 경우는 필사자의 오류로 돌림으로써, 이 두 경우는 성경원본의 오류를 인정하지 않았다고 볼 수 있다고 함으로 문제 될 것이 없다고 보지만, 셋째 경우에 대해서는 칼빈이 오류가 있어도 그 오류가 별로 중요하지 않다고 말했고, 넷째 경우에 대해서는 가능한 한 해명해 보려고 하지만 성경의 오류를 사실상 인정하고 있다고 말함으로 결과적으로는 칼빈이 성경의 유오를 인정했다고 주장한다.[153] 그러니까 창세기 1:16과 사도행전 7:14은 문제 될 것이 없다.

문제가 되는 마태복음 27:9과 사도행전 4:6이다. 마태복음 27:9에서 예레미야 이름 대신 스가랴의 이름이 들어간 것에 관하여 칼빈은 마태의 실수 때문에 생긴 것이 아니라 필사자의 실수와 과오만을 생각했다.[154]

사도행전 4:6에 대해서 칼빈이 "누가가 여기서 안나스를 대제사장으로 보는 것은 이상하다. 왜냐하면 요세푸스의 글을 보면 빌라도가 로마로 소환된 후 비텔리우스가 지휘관이 되어 예루살렘으로 들어오기까지는 가야바가 이 직임을 잃지 않은 것이 분명하기 때문이다"고 말한 것은 이양호의 주장대로 칼빈이 역사가인 요세푸스의 기록을 성경 기록자인 누가의 기록보다 더 신뢰하고 있으며 누가의 기록에 대해 의문을 제기하고 있는 것이 아니라, 단지 이상하다고 말한 것뿐이다.[155] 누가가 기록한 이 구절의 오류를 말하는 것이 결코 아니었다. 왜냐하면, 안나스는 주후 7~14년간 대제사장의 지위에 있었고, 이 당시에는 은퇴한 후에도 관례에 따라 대제사장이라 불리었기 때문이다. 안나스의 은퇴 이후에는 그의 사위 가야바가 주후 18~36년간 대제사장으로 있었고, 가야바 이후에는 안나스의 남은 아들들(요나단 36~37, 데오필루스 37~41, 맛디아스 42, 안나스 61)이 차례로 계승하였고, 그 후 그의 손자 맛디아스(데오필루스의 아들)도 65~66

153) 이양호, 「칼빈: 생애와 사상」, 89-91.

154) 죤 머레이, 「칼빈의 성경관과 주권사상」, 나용화역(서울: 예수교문서선교회, 재판, 1979), 45, 46.

155) John Calvin, *Commentaries: THE ACTS OF THE APOSTLES 1-13*, trans. J. W. Fraser & W. J. G. McDonald(Grand Rapids, Michigan: Wm. B. Eerdmans Pub. Co., 1973), 343-344.

년간 대제사장이 되었다. 따라서 안나스는 신약 당시에 매우 영향력 있는 인물이었다. 그러니까 안나스를 대제사장이라 한 것은 관례에 따라 그렇게 한 것임으로 오류가 아니다.[156] 따라서 이양호가 칼빈이 성경 원본의 오류를 인정했다는 주장은 정당하지 않다.

칼빈은 루터 못지않은 종교개혁가로서 성경해석에 새로운 이정표를 제시했다고 할 수 있다. 칼빈의 「기독교강요」와 「성경주석」은 그의 성경해석의 결정판이다. 그의 「기독교강요」와 「신구약성경 주석」은 개신교의 표준이 될 정도로 그 영향력은 막강하게 되었다. 종교개혁은 중세교회가 1,000년 이상을 견지해온 4중적 성경해석의 개혁이었다고 할 수 있다. 종교개혁자들은 교황과 교회회의의 권위보다 성경의 권위를 강조하고 성경을 문자적으로 해석한 결과 이신칭의라는 복음의 교리를 재발견하고 강조하면서 하나님의 본래 메시지를 분명하게 전달했다. 반면에 로마 가톨릭교회는 이신칭의의 복음을 강조하는 종교개혁자들을 파문하는 무모함을 저질렀다.

칼빈은 「기독교강요」의 저술과 「신구약성경 주석」을 통하여 정통 그리스도교를 확립했다. 칼빈은 「기독교강요」의 저술과 「신구약성경 주석」을 통하여 고대 기독교의 근본교리들인 삼위일체 교리와 그리스도론 교리들, 예컨대 니케아 신조와 콘스탄티노플 신조, 어거스틴의 삼위일체론에 따른 아다나시우스 신조, 그리고 칼케돈 신조 등을 그대로 그리스도교 성경의 바른 가르침으로 수용하고 다시 표현하여 그리스도교의 바른 가르침을 제시함으로써 성경의 복음 메시지를 잘 전달한 것으로 보인다.

그러나 개혁자들은 파문과 처형이라는 어려움을 겪기도 했다. 신구교

---

156) 이상근, 「사도행전」, 신약주해(대구: 성등사, 1991), 77.

의 갈등으로 인하여 프랑스에서는 37년간의 위그노 전쟁(1562~1598)이 있었고, 독일에서는 30년 전쟁(1618~1648)이 일어났다. 그렇지만 오히려 루터와 칼빈의 성경중심의 종교개혁은 기독교회를 바로 보존할 수 있게 되었고, 그들이 활동했던 독일과 프랑스와 스위스와 네덜란드와 덴마크와 노르웨이와 스웨덴은 세계적인 선진국을 이루었다고 할 수 있다.

7 Chapter 근대의 성경해석

16세기 종교개혁의 다음 시대인 근대는 17~18세기에 해당한다. 이 시대는 신앙고백주의와 합리주의와 경건주의로 특징지어질 수 있다. 그것은 왜 종교개혁이 일어나게 되었는가의 질문에 대한 종교개혁의 교리적 정당성을 확립하는 과정에서 표출된 현상이다. 그런데 종교개혁의 성경적 당위를 천명하는 가운데 빛과 그림자도 아울러 나타나게 되었다. 신앙고백서의 도출이 빛이라면 합리주의의 등장은 그림자에 해당하고, 경건주의의 출현은 이에 대한 소극적 반성이다.

1. 신앙고백주의

근대에는 신앙고백서들이 작성되었다. 이 시대는 종교개혁 이후 개인의 성경해석권에 따라 여러 해석이 나타나면서 무엇이 옳은 해석인가의 선을 그을 수밖에 없었기 때문에 신앙고백서들이 나오게 되었다. 1530년 아우구스부르크 신앙고백(Confession of Augsburg)을 시작으로, 1563년에 하이델베르크 요리문답(Heidelberger Katechismus, Catechesis Palatina), 1566년에는 제2 스위스 신앙고백(Confessio Helvetica Posterior), 1643년에는 웨스트민스터 신앙고백서(Westminster Confession)가 발표되었다.

1) 아우구스부르크 신앙고백

멜란히톤(1497~1560)

아우구스부르크 신앙고백(1530년)은 루터교회의 특별한 상징이다. 신성 로마제국 [962년 독일의 오토 1세가 로마 교황으로부터 대관을 받은 때부터 1806년 프란츠(Franz) 2세가 나폴레옹에 패하여 제위에서 물러날 때까지의 독일 제국의 정식 명칭]에서 실질적인 권력은 각 지역에 분포된 선제후가 가지고 있었다. 선제후라는 말 자체가 '선거권을 가진 제후'를 의미한다. 선제후는 황제를 뽑을 권리가 있는 영주였기 때문에, 당연히 이들의 권력이 강할 수밖에 없었다. 이 선제후들이 모여 제국 내의 주요 의사결정을 하는 자리가 제국의회(Reichstag)이다. 제국의회는 제국도시를 순회하며 열렸는데, 아우구스부르크는 15~16세기에 독일에서 가장 번성했던 제국도시로서 당시에 제국의회가 빈번하게 열렸던 도시이기도 하다.[157] 1530년 아우구스부르크에서 열린 제국의회는 역사적으로 중요한 의의를 갖는다. 바로 이 자리에서 멜란히톤(Philip Melanchthon, 1497 ~1560)이 루터교회의 교리를

---

157) 아우크스부르크의 기원은 BC 15년 로마제국의 아우구스투스 황제 때에 설정된 군단 주둔지가 된 데서 비롯되며, 시의 명칭도 황제의 이름에서 유래한다. 로마 시대에는 라에티아 지방의 수도였으며, 8세기에는 교구청이 설치되었고, 1276년 제국 직할 도시가 되었다. 중세 이후에는 통상도시로서 알프스 북쪽 기슭에서 가장 큰 도시가 되었으며, 상업의 번영과 함께 양모공업 · 마직물 등의 수공업도 활발하였다. 르네상스 시대에는 문화의 중심지로 많은 예술가들이 모여 예술 활동이 활발하였다. 17세기 전반에 건설된 시청건물은 독일 르네상스 건축의 대표작이다. 종교개혁 당시에는 이따금 제국의회가 열렸다. 1530년에는 신구 양교의 조화를 이룩하기 위한 아우크스부르크 국회가 열렸으며, 1555년 신교와 구교간 아우크스부르크의 화의(和議:평화조약, Augsburger Religionsfrieden)도 이곳에서 체결되었다. 17세기 이래 대서양 항로의 발견으로, 상업의 중심이 지중해에서 대서양으로 옮겨짐에 따라 쇠퇴하기도 하였으나, 제2차 세계대전 중에는 영국과 미국 공군의 폭격에 의해서 시가가 대부분 파괴되었으나, 완전히 재건되었다. [네이버 지식백과].

정리하여 낭독한 것이다. 그것은 루터파가 그들의 견해와 입장을 밝히기 위하여 신성 로마제국의 황제 칼 5세에게 제출한 신조로 7명의 제후들과 2명의 자유도시 대표들이 서명하였다.[158]

루터는 당시 보름스 제국회의 이후 파문 상태에 있어서 공식적인 회의에서 모습을 드러낼 수 없었다. 따라서 아우구스부르크 고백은 멜란히톤이 집필한 루터의 생각이라고 보아도 크게 어긋나지 않는다. 원문 말미에 서명한 명단에 작센 선제후 요한, 브란덴부르크 변경백 게오르그[159], 뤼넨부르크 공작 에르네스트, 헷센 영주 빌립, 작센 공작 한스 프리드리히, 뤼넨부르크 공작 프란츠, 안할트 군주 볼프, 뉘른베르크 시장 및 시의원, 로이트링엔 시장 및 시의원 등이 표시된 것을 보면, 당시 루터파 종교개혁을 수용한 지역과 통치자가 어느 정도였는지를 보여준다.

멜란히톤은 1529년 루터가 작성한 시바바하 조문(Schwabacher Artikel)과 마르부르크(Marburg) 조문, 그리고 1530년 한 위원회에서 작성된 토르가우(Torgau) 조문에 근거하여 이 문서를 작성하였다. 또한 루터파가 고대의 이단들을 부활시키고 있다는 가톨릭 신학자 에크(Johann Maier von Eck, 1486~1543)의 404개 조항의 기소에 대항하여 썼다.

성경과 로마 가톨릭 교회에서 조금도 벗어난 것이 아니라는 것을 증명하기 위한 이 신앙고백의 주요내용은 서문을 제외하고 2부로 구성되어 있

---

158) 최근에 학생들이 졸업논문 쓰기를 기피하는 현상은 복음의 효과적인 전달을 위해 결코 바람직하다고 할 수 없을 것이다.

159) 변경백(邊境伯, 독어: Markgraf, 영어: Margrave)은 중세 세습 귀족 중, 타국과 영토가 맞닿은 일부 봉토의 영주를 특별히 일컫는다. 보통의 봉건 귀족들의 권리에 더해, 외침에 대비한 군사권과 자치권이 폭넓게 인정되었다. 넓은 영토와 강력한 권리 때문에, '변경백(伯)'이라고 번역되지만 실제적인 위계는 후작 또는 그 이상으로 받아들여진다.

다. 제1부(1~21조)는 개신교 교리의 주요항목인 하나님, 인간, 속죄, 칭의, 교회, 성례전, 교직 등을 다루고, 제2부(22~28조)는 중세 로마 가톨릭교회의 악습에 관한 것으로 반드시 철폐되어야 할 일종제찬봉령(성찬식에서 교인들이 빵만을 받는 것), 사제의 강제적인 독신생활, 속죄제사로 드리는 미사, 의무적인 고해, 은혜를 받기 위해 만든 인간 제도들, 수도원생활과 관련된 악습들, 주교들이 주장하는 확대된 권한 등을 다루고 있다.

이 신앙고백문은 칭의 교리를 보다 명료하게 설명하고 전달하고 있다는 점에서 매우 중요하다. 이 신앙고백은 1536년에 영어로 번역되었고, 1577년과 1580년 일치신조(The Formula of Concord)에 통일되었으며, 성공회 39개 신앙 신조와[160] 감리교 25개조 신앙고백에 결정적인 영향을 미쳤다.

2) 하이델베르크 요리문답

하이델베르크 요리문답(Heidelberger Katechismus; Catechesis Palatina, 1563년)은 칼빈주의 교리를 가르치기 위해 문답식으로 작성된 기독교의 신앙고백이다. 하이델베르크는 지명으로 '신성한 산'이라는 뜻의 하일리겐베르크(Heiligenberg)에서 유래됐다. 16세기에 독일의 팔츠 선제후 프리드리히 3세는 루터파가 우세한 자기 영내에 칼빈파의 개혁운동을 완성시키기 위한 4대 계획의 하나로 우르지누스(Zacharias Ursinus (1534~1583)과 올레비안(Caspar Olevian, 1536~1587) 등에게 명하여 작성한 문답체의

160) 성공회39개 신앙신조는 16세기의 신학 논쟁 속에서 영국 성공회의 교리적 입장을 정리하기 위한 시도로 구성된 교리 요체이다. 이 신앙신조가 최종적으로 결정되기 전에 "10개 신앙 신조"(1536), "주교의 서"(1537), "6개 신앙신조"(1539), "왕의 서"(1543), 그리고 "42개 신앙 신조"(1553)의 변화 과정이 있었다. 그러다가 1563년에 주교회의에서 39개 신앙 신조에 대한 안을 검토하여 수정만을 거친 후에 통과되었다.

우르지누스(1534~1583)

교리서이다.

이 요리문답은 1563년에 팔츠의 수도 하이델베르크에서 열린 총회에서 채택되었다. 이 요리문답은 인간의 범죄와 비참, 구원, 감사의 3부로 나누어 정리되었다. 이 요리문답은 사도신경, 성례, 십계명, 주기도문에 나타난 기본교리를 정리하여 독일과 세계 각국에서 쓰이고 있다. 개혁교회에서는 전통적으로 오전과 오후 예배 중 오후에 요리문답에 기반한 설교를 해왔다. 이것은 하나님의 말씀인 성경을 가르치는 일이 목사 개인의 한계와 성향에 제한받지 않도록 하기 위함이다. 하이델베르크 요리문답은 총 129개의 문답으로 이루어져 있다. 이들은 52소절로 나뉘어 매주 한 절씩 공부할 경우 일 년에 전체를 읽을 수 있게 되어 있다.

3) 제2 스위스 신앙고백

스위스의 도시 바젤에서는 1529년 초부터 미사 의식과 수녀원 제도를 폐지하고 성상을 없애는 등 종교개혁이 활발히 진행되고 있었다. 바젤 교회는 1534년에 12개 조항으로 된 제1 바젤 신앙고백을 작성했다. 그 후 제각기 독자적인 신앙고백을 가지고 있던 취리히, 베른, 바젤, 샤프하우젠, 세인트 고울, 뮐하우젠, 빌 등과 같은 스위스의 도시들은 독일의 루터교회와의 연합을 통해 통일된 하나의 개신교회를 만들기 위해서 신학자들의 모임을 계획했다. 1536년 1월 30일에 바젤에 있는 어거스틴파 수도원에서 모임을 가졌다. 이들이 작성한 28개 조항으로 된 신앙고백은 모든 성직자들과 평신도 대표들의 만장일치로 서명을 받아 라틴어로 출판이 되었다. 독일판이 나오면서 27개 조항으로 축소된 이 신앙고백은 1566년에

하인리히 불링거(1504~1575)

작성된 제2 스위스 신앙고백과 구별하기 위하여 제2 바젤 신앙고백 또는 제1 스위스 신앙고백이라고 불렀다.

제2 스위스 신앙고백(1566년)은 취리히의 종교개혁자 츠빙글리의 후계자 하인리히 불링거(Johannes Heinrich Bullinger, 1504~1575)가 작성하였다. 이 신앙고백은 어느 교회에서 기획하거나 위촉한 것이 아니라, 순전히 불링거가 자신의 신앙을 위하여 개인적으로 작성한 점이 특이하다. 불링거는 1522년 독일 쾰른에서 공부할 때 신앙을 얻게 되었으며, 교부 신학과 스콜라 신학을 연구하는 한편 루터와 멜랑히톤의 저서들을 탐독하였다. 그 후 그는 그의 출생지 스위스로 돌아가서 외콜람파디우스와 츠빙글리의 조교로서 신학연구를 계속하였다. 불링거는 1531년 12월 9일 츠빙글리에 이어 취리히 교회의 수석 목사가 되었다. 그런데 그것은 취리히 교회의 수석 목사라는 교회적인 배경 때문만이 아니고 성경과 신학, 역사에 관한 그의 많은 저술을 통하여 인정을 받았기 때문이었다. 그는 영국의 지도적인 인물들에게도 많은 신학적인 영향을 미쳤으며, 칼빈보다 11년 더 오래 살면서 종교개혁의 제3 세대에 속하는 인물들 즉 칼빈의 후계자인 베자라든가 하이델베르크 신앙교육 문답서의 저자인 우르지누스와 올레비아누스 등으로부터 선배 지도자로 추앙받았다.

로마교회가 트렌트 회의를 소집하고 교리작성 작업에 들어가자 불링거는 제1 스위스 신앙고백서 작성에 참여하였던 경험을 살려서 자신도 그에 따라 살고 그에 따라 죽을 수 있는 신앙고백서를 작성하기 시작했다. 이 작업은 칼빈과의 협력 속에서 30년 동안이나 계속되었다. 그러다가 흑사병으로 아내와 세 자녀가 죽고 자신마저 생명의 위협을 느끼게 되자 라틴어로 완성된 신앙고백서의 초안을 간직해 두었다.

이 개인적인 신앙고백서가 공적으로 사용되게 된 것은 독일에서 벌어진 일련의 사태 때문이다. 1563년 독일의 개혁교회 지역 팔라티네이트에서 하이델베르크 요리문답이 작성되었다. 그러나 황제 막시밀리안 2세는 팔라티네이트 지역에서 개혁교회의 뿌리를 완전히 뽑아내고 그 자리에 루터교를 심고자 프리드리히 3세와 두 신학자를 공격하려 하였다. 위기에 처한 프리드리히 3세는 1565년 11월과 12월에 자신의 주치 의사인 에라스투스를 취리히와 제네바로 보내어 구원의 손을 내밀면서 칼빈과 불링거에게 신앙고백서를 작성해 주도록 요청하였다. 불링거는 자기가 초안해서 보관하고 있던 신앙고백서의 필사본을 프리드리히 3세에게 보냈고 이것을 받은 프리드리히 3세는 매우 만족하면서 독일어와 라틴어로 번역하여 출판하도록 하였다. 그 제목이 '참된 기독교를 위한 바른 신앙과 보편타당한 교리에 관한 서술과 고백' 이었다. 프리드리히 3세는 아우구스부르크 회의에서 이 신앙고백서의 내용을 토대로 자신의 신앙을 변호했고 그 결과 팔라티네이트 지역의 개혁교회를 공식적으로 인정하게 되었다.

한편 스위스 교회들은 제1 스위스 신앙고백서가 나온 이후에 새롭게 생겨난 문제들에 대해 적절하게 대처함과 동시에 스위스의 교회들을 하나로 연합시켜 줄 수 있는 보다 발전된 형태의 신앙고백서가 필요하다고 느꼈다. 그래서 새로운 신앙고백서 작성을 위한 회의가 취리히에서 소집되었고, 회의는 불링거가 작성한 신앙고백에 몇몇 수정을 가한 후, 1566년 3월 12일에 제2 스위스 신앙고백이라는 이름으로 공식 공표하였다. 이 신앙고백서는 바젤을 제외한 스위스의 모든 개혁교회가 받아들였다.

제2 스위스 신앙고백은 대중적이기보다는 논쟁적인 성격을 띠고 있다. 개혁 신앙에 대한 변호와 이단에 대한 방어의 목적이 있는 만큼 매장마다 개혁신학의 입장을 정리해주고, 정통적인 신앙과 반대되는 형태의 신학분파가 무엇이며, 또한 그들이 제시하고 있는 핵심적인 오류의 신학적 내용이 무엇인지를 간략하게 제시해 주고 있다.

제2 스위스 신앙고백은 대륙의 개혁교회 신조들 중에서 하이델베르크 요리문답 다음으로 그 권위를 인정받은 신조이다. 신학적인 면에서 개혁교회의 가장 뛰어난 신조이지만, 대중성이나 실용성에서는 하이델베르크 요리문답이나 웨스트민스터 소요리문답에 미치지 못하고 있다.

제2 스위스 신앙고백은 크게 두 부분으로 나누어진다. 첫째 부분이라 할 수 있는 제1~16장은 신학적인 문제를 취급한다. 성경,[161] 성경의 해석, 삼위일체, 섭리, 죄, 자유의지, 선택, 그리스도, 율법과 복음, 회개, 칭의, 선행, 상급 등이 다루어진다. 둘째 부분인 제17~30장은 실제적인 문제를 취급한다. 교회, 직분, 성례, 교육, 환자방문, 장례, 교회재산, 결혼, 가정, 교회와 국가와의 관계 등이다. 또한 이 신앙고백서는 조직신학의 순서 즉 계시와 성경, 신론, 기독론, 교회론의 순서로 되어있다. 어거스틴을 많이 인용한 제2 스위스 신조는 웨스트민스터 신앙고백과 거의 일치하고 있다.

제1 스위스 신앙고백은 독일어를 사용하던 스위스 교회를 하나로 묶어 주었고, 1566년에 작성된 제2 스위스 신앙고백의 기초가 되었다. 이러한 스위스 신앙고백은 개혁교회에서 최초로 국가적 권위를 인정받은 신앙고백이 되었다.

---

161) 넓은 의미의 기독교의 정경의 권수는 각각 차이가 있다. 개신교는 신약과 구약 66권만을 정경으로 인정하고, 성공회는 개신교와 동일하게 66권만을 정경으로 인정하나, 외경 14권을 준정경으로 여겨 80권이다. 천주교는 제2경전(개신교에서는 외경으로 규정)을 완전한 정경으로 인정하여 73권이고, 정교회는 제2경전(개신교에서는 외경으로 규정)을 천주교보다 더 많이 인정하여 76권이며, 유대교는 타나크(구약) 39권만을 정경으로 인정한다.

찰스 1세(1600~1649)

4) 웨스트민스터 신앙고백

웨스트민스터 신앙고백(The Westminster Confession of Faith, 1643년)은 칼빈주의 신앙을 담고 있는 개신교의 신앙고백이다. 1643년 영국 의회가 당시 국왕이던 찰스 1세(Charles I, 1600~1649)가 청교도 혁명으로 의회와의 내란 중에 있는 영국 교회가 공통으로 따를 수 있는 전례, 교리, 권징 등의 기준을 수립할 필요를 느끼고 회의를 소집하였다. 당시 잉글랜드와 스코틀랜드의 교회 총대들과 의원, 정치인 등으로 구성된 '학식 있고 거룩하며 분별력 있는 신학자들' 이 성공회교회인 웨스트민스터 대성당에 모였다. 웨스트민스터 총회는 하루아침에 이루어지지 않았다. 1643년 7월 1일에 웨스트민스터에 모여 1652년 3월 25일에 해산하였다.[162] 그래서 이 회의는 9년 동안 지속되었다고 할 수 있다. 이 회의의 결과로 작성된 신앙고백서가 웨스트민스터 신앙고백서이다. 신앙고백서뿐만 아니라 대요리문답과 소요리문답도 작성되었으며 이듬해 영국 의회에서 공인되었다.

웨스트민스터 신앙고백서 구조는 존 칼빈의 「기독교 강요」 최종판(1559년)과 거의 같은 구조로 되어있다. 가장 먼저 성경론(1)을 시작으로 신론(2, 3), 인간론(6), 언약론(7), 기독론(8), 구원론(9~18), 율법(19), 그리스도인의 자유와 양심의 자유(20), 예배와 안식일(21), 합당한 맹세와 서원(22), 세속권세(23), 혼인과 이혼(24), 교회론(25~31), 종말론(32~33)으로 되어있다.

---

162) 로버트 래담, 「웨스트민스터 총회의 역사」, 권태경, 채천석 공역 (서울: 개혁주의 신학사, 2014), 69.

흥미로운 내용 중의 하나는 이 신앙고백서 제25장의 6항이 로마 가톨릭 교황을 적그리스도(Antichrist)로 못 박고 있다는 점이다. "주 예수 그리스도 외에 교회의 다른 머리는 없다. 로마 교황도 또한 결코 그 머리가 될 수 없고, 다만 적그리스도요, 불법의 사람이요, 멸망의 아들이요, 교회 안에서 그리스도와 하나님이라 일컫는 모든 것에 대적하여 자기를 높이는 자이다; There is no other head of the Church but the Lord Jesus Christ. Nor can the Pope of Rome, in any sense, be head thereof; but is that Antichrist, that man of sin, and son of perdition, that exalts himself, in the Church, against Christ and all that is called God."

대소요리문답을 포함한 이 고백서는 미국으로 건너간 청교도들에 의해 미국 장로교회(PCUSA)의 교리적 표준문서로 인정되었고, 한국에는 장로교 선교사들에 전달되어 한국 장로교 교회의 표준문서로 통용되고 있다.

이 이외에도 네덜란드의 도르트(Dortrecht)에서 개최된 도르트 신조(Canon of Dort, 1618~1619)가 있다. 그 내용은, ① 무조건적 선택 ② 제한적 속죄 ③ 인간의 전적인 타락 ④ 불가항력적인 은혜 ⑤ 성도의 마지막 견인 등을 확인한 것으로, 칼빈주의 교리를 담고 있다. 벨직신앙고백서(Belgic Confession, Confessio Belgica)는 네덜란드 신앙고백서라고도 하는데, 칼빈 사상에 근거한 종교개혁이 진행 중이던 16세기 네덜란드에서 작성된 개혁파 신앙고백서이다. 라틴어의 벨기카(Belgica)는 벨기에와 네덜란드로 나뉘기 전의 네덜란드 전체(오늘날 베네룩스 3국)를 가리키는 말이다. 이 때문에 벨직 신앙고백(Belgic Confession)은 네덜란드 신앙고백이라고도 불린다. 귀도 드 브레(Guido de Bres, 1522~1567)에 의해 쓰였으며, 그는 이로 인해 1567년에 순교하였다. 도르트 총회에서(1618~1619) 벨직신앙고

귀도 드 브레(1522~1567)

백은 하이델베르크 요리문답과 도르트 신조와 더불어 하나 되는 세 고백서로 채택되어 개혁교회의 신앙을 대변하는 중요한 문서로 오늘날까지 내려오고 있다. 벨직 신앙고백의 특징은 전통적인 교의(사도신조, 니케아 신조, 아타나시우스 신조 등)를 충실히 따르고 있다. 3~7장의 성경관, 8~11장의 삼위일체론, 19장의 그리스도의 두 본성의 연합과 구별, 22장의 이신칭의는 개혁교회의 핵심적 교리이다. 또한 벨직 신앙고백은 전통적인 개혁파 신학의 질서를 따른다는 특징을 가지고 있다. 즉, 1~11장 하나님에 관한 교리, 12~15장 인간론, 16~21장 그리스도론, 22~26장 구원론, 27~35장 교회론, 37장 종말론 등이다. 그리고 31장에 교회의 직분자로서 '목자, 장로, 집사'를 명확하게 언급하고 있는 것도 큰 특징 가운데 하나다.

이와 같은 신앙고백서들은 종교개혁 이후 하나님의 메시지를 충실하게 전달했다고 본다. 다만 하이델베르크 요리문답은 종교개혁과 시대적으로 가깝기 때문에 종교개혁의 뜨거운 열정이 담겨있는 데 비하여 웨스트민스터 신앙고백은 상대적으로 시대적 차이 때문에 좀 더 지성적인 특성을 띠면서 보다 그때까지의 신앙고백서들을 포함하여 보다 발전되고 개혁된 성경해석을 이루었다고 할 수 있을 것이다. 이러한 신앙고백주의에 대하여 교회사가들에 의하여 정통주의로 표현되기도 한다. '정통'(orthodox)의 의미가 '옳은 기록'이라면 정통주의로 표현할 수 있을 것이다. 그러나 에드워드 카넬은 그의 「정통주의 신학」에서 오히려 정통주의를 비판했다.[163] 최근에 리처드 멀러가 근대의 신앙고백주의를 '개혁파 정통주의' 혹은 '개신교 스콜라주의'라고 한 것도 근대의 신앙고백서들을 너무 객관적으

로 혹은 너무 가볍게 취급하였다는 인상을 준다.[164)]

알미니우스(1560~1609

2. 합리주의

이 시대는 또한 알미니우스, 토마스 홉스, 스피노자 등의 학자들이 계시 대신 이성을 진리 판단의 기준으로 삼아서 이신론(deism), 인본주의, 합리주의(rationa1ism)가 특징을 이룬 시기이기도 하다.

1) 알미니우스 야코부스

알미니우스(Arminus Jacobus, 1560~1609)는 1560년에 화란의 조그만 도시 우데워터(Oudewater)에서 태어났다. 그는 1575년 라이텐 대학에 입학하였다. 그리고 1581년에서 1586년까지 그는 제네바와 바젤에서 공부하였다. 1586년 알미니우스는 베자의 추천서를 들고 화란 개혁 교회로 돌아왔다. 1587년에서 1603년까지 암스텔담에서 목회를 하였다.

그는 1591년에 로마서 7:14을 설교하면서 바울의 거듭나지 않은 상태를 기억하는 것으로 가르쳤다. 그러나 칼빈주의자들은 회심 이후로 해석했다. 로마서 7:22을 볼 때 거듭나지 않은 자가 하나님의 법을 즐거워할 수 없기 때문이다. 1593년에는 로마서 9장을 설교하면서 예정론에 대하여 문제를 일으키기 시작했다. 1603년 라이텐 대학에 두 개의 신학 교수

---

163) 풀러신학교의 2대 교장을 역임한 에드워드 카넬은 정통주의를 비판하였다. 에드워드 카넬, 「정통주의신학」, 김관석 역 (서울: 기독교서회, 1967)을 보시오.

164) 리처드 멀러, 「신학서론」, 조호영 역 (서울: 부흥과개혁사, 2018)을 보시오.

직이 공석이 되었다. 이때 라이텐 대학의 프란시우스 고무라우스 교수가 알미니우스를 면접하였다. 고무라우스는 엄격한 칼빈주의였지만 이상하게 알미니우스를 채용하기로 결정을 내린 것이다. 그러나 수년 내로 고모라우스도 알미니우스의 예정론에 대한 태도가 정통에서 벗어났다는 것을 확신하였다. 1608년에 그에 대한 심사가 열렸는데, 알미니우스는 "타락 전 예정 교리"로부터 교회를 보호하기 위한 것이라는 주장을 하였다. 고무라우스는 알미니우스의 교리가 이신칭의에 대한 문제라고 대답하였다. 하지만 이 문제에 대해서 해결되기 전 알미니우스는 1609년 병에 걸려서 죽었다.

알미니우스의 주장은 "모든 중생하지 않은 사람들은 자유의지를 가지고 있어서, 성령의 역사를 저항할 수 있으며, 제공된 하나님의 은혜에 대해서 거절할 수 있으며, 하나님의 뜻을 무시할 수 있으며, 복음의 은혜를 받아들이지 않고 거절할 수 있으며, 마음 문을 두드리는 하나님에게 문을 열지 않을 수 있다. 선택된 자나 유기된 자의 구별 없이 이러한 일들을 실제적으로 행하고 있다"는 것이다. 알미니우스는 세미 펠라기우스의 주장과 같이 하나님께서 주시는 은혜의 선물을 인간의 의지로 저항할 수 있다고 생각하였다.

1609년 알미니우스가 죽고 나서 1610년 46명의 목회자가 자신들의 알미니안주의 견해에 대해서 정부가 보호해줄 것을 요청하는 항의 문서에 서명함으로써 본격적으로 알미니안주의가 시작되었다. 항의 문서를 작성하는 것에 있어서 알미니우스의 제자인 시몬 에피스코피우스의 역할이 중심적이었다. 항의문서는 5개의 요지를 가지고 있었다.

(1) 인간은 완전 타락하지 않아서 스스로 하나님을 찾아갈 수 있다. (2) 하나님은 예수 믿을 자를 미리 아시고 거기에 근거하여 선택해 주셨

다(예지예정). (3) 예수님의 죽음은 온 세상 사람들을 위한 것이었으니 주님은 구원의 길을 열어 놓았으므로 믿고 싶은 분은 스스로 힘으로 믿을 것이며 믿고 싶지 않으면 그만이다. (4) 하나님이 특별한 효과적인 부르심으로 은혜를 주셔도 인간은 구원을 거절할 수 있다. (5) 성도가 한번 구원을 얻었다가도 나중에 구원을 상실할 수 있다.

1611년 칼빈주의자들이 이것에 대한 반대의 대답을 하였다. 그럼에도 불구하고 논쟁은 계속되었고, 이로 인하여 시민전쟁의 기운도 있었다. 결국 1618년 알미니안주의자들을 판단하기 위해서 국제회의가 도르트에서 개최되었다. 1618년 12월 17일에 알미니안주의자들은 그리스도의 속죄의 범위에 대해서 자신들의 견해를 제출하였다. 이에 대해 화란 정부는 1618년 12월부터 도르트회의(Dordt Council)를 열었는데 화란만이 아니라 세계 여러 나라에서 80여 명의 신학자들과 목사들이 모여서 153회에 걸친 회의 끝에 내린 결론은 알미니우스 교수의 제자들이 항의한 내용과 정반대가 되고 화란 정부가 이전부터 믿고 가르치던 대로 결정되었다. 즉 이단으로 정죄되었다.

도르트회의의 결론은 알미니안주의의 다섯 오류에 대해서 개혁신학의 입장을 선언한 것이다. (1) 인간은 완전 타락하여 스스로는 하나님을 찾아갈 능력이 없으므로 오로지 하나님이 은혜로 믿음을 선물로 주셔서 먼저 이끌어 주셔야 믿게 된다는 인간의 전적 타락교리(Total Depravity), (2) 하나님은 예수를 믿을 자를 미리 아시고 성도를 택해 준 예지예정이 아니고, 무조건 하나님의 기쁘신 뜻대로 하나님이 그가 구원할 자를 오로지 그의 기쁘신 뜻대로 일방적으로 택해 주셨다는 예정예지의 무조건적 선택 교리(Unconditional Election), (3) 예수님의 십자가의 죽으심으로 이룩한 대속은 모든 인류를 위한 것이 아니고 하나님의 택함 받은 백성들만

토마스 홉스(1588~1679)

위한다는 제한된 속죄교리(Limited Atonement), (4) 하나님이 효과적 부르심(effectual call)으로 은혜를 주시면 인간은 반드시 구원을 받게 되는 것이며 그 하나님의 효과적 부르심을 거역할 수 없다는 불가항력적 은혜교리(Irresistible Grace), (5) 한번 중생하여 예수를 믿으면 구원을 영원히 상실하지 않고 끝까지 하나님이 인도해 주신다는 성도의 궁극적 견인교리(Perseverance of the Saints) 등이다. 위의 다섯 교리의 영어 머리글자를 나란히 나열해 놓으면 튜립(TULIP)이 된다.[165] 이것은 화란의 국화(national flower)이기도 하다.

2) 토마스 홉스

토마스 홉스(Thomas Hobbes, 1588~1679)는 1588년 4월 5일, 영국 서남부 윌트셔(Wiltshire) 주 맘스베리(Malmesbury) 외곽에 위치한 작은 마을 웨스트포트(Westport)에서 태어났다. 무명의 목사 아들로 태어나 옥스퍼드대학에서 스콜라철학을 전공하였다. 스튜어트왕조를 지지하는 정치가로 지목되자, 청교도혁명 직전에 프랑스로 망명하여 유물론자 가생디와 철학자인 데카르트 등을 알게 되었다. 그 후 크롬웰의 정권하에서 런던으로 돌아와 정쟁에 개입하지 않고, 오직 학문연구에 힘썼다. 왕정복고 후에도 찰스 2세 통치하에서 여생을 보냈다. 그는 베이컨과는 달리 귀납법만

165) (1) 인간의 전적 타락교리(Total Depravity), (2) 무조건적 선택 교리(Unconditional Election), (3) 제한된 속죄교리(Limited Atonement), (4) 불가항력적 은혜교리(Irresistible Grace), (5) 성도의 궁극적 견인교리(Perseverance of the Saints)의 순서(TULIP)는 알미니우스의 반박 순서에 따른 것이다.

이 아닌 연역법도 중시하여, 양자의 상즉적 관계에 의하여 이성의 올바른 추리인 철학이 성립된다고 생각하였다.

그는 모든 사람이 자기 이익만을 끝까지 추구하는 자연 상태에서는 만인의 만인에 대한 투쟁이 있고, 사람은 사람에 대하여 이리이기 때문에 자기 보존의 보증마저 없다. 그러므로 각자의 이익을 위해서 사람은 계약으로써 국가를 만들어 자연권을 제한하고, 국가를 대표하는 의지에 그것을 양도하여 복종한다. 홉스는 「리바이어던」(*Leviathan*, 1651)에서 전제군주제를 이상적인 국가형태라고 생각하였다.

또한 그는 「리바이어던」에서 성경은 하나님의 계시 자체가 아니라, 그 계시의 기록이라고 했다. 칼 바르트의 사상과 비슷하다. 성경은 교회가 그리스도인의 생활의 규칙들로 간주하고 선택한 책들이라고도 했다. 그는 이렇게 이성의 권위를 계시의 권위 위에 두었다. 그의 성경왜곡의 최악의 형태는 하나님의 나라가 현재의 교회라고 하는 입장이다.

3) 베네딕투스 스피노자

"내일 지구의 종말이 온다 할지라도 나는 오늘 한 그루의 사과나무를 심겠다"는 말로 유명한 스피노자(네덜란드어: Baruch Spinoza, 라틴어: Benedictus de Spinoza, 히브리어: ברוך שפינוזה, 포르투갈어: Bento de Espinoza, 1632~1677)는 1632년 11월 25일 포르투갈계 유대인 상인의 아들로 화란의 암스테르담에서 태어났다. 처음에 유대교의 학교에서 히브리어를 공부하고, 카바라의 신비사상에도 접하였으나, 졸업 후에는 고전어를 공부하고 인문주의적인 교양을 쌓아 점차 이단적인 서구사상으로 기울어졌다. 수학과 자연과학도 공부하고, 데카르트 철학에서 결정적 영향을 받았다. 이 학설에 의거하여 조상의 학문을 대담하게 비판하였기 때문에 유대인들

스피노자(1632~1677

로부터 1656년 파문선고를 받았다. 유대교 광신자 중에는 그를 암살하려는 자까지 출현하였기 때문에, 그는 각지를 전전하면서 극도로 고립된 생활을 계속하였다. 그 때문에 오히려 한가한 시간이 생겨 연구생활에 몰두할 수 있게 되어 「신 · 인간 및 인간의 행복에 관한 짤막한 논문」 「지성 개선론」(*Tractatus de intellectus emendatione*)을 집필하였고, 「데카르트 철학 원리」(*Renati de Cartes principiorum philosophiae*, 1663)를 출판하였다. 1673년 하이델베르크대학에서 철학 정교수로 초청하였으나, 사상의 자유와 「에티카」(윤리학)의 완성을 생각하여 이를 거절하였다. 이 해에 「신학정치론」(*Tractatus Theologico-Politicus*)을 익명으로 출판하였으나, 이것이 신을 모독하는 책이라고 비난당했다. 이 때문에 그는 15년의 세월을 들여 완성한 주저 「에티카」(*Ethica in Ordine Geometrico Demonstrata*, 1675년)를 생전에 출판하는 것이 불가능해졌을 뿐만 아니라, 스피노자 철학 그 자체가 사후 100년 동안 매장되었다. 그는 평생 결혼하지 않았고, 명성과는 인연이 없는 생활을 하였으며, 여가에 렌즈를 갈아서 생활비를 조달하였다. 그는 「국가론」(*Tractatus politicus*, 1677)을 마지막 저작으로 남기고 폐결핵으로 죽었다.

스피노자는 "모든 것이 신이다"라고 하는 범신론의 사상을 역설하였다. 왜냐하면 그에게 신이란 그리스도교적인 인격의 신이 아니고, 신은 자연이라고 생각하였기 때문이다. 자연의 만물은 신의 형태를 빌린 것이고, 신은 자연을 초월한 곳에 있는 것이 아니다. 이 세상에 있는 개체는 신의 내적 필연에 의해 존재하는 것이다.

스피노자는 인간의 자율적인 이성의 작용이 자존성이고, 도덕의 실제

목적은 이성의 작용으로 생기는 것이라고 주장했다. 스피노자 자신은 무신론자나 유물론자로 불리는 것을 매우 싫어하였지만, 그의 철학 특히 자연이라는 범신론적 사고방식 속에는 이러한 해석을 낳을 소지가 전혀 없다고 할 수 없다.

그는 「신학정치론」에서 신학과 철학의 관계를 논하면서 기독교인들은 성경의 심오한 신비에 놀란다고 하면서도 사실은 플라톤과 아리스토텔레스의 철학을 가르치고 있다고 지적하였다. 성경을 철학에 맞춘 것이다. 그래서 그들이 생동적인 신앙을 가지지 못했다는 것이다. 이러한 속박에서 벗어나기 위해서는 성경을 계시의 기록으로 보지 않고, 비합리적인 부분은 모두 히브리적 관용구로 보고 인간 이성으로 처리해야 한다고 주장했다. 이성을 신학의 주장으로부터 완전히 해방시켜야 한다는 것이다. 신학을 철학으로부터 분리시키면 지성인이 신학을 거부하는 결과가 초래된다는 것이다.

이상에서 본 바와 같이 알미니우스와 홉스와 스피노자로 대표되는 이 시대의 합리주의는 성경의 메시지를 철저하게 부정하는 결과를 초래했다. 이 합리주의적 현상은 종교개혁 이후 오히려 중세교회보다 더 파괴적인 특성을 지니고 있다. 이러한 추세는 '성경해석의 타락' 이라 할 수 있을 것이다.

3. 경건주의

경건주의(Pietism)는 17세기 형성된 유럽 개신교회의 신앙운동이다. 16세기 종교개혁 이후 유럽 사회는 정치, 경제, 문화에서도 로마 가톨릭과 개신교로 대립되었다. 이 상황에서 대부분이 기독교인이었던 유럽사회에서 교인이 교리적으로 어디에 속하는지에 대한 질문은 매우 첨예화하였다. 로마 가톨릭교회와 개신교회의 대립은 점차 개신교회에도 교리적 강조에 중점을 두게 되었고, 제도중심화 과정을 겪게 하였다. 이런 개신교회의 제도 중심화, 교리 중심화에 대한 반성이 나타났고, 이 반성은 독일 개신교회인 루터교회의 내부에서 발생하여 점차 전 유럽의 개신교회의 경건주의로 퍼져갔다. '경건주의의 아버지'로 불리는 필립 야콥 슈페너와 아우구스트 헤르만 프랑케(August Hermann Francke, 1663~1727) 같은 인물들이 견인차 역할을 했다. 독일 프랑크푸르트(Frankfurt)를 중심으로 시작된 경건주의 운동 초기에 사람들은 경건주의자(Pietisten)라는 말로 이들을 경멸했다.

1) 필립 슈페너

슈페너(1635~1705)

슈페너(Philipp Jakob Spener, 1635~1705)는 1635년 1월 13일 지금은 프랑스 영토이지만 당시에는 독일에 속한 엘사스 지방의 라폴츠바일러(Rappoltsweiler)에서 법률가의 아들로 태어났다. 그는 독일 루터교 지역에서도 수많은 독자를 가진 영국의 청교도적인 경건 서적인 베일리(Lewis Bayly, 1565~1631)의 「경건의 실천」(*Praxis Pietatis*)과 손톰(Emanuel Sonthom)의 「금보석」(*Güldenes Kleinod*) 그리고 루터교에 신비주의적인 사상을 수용한 요한 아른트(Johann Arndt, 1555~1621)의 「참 기독교에 대한 네 권의 책」(*Vier Bücher vom wahren Christentum*, 1605~1610)의 영향을 받으며 자랐다. 1651년부터 슈트라스부르크(Straßburg) 대학에서 역사학, 철학 그리고 언어를 공부하였고, 1653년 3월 17일 토마스 홉스

(Thomas Hobbes, 1588~1679)에 대한 비판으로 철학석사 학위를 받았다. 1654년 6월 14일 슈트라스부르크 대학 신학부에 입학하였다. 슈페너는 신학부에서 그의 선생들로부터 여러 방면에 걸쳐서 영향을 받았다. 제바스티안 슈미트(Sebastian Schmidt, 1617~1696)로부터 그는 성경주석 방법론을 배웠다. 그는 이 방법을 자신의 설교에 적용하였다. 교의학에서는 루터교 정통주의의 대표적인 신학자인 요한 게하르트(Johann Gerhard, 1582~1637)의 제자인 단하우어(J. C. Dannhauer, 1603~1666)의 영향을 받았다. 이 점은 그가 루터교 정통주의의 입장에 분명히 서 있음을 시사하는 것이다. 단하우어의 교회개혁에 대한 개념을 슈페너 또한 공감하고 있었다.

1659년 6월 23일 슈페너는 5년간에 걸친 신학공부를 마친 후 학문과 견문을 넓히기 위한 여행을 떠났다. 스위스의 제네바에서 슈페너는 불어 공부에 열중하였고, 예수회에서 개혁교회로 개종한 라바디(Jean de Labadie, 1610~1674)의 설교를 열심히 들었으며 그의 저서도 접했다. 또한 독일 로스톡(Rostock)의 신학자인 그로스게바우어(Th. Großgebauer, 1627~1661)의 개혁서 '황폐된 시온의 파수꾼의 소리' (Wächterstimme aus dem verwüsteten Zion)를 통해 슈페너는 독일 국민교회(Volkskirche)의 부패를 접하게 되었다. 여행을 끝낸 후 슈페너는 다시 슈트라스부르크로 돌아와서 이곳 교회의 부목사(Freipredigeramt)로서 활동하면서 박사논문을 쓰게 되었다. 박사시험에서 세례를 통하여 거듭나게 된다는 루터교 정통주의의 입장과 세례 이후에 반복되는 거듭남이 필요함을 지지하였다. 이것은 개혁교회의 예정론을 반박한 것이다. 예정론에서는 참으로 거듭난 사람은 '견인의 선물' (donum perseverantiae)이 구원으로 예정된 사람들에게 주어지기 때문에 거듭남의 상태를 상실하지 않는다는 것이다. 슈페너는 루터교 정통주의의 입장에 서서 거듭남은 상실할 수 있기 때문에 또 새로운 중생이 필요하다고 역설하였다.

슈페너의 박사학위 논문은 요한 계시록의 다양한 해석과 관련하여 요한계시록 9:13-21에 대해 해석한 것이다. 박사학위를 받은 후 31세 된 슈페너는 1666년 예기치 않았던 마인 강변의 프랑크푸르트에서 목사단의 대표로 부름을 받고, 1666년부터 슈페너는 프랑크푸르트의 루터교 목사단의 대표(Senior)로 일했다. 슈페너는 목회자로서 교인들의 신앙생활의 향상을 바라는 마음에서 마태복음 5:20을 중심으로 '바리새인의 거짓 의'에 관한 설교(1669년 7월 18일)를 하였는데 이후 진실한 기독교인의 모임이 프랑크푸르트 교회 안에서 소규모로 이루어졌다. 1670년 프랑크푸르트 교회 안에서 경건한 사람들의 모임인 콜레기움 피에타티스(Collegium pietatis)가 발족하였다. 경건주의는 이것으로 교회개혁의 첫발을 내딛게 되었다. 프랑크푸르트의 콜레기움 피에타티스의 주동자는 법률가인 슈츠(J. J. Schüz, 1640~1690)이다. 이들은 후에 프랑크푸르트 루터교회에서 분리하여 나갔다.

슈페너가 프랑크푸르트에 있을 때 독일 경건주의의 선구자인 아른트(Johann Arndt, 1555~1621)의 「복음서 설교집」(*Evangelien-Postille*)의 서문을 써달라는 부탁을 받고 나온 글이 「경건한 열망」(*Pia Desideria*, 1675년)이다. 이 글은 호응이 좋아서 1675년 가을에 별책으로 발행되었다. 슈페너의 목회자로서의 시작은 그가 원하는 바가 아니었다. 그는 오히려 슈트라스부르크 대학교의 신학부 교수로서 일하기를 원했다. 그러나 그에게 주어진 목회 길을 걸음으로써 그는 그의 동료들보다 더 훌륭한 발자취를 개신교의 역사에 남겼다. 종교개혁의 도화선이 된 루터의 95개 논제가 그의 목회적인 경험에서 탄생했다고 한다면, 슈페너의 대표작인 「경건한 열망」도 그의 목회자로서 경험에서 탄생하였다.

2) 아우구스트 프랑케

아우구스트 헤르만 프랑케

아우구스트 헤르만 프랑케(August Hermann Francke. 1663~1727)는 1663년 3월 22일 뤼벡(Lübeck)에서 법률가의 아들로 출생했다. 그는 1687년 뤼네부르크(L?neburg)에서 회심을 경험한 이후 무신론적인 의혹으로부터 해방되었다. 회심 후 프랑케는 자선학교에서 어린이들에게 요리문답을 가르쳤고, 슈페너와 긴밀한 교제를 나누었다. 그는 1692년 프로이센 지역에 있는 할레대학교의 교수로 일하는 동시에 할레 근처에 있는 작은 마을에서 목사로 일했다. 그의 강의는 아주 인기가 있어서 각지에서 많은 학생이 몰려들었다. 프랑케는 그곳에서 가난한 집의 자녀들이 학교 교육을 받지 못하고 방치되는 것을 보고 마음 아파했다. 그래서 가난한 가정의 아이들이 학교에 갈 수 있도록 돈을 지원했으나, 그의 시도는 그다지 성공적이지 못했다. 그래서 그는 1695년에 아주 작은 자본으로 학교를 설립하고, 할레대학교의 제자들을 교사로 임용했다. 1699년에는 72명의 교사가 근무할 정도로 학교가 성장했으며, 약 1,000여 명의 고아들이 이 학교에서 교육을 받으며 생활했다.

프랑케는 학교 이외에 고아들을 위한 기숙사, 출판사, 인쇄소, 빵 제조업체, 서점, 약국 등을 운영하는 등 큰 사업체를 꾸려나갔다. 그의 학교는 모든 사회 계층의 자녀들에게 교육의 기회를 제공하였는데, 부유한 집안의 자녀들에게는 등록금을 받고 고아들은 무상으로 교육하였다. 1716년에는 150명의 교사가 2,000여 명의 학생들을 교육하는 명실상부한 프로이센 제일의 교육 기관으로 성장하였다. 프랑케는 교육자로서 교육 과정을 설계하고, 영재 테스트를 최초로 도입했다. 또한 독일어의 맞춤법을 통일시켜 학생들이 실용적인 교육을 받을 수 있도록 하기 위해 엄청난 양의 교육 자료를 수집하기도 했다.

당시 독일은 여러 제후국으로 구성되어 있었으며, 1871년 독일의 여러 제후국을 통일한 프로이센도 1700년대까지는 제후국 중의 하나에 불과했다. 그러나 1713년에 즉위한 프리드리히 빌헬름 1세 때부터 상황이 달라지기 시작했다. 프리드리히 빌헬름 1세는 1711년에 처음 프랑케를 만나 큰 감명을 받았으며 왕으로 즉위한 직후인 1713년 다시 프랑케를 방문했다. 그는 프랑케 학교가 표방하는 경건주의, 사회 복지 철학을 프로이센 통치의 기본 이념으로 삼았다. 그는 프로이센의 미래 관리들을 이 학교에서 교육받게 하였고, 그들은 여기에서 근면, 성실성, 책임감, 정확성, 경건 등을 중요한 가치관으로 배웠다. 프리드리히 1세와 그의 아들 프리드리히 2세는 프랑케 학교에 모든 세금을 면제해 주었다. 따라서 이 학교는 프로이센 국가의 공식적인 교육 기관으로서의 성격을 띠게 되었다. 프랑케의 영향을 받은 프리드리히 1세는 프로이센의 귀족층에게도 근면, 절약, 책임감을 가지도록 강조했으며 자신도 근면과 절약에 솔선수범하였다. 예컨대 그의 왕실 지출비는 전체 국가 예산의 1%만 차지할 정도였다고 한다. 프로이센의 귀족층은 프랑케의 영향으로 국력을 축적해 1871년 독일의 통일을 이룬다. 브란덴베르크 선제후 프리드리히 3세는 1694년에 할레에 유럽 최초의 근대적 대학으로 할레대학을 세웠다. 이 대학은 근대적 철학과 과학을 중시하였다.

프랑스에서는 즐길 줄 모르고 부지런히 일하는 프로이센 사람들을 빗대어 "프로이센 사람이 되는 것은 영광이지만, 그들은 즐기지는 못한다"라는 속담이 생길 정도였다. 그러나 독일 사람들의 정직성과 근면성, 체계적인 시스템에 대해서 감탄하는 자들이 많다. 이러한 독일인의 성향은 프로이센에서 그 뿌리를 찾을 수 있다. 프랑케는 현재까지도 독일 사회에 영향을 끼친 셈이다.

벵겔(1687~1752)

3) 요한 벵겔

슈바벤의 경건주의자 벵겔(Johann Albrecht Bengel, 1687~1752)은 1687년 6월 24일 독일 뷔르템베르크 슈투트가르트 근처 빈엔덴에서 출생했다. 그는 튀빙겐에서 공부한 뒤 1713년에 뎅켄도르프의 신학교 교수로 임명되었고 그곳에서 초기 저서들을 출판했다. 학생시절부터 성경 본문의 여러 가지 변형문에 관심을 기울였고 일관성 있는 방법론을 찾기 위해 애썼다.

그는 1741년에는 헤르브레히팅겐의 대주교, 1749년에는 알피르스파흐의 대주교가 되었다. 그는 "모름지기 학자는 성경에 들어 있지 않은 것을 성경에 집어넣어 읽지 말아야 하고, 모든 것을 성경으로부터 이끌어내되 성경에 실제로 담겨 있는 것을 하나라도 놓쳐서는 안 된다"고 주장했다. 그는 사본 비평가로서 편협성 없는 정통을 주장했고, 학문과 자유를 중시했으며 헬라언어학을 연구했다. 그는 신학적인 독창성과 심오한 겸손을 소유한 학자로서 삶을 살았다. 그는 1752년 11월 2일 슈투트가르트에서 세상을 떠났다.

이와 같이 경건주의는 루터교회의 지반에서 발생했고 이론과 교리보다는 실천에 강조점을 두었다. 경건주의 운동은 교회의 분리도 가져왔고, 칼빈주의의 예정교리와는 반대적인 입장을 취했다. 또한 주일성수와 교리문답교육과 해외선교활동과 사회봉사운동에 기여했다. 이 가운데 벵겔은 성경의 메시지를 문자 그대로 그대로 전달하려는 노력을 기울였다.

4. 복음과 이성

근대에 이르러 종교개혁의 의의를 명문화하려고 신앙고백서들이 작성된 것은 뜻깊은 일이라 할 수 있다. 신앙고백의 표준이 없다면 각자의 신앙고백은 중구난방이 될 수 있었기 때문이다. 신앙고백을 작성하여 성경해석의 표준을 제시했다. 그러나 동시에 객관적 신앙고백주의는 신앙의 합리주의화를 들여오게 되었고, 죽은 정통주의에 개신교 스콜라 신학이라는 조롱을 받게 했고, 경건주의가 교회에 발을 디디도록 길을 터주었다. 복음은 하나님께서 선물로서 신본주의적인 특징이 있는데, 합리주의와 경건주의는 인간의 이성과 감각적 경험을 강조하는 인본주의적인 특징이 있었다. 그래서 이 시대는 성경해석에 있어서 하나님 중심적인 복음의 변증과 인간 중심적인 이성의 복음비평이 시작되는 특징을 이루었다. 이 모두가 하나님의 뜻을 인간에게 전달하려는 가운데 파생된 결과라 할 수 있다. 그래서 신앙고백서의 복음의 제시가 이성적 비평의 도전 앞에 직면하게 된 가운데 경건주의가 합당한 대답으로 간주되기에는 여러 약점을 지니고 있다. 그리하여 근대는 성경해석의 표준을 제시하기도 했는데, 합리주의라는 성경해석의 과격한 타락을 가져오기도 했다.

8 Chapter 현대의 성경해석

현대는 19세기부터 현재까지를 의미한다. 현대의 성경해석은 근대의 성경해석의 연장 선상에 놓여 있다. 근대신학의 아버지라는 슐라이어막허(F. Schleirmacher, 1768~1834)로부터 시작되는 19세기 이후의 성경해석은 상황화와 학문과 학문의 연계화 그리고 역사비평이 그 특징이라고 할 수 있다.[166] 우리는 특히 19~20세기의 역사비평적 성경해석이 성경의 권위를 무시하고 기독교를 해체하는 이론을 세웠음을 살펴볼 것이다.

1. 벤자민 브레큰리지 워필드의 성경무오론[167]

여기서 벤자민 브레큰리지 워필드(Benjamin Breckinridge Warfield, 1851~1921)를 다루는 이유는 과연 성경 무오 교리가 워필드의 새로운 창작이었는가를 조사하는 데 있다. 로저스(J. B. Rogers)와 맥킴(D. K. McKim)은 성경

166) 권성수, 「성경해석학1」, 147.

167) 이 부분은 정규철, 「성경무오: 역사적 증명」(서울: 도서출판 그리심, 2003), 265-82에 수록된 글인데 중간 소제목을 넣어 여기에 수록했다.

의 무오 사상이 역사적 프로테스탄티즘의 입장이 아닐 뿐만 아니라 과거에 교회는 성경이 과학적이고 역사적인 세부 기록에 있어서는 오류가 있음을 인정하면서도 신앙과 행위를 위한 성경의 완전한 신뢰성은 고백했다고 주장하였다. 그들은 구프린스톤의 워필드가 성경 무오에 대한 독특한 정의를 창안했다는 샌디인(E. Sandeen)의 주장을 따라서 성경 무오 교리는 성경에서 유래된 것이 아니라 철학에서 유래된 후대의 개념이라고 주장했다.[168] 샌디인은 19세기의 근본주의가 성경 무오에 대해 비평적인 시각을 가진 자들로부터 도전을 받게 되자 이를 방어하기 위하여 워필드가 성경의 무오를 창작하는 근본적인 오류를 범했다고 주장했다.[169]

그들의 이러한 주장은 정당한 것이 아니었음을 다음의 연구를 통해서 증명하고자 한다. 워필드가 성경 무오 교리를 주장한 것은 성경 비평가들의 비평적 주장에 대한 반동으로 그 자신이 독특하게 창작한 것이 아니라 이미 모세 때부터 중간기를 거쳐 고대 교부들과 칼빈이 주장해온 것을 그가 다시 강조하고 그의 용어로 다시 정리한 것임을 밝히고자 한다.

1) 하나님의 말씀

먼저 워필드는 '성경'과 '하나님의 말씀'을 동일시했다.[170] 워필드가 볼 때, 신약의 저자들은 성경을 기록된 하나님의 말씀들이 모여서 된 하나님의 말씀으로 간주했다.[171] 한쪽에서는 마치 성경이 하나님인 것으로

---

168) Jack B. Rogers and Donald K. McKim, *The Authority and Interpretation of the Bible*, 459.

169) E. R. Sandeen, *The Roots of Fundamentalism: British and American Millenarianism 1800-1930*, 119 ff.

170) B. B. Warfield, *The Inspiration and Authority of the Bible*(Philadelphia: The Presbyterian and Reformed Publishing Company, 1948), 299 ff.

171) Ibid., 351의 "The Oracles of God"을 참고하라. 워필드는 'oracle' 을 성경

말하는가 하면 다른 쪽에서는 하나님이 성경인 것으로 말하고 있다. 그래서 하나님과 성경이 둘 다 권위를 똑바로 나타내는 데 있어서는 아무런 구별이 없다는 것을 보여줄 만큼 결합되어 있음을 알 수 있다.

예를 들어, 출애굽기 9장 16절을 인용한 로마서 9장 17절에 보면, "성경이 바로에게 이르시되 내가 이 일을 위하여 너를 세웠으니 곧 너로 말미암아 내 능력을 보이고 내 이름이 온 땅에 전파되게 하려 함이라 하셨으니"라고 했는데, 바로에게 알리신 것은 아직 존재하지도 않았던 성경이 아니라 그의 선지자 모세의 입을 의탁하신 하나님 자신이었다. 이런 행위들을 성경에다 돌릴 수 있었던 것은 저자의 생각에 성경 본문과 말씀하는 이인 하나님을 동일시하게 보는 습관의 결과 때문이었다. 그래서 실제로 뜻하는 바가 "하나님이 일렀으되"이면 "성경이 이르시기를"이라는 말로 사용하는 것이 자연스럽게 되었다.[172)]

또한 워필드가 마태복음 19장 4, 5절에서 창세기 2장 24절을 인용한, "예수께서 대답하여 이르시되 사람을 지으신 이가 본래 그들을 남자와 여자로 지으시고 말씀하시기를 그러므로 사람이 그 부모를 떠나서 아내에게 합하여 그 둘이 한 몸이 될지니라 하신 것을 읽지 못하였느냐"는 구절을 예로 들면서, 구약에서 이 말씀은 하나님이 아니라 하나님과 대화를 나누었던 자가 했던 말씀이지만, 이 말씀을 하나님의 것으로 돌릴 수 있었던 것은, 하나님의 발언과 성경 본문을 둘 다 저자들의 마음으로 동일시 여긴 습관 때문이었다고 말했다.[173)]

에 기록된 '하나님의 말씀'으로 정의했다. Cf. ibid., 375: " 'the oracle' is a 'word of God' recorded in the Scripture."

172) Ibid., 299, 300.

173) Ibid., 300.

그래서 성경 기록자들은 실제로 의미하는 바가 "성경 즉 하나님의 말씀이 이르시되"이지만, "하나님이 이르시되"란 말로 바꾸어 썼다. 그렇기 때문에 이 두 종류의 구절은 다 같이 성경 기록자들의 마음에서, 말씀하시는 하나님과, '성경'을 절대적으로 동일시했음을 보여준다고 워필드는 주장했다.174) 이처럼 워필드는 하나님의 말씀과 성경을 동일시했다.

그렇기 때문에 구약성경을 구성하고 있는 신적 발언들은 하나님의 단일 메시지의 통일체로 결집되어 있는 것으로 믿어져 왔다. 신약에서 '성경'(graphe)과 '그 성경들'(hai graphai)이란 말의 사용은 바로 이 점을 증명한다. 워필드는 이 말의 용법을 예의 검토한 결과 이렇게 결론을 내리고 있다.

> 신약에서 지금까지 쓰인 그라페(성경)란 말은 세속적인 용법에 따르고 있다. 세속적인 용법은 전체 문서를 통하여 유력하게 적용되어 일반적인 완전한 포괄적 의미를 전해준다. 보다 보편적인 언급에서는 하나의 통일체로서의 완전성을 나타내고자 하는 의미에서 그 말이 적용된 구약을 지시하고 있다. 단지 부언해야 할 것은 꼭 같은 포괄적 의미가 지금도 그 성경들(hai graphai)이란 말로 구약을 지칭할 때 남아 있다는 것이다. 이 명칭은 … 구약이 하나의 여러 논문집이라는 의미가 아니라 훌륭한 헬라어 어법에 일치하는 성경(he graphe)이란 명칭의 변형에 불과한 것으로 문학적 습성과 같은 알기 어려운 무엇에 따라 교환적으로 사용되었던 것이다. 그러므로 '하이 그라파이'라고 쓰이든 '헤 그라페'라고 쓰이든 혹은 관사 없이 '그라페'라고 쓰이든 간에 어느 경우를 막론하고 한결같이 구약은 다른 모든 문서들과는 반대적으로 독특한 신성과 모독할 수 없는 권위에 의해 전달된 하나뿐인 문서로 인정되고 있다. 이 신성과 권위에 의해 구약은 어떤 구절에서나 선언에서도 신앙과 생활의 궁극적인 심판자로 지적받고 있다.175)

---

174) Ibid.

그러므로 성경이 성경에 대해서 말하고 있는 것은 복잡하기는 하지만 하나님이 주신 말씀으로 기록된 하나님의 단일한 메시지, 즉 하나님이 말씀하여 왔고 아직도 말씀하고 계시는 메시지에 관한 것이다. 그러므로 성경은 그 전체가 기록된 하나님의 말씀임이 틀림없다. 즉 성경은 하나님의 말씀이다. 성경의 본문은 한 마디 한 마디가 하나님께서 주신 것이다. 그 메시지는 유기적 통일체이다. 그 메시지는 오류불가하신 하나님의 불가오류한 말씀이다.

워필드의 공헌은 이러한 성경의 영감 교리 위에 설립된 구 프린스턴 학파 전체의 기여를 능가한 것이었다.[176] 1954년에 워필드의 「성경의 영

175) Ibid., 238, 239.

176) 벤자민 워필드가 1887년 피츠버그의 웨스턴 신학교(Western Seminary)에서 프린스톤 신학교로 초빙되어 왔을 당시 이 신학교는 70년 이상의 역사를 지니고 있었다. 그는 아치발드 알렉산더(Archibald Alexander)와 찰스 핫지와 그의 아들 핫지 등으로 이어진 일련의 교수들의 맥을 이어받았다. 그들은 6천여 명의 생도들에게 신학을 가르치며 막강한 영향력을 행사한 인물들이었다. 워필드는 교훈신학(Didactic Theology)과 논증신학(Polemical Theology)을 담당하였다. 프린스톤에서의 그의 업무는 선배들처럼 개혁신학을 철저하게 교육받아 복음을 효과적으로 선포하며, 정통 칼빈주의의 고등표준을 따르지 않는 온갖 가르침을 논박할 수 있는 목회자을 양성하는 일이었다. 워필드가 프린스톤에서 물려받은 유산은 자랑스런 전통이었다. 프린스들의 초대 교장 아치발드 알렉산더는 임종이 가까워 오자 찰스 핫지를 침상 곁에 불러 그에게 지팡이를 주었다. 알렉산더는 이 지팡이를 "정통의 상징으로서" 그대에게 건네 주노라고 설명하였다. 찰스 핫지는 구학파 장로교인들을 향한 헌신적 지도, 방대한 저술, 부지런한 신학교 교육 등을 통해 이 신학적 사명을 완수하였다. 찰스의 아들 핫지는 1878년 그의 부친이 사망한 이후 신학 교수직을 7년밖에 수행하지 못하였다. 핫지는 때 이른 죽음으로 인해 아버지의 수준에 도달하지는 못하였으나, 그의 신학 개요(*Outlines of Theology*)가 프린스톤의 일부 신학도들로부터 신학적 정밀성을 보여 주는 하나의 모델로 인정받아 왔다. 또한 그의 사후 1887년에 출판된 주제별 신학에 관한 대중강의(*Popular Lectures on Theological Themes*)에서도 핫지는 여느 프린스톤 신학자처럼 기독교와 문화 활동을 융합하는 데 칼빈주의적 토대가 필요함을 역설하였다. 그리고 19세기의 세속주의자들이 미국 공공사회에서의 종교 활동 캠페인을 개시하였을 때 핫지는, 칼빈주의야말로 그리스도인들이 가족, 법률, 교육, 경제학등과 같은 미국의 전통적인 가치 체계와 제도들을 방어할 수 있는 유일한 신학적 세계관임을 강력히 주장하였다. 물론 오늘날 다수의 학문 집단들에서 신학적 익살꾼들은, 워필드가 초빙됨으로써 이미 내부로 움츠러든 신학적 분위기가 지속화되

감과 권위」(*The Inspiration and Authority of the Bible*)를 출판하였다.[177] 그는 먼저 이 책에서 "영감에 대한 교회의 교리(church-doctrine of inspiration)가 잘 정의된 교회의 영감 교리를 기꺼이 찬탈하려는 이론들과는 다르다. 그것은 발명품이나 개인적인 것이 아니라 하나님의 보편적 교회의 정착된 신앙이다; 그것은 어제의 발생물이 아니라, 교회의 시작부터 오늘까지 하나님의 백성의 확실한 신앙이다"고 전제하면서,[178] "성경의 영감의 문제에 관한 진리를 추구하는 자는 이러한 교회의 교리를 그의 출발점으로 잘 취해야 할 것이다"고 주장했다.[179] 여기서 워필드가 말하는 영감에 관한 교회의 교리는 성경이 '신탁의 책' 이기 때문에 "성경이 말하는 것은 무엇이나 하나님께서 말씀하시는 것이라는 의미에서 본 하나님의 말씀 바로 그것을 말한다."[180]

그는 기독교를 믿는 사람들이 성경을 이런 식으로 받아들이도록 가르침을 받고 있기 때문에, "성경의 모든 말씀에 대한 전적인 신뢰의 태도는 교회의 시초부터 하나님의 백성의 특징이었다"고 말했다.[181] "기독교는

었다는, 조롱 섞인 속삭임을 흘릴 것이다. 그들의 비평은 그신학 노선이 어떤 다양한 견해를 흡입하지 못하고 오히려 또 하나의 옹호자만을 획득하였다는 뜻일 것이다. 그러나 프린스들인들은 자신들의 전통을 신성한 신탁물로 생각하였으며 개혁주의 유산을 자랑으로 여겼다. 그리고 워필드가 임용됨으로써 확실히 저술과 강의를 통해 미국 종교계에서 정통주의의 영향력을 유지시키려 했던 그들의 노력은 가일층 고양되었다. 앤드류 호페커, "벤자민 워필드," 데이빗F. 웰스 편,「프린스톤 신학」, 박용규역(서울: 도서출판 엠마오, 1996), 109-111.

177) 이 책은 크레익 박사(Dr. Samuel G. Craig)가 계시와 영감에 관한 워필드의 많은 글들을 모아 책으로 출판한 것이다. B. B. Warfield, *The Inspiration and Authority of the Bible*, v-vii.

178) B. B. Warfield, *The Inspiration and Authority of the Bible*, 106.

179) Ibid.

180) Ibid.

181) Ibid., 107.

항상 이 책의 말하는 것이 바로 하나님의 신탁 말씀들(oracles of God)이라는 신념 위에 기초를 두었다. 기독교의 문헌 전체가 이 사실을 증거하고 있다."[182] 이러한 교회의 교리 외에 기독교 "최초의 저자들은 다른 교리를 전혀 알지 못했다."[183] 그래서 오리게네스는 성경에 "오류나 거짓이 있을 수 없다"고 말했고, 폴리갑의 제자 이레니우스는 "성경이 완전하다"고 했으며, 그 후의 교부들도 다른 교리를 전혀 알지 못했다고 워필드가 주장했다. 그래서 워필드는 아우구스티누스의 말을 인용했는데, "나는 모든 책 가운데서 정경인 성경 하나에만 최대의 존경과 영광을 돌리고 있기 때문에 성경 저자 중 그 누구도 기록하는 데서 어떤 잘못도 범하지 아니했다는 확고한 신앙을 가지고 있다"고 했다.[184]

워필드는 루터가 아우구스티누스의 말을 채용하여 "성경의 전부는 성령의 것으로 돌려야 한다. 그러므로 기록상 어떠한 오류도 있을 수 없다"고 주장했으며,[185] 칼빈이 "성경이 제의하는 것은 그것이 무엇이든지 우리가 예외 없이 겸손하게 받아들여야 한다. 우리는 하나님께 돌리는 것과 똑같은 존경을 가지고 성경을 전체적으로 받아야 한다. 왜냐하면 성경은 오직 하나님으로부터 나왔으며 인간적인 것은 그 안에 아무것도 섞여 있지 않기 때문이다"는 말을 인용했다. 그리고 루터포드(Rutherford)는 성경이 하늘에서 오는 직접적인 신탁보다 더 확실한 말씀이라고 주장했고, 백스터(Baxter)는 "성경의 저자들이 기록한 것은 모두 진실함으로 성경에는 거짓이 전혀 없으며, 있다면 필사자와 번역자의 실수이다"고 주장했으며,

---

182) Ibid.
183) Ibid., 108.
184) Ibid.
185) Ibid.

찰스 핫지(Charles Hodge)는 "성경의 모든 책이 동등하게 영감되었고; … 그것들이 가르치는 것은 똑같이 오류가 없으며; … 그것들의 주장은 오류에서 자유롭다"고 주장했음을 워필드가 제시했다.[186] 워필드가 이러한 증언들을 인용한 것은 성경의 무오가 모든 시대를 통하여 그리스도인들의 지속적인 신앙임을 제시한 것이다.

워필드에 의하면, "영감에 관한 교리는 신약의 저자들과 예수님이 취하셨던 교리이다." 영감에 관한 교리는 교회의 교리이며, "교회의 교리는 그것이 교회의 교리이기 이전에 성경의 교리였다. 그리고 그것이 성경의 교리이기 때문에 교회의 교리이다."[187] 그는 영감이란 성경 기록자들의 기록이 신적 신빙성을 갖게 되도록 그들 위에 행사된 하나님의 영의 초자연적 영향력이며,[188] 성경 기록자들이 성령의 영감을 받았기 때문에 그들의 활동의 산물은 인간의 능력을 초월하여 신적 권위를 갖게 되었다는 영감의 결과를 말했다.[189]

2) 계시의 한 양식

워필드는 '영감'은 '계시'의 한 양식이라고 하고,[190] '영감'은 '계시'와 다르지 않다고 말했으면서도,[191] 성경은 단순한 계시의 기록만은 아니라고 주장했다. "신약의 저자들의 관점으로 보아 성경은 단순히 계시의 기록만이 아니라 계시 자체이거나 하나님의 구원 계시의 일부분으로 생각된

186) Ibid., 109.
187) Ibid., 114.
188) Ibid., 131.
189) Ibid.
190) Ibid., 160.
191) Ibid., 161.

다"고 주장했다.[192] 다시 말하면, 성경은 하나님이 세상을 구원하시는 구원활동의 기록만이 아니라, 그 자체가 구원활동(the redemptive acts)의 하나로서 생각될 수 있다는 것이다.[193] 그 이유는 성경 자체가 하나님의 나라를 완성하고 건설하는 위대한 사역에서 한몫의 역할을 감당하고 있기 때문이다. 성경을 하나님의 구속활동(the redemptive acts of God)의 하나로 인정하게 된 이유는 광의적인 의미로 보아 섭리적이고 은혜스러우며 특히 초자연적인 모든 신적 작용을 포괄한 그 신적 기원 때문이었다.

그러나 성경을 계시의 한 양식으로 보게 된 이유는 이 신적 활동 가운데서 최고 절정의 것이라 할 수 있는 소위 영감 때문이었다. 말하자면 성경을 만드는 사역에 있어서 인간 기록자들의 것이 아닌 하나님으로부터 온 말씀만을 할 수 있도록 그 인간 기록자들을 장악한 하나님의 영의 활동 때문이었다는 말이다. 성경을 특별히 영감되었다고 하는 것은 바로 이 신적 활동에 의한 것이다.[194] 워필드는 이러한 성경의 영감에 대해서 다음과 같이 말하였다.

> 이러한 계시 방법은 적절하게 말해서 예언과 다르다. 그것은 예언과는 달리 계시 도구의 완전한 개성을 한 요소로 정확하게 사용하기 때문이다. 그러므로 이런 계시 유형의 성령의 역사 방법을 도움이니, 감독이니, 방향 제시니, 통제니 하는 것으로 흔히 말해 왔다. 그 의미는 그 미치고자 하는 효과(신적 진리의 발견과 설명)가 인간적 세력(역사적 연구, 논리적 추리, 윤리적 사고, 종교적 여망)의 작동에 의해 가해진다는 데 있다. 여기서 인간적 세력 작용도 스스로 나타나는 것이 아니라 성령의 지배적 도움, 감독, 방향 제시, 통제 아래에서 나타나는 것이다.[195]

---

192) Ibid.
193) Ibid.
194) Ibid., 162.
195) Ibid., 95.

성경이 하나님의 말씀이라는 사실은 그것이 하늘에서 내려왔다는 의미만 있는 것이 아니다. 성경은 인간의 방편을 통하여서 주어졌다. 이것은 성경의 어떤 부분은 인간적이고 어떤 부분은 신적이라는 의미가 아니다. 오히려 성경 전체에 신적인 면과 같이 인적인 면도 있다는 뜻이다.[196] 성경 저자들은 영감으로 그 작품의 질이 우수해졌거나 새로운 내용의 것으로 승화된 것으로 보지 않는다. 그보다는 인간의 방편을 사용한 신적인 작품으로 생각했다.[197] 성령은 기록자들이 하는 것을 자의적으로 말하고 쓸 수 있도록 인간의 심령을 통하여 활동하셨다. 그러므로 성경은 철저하게 인격적이 아닌 다른 어떤 것으로 생각한다면 그것은 성경에 있는 신적인 것과 인적인 것을 완전히 오해하고 있는 셈이 된다. 확실히 하나님께서는 그리스도를 통하여 죄인의 심령에 소유되지 아니한 것을 제시해 주셨다.

그러니까 성경에는 인간의 상상력이 미칠 수 없는 높은 진리가 있었다. 죄인들은 확실히 하나님께서 그의 은혜로 그들을 구원하시기 위하여 계시하고자 한 것을 거절하려고 할 것이다. 그리스도는 그들이 죄인임에도 불구하고 그들을 구원하기 위하여 그들에게 말씀하셨는데 그것도 다르게 하신 것이 아니라 죄인들을 통하여 하셨다. 그리하여 기록자들은 성령의 감동으로 억지됨이 없이 이야기했다. 이와 같이 그리스도 편에서는 그의 성령을 통하여 그가 택하신 기록자들을 지도하고 지배하셨다.

3) 전체적 유기적 영감

이러한 점들은 워필드가 '성경의 전체 영감'(The Plenary Inspiration of

196) Ibid., 150.
197) Ibid., 153.

the Bible)과 아울러 유기적 영감(Organic Inspiration)을 주장했음을 증거한다. 유기적 영감은 계시의 도구를 기계적으로 사용하는 기계적 영감과는 다르게 계시 도구의 개성을 무시하지 않고 오류 없이 정확하게 사용하는 영감을 말한다. 흔히 유기적 영감은 성령의 역사 방법을 도움, 감독, 방향 제시, 통제 등의 용어로 말해져 왔다. 유기적 영감의 의미는 신적 진리의 발견과 설명과 같이 그 미치고자 하는 효과가 역사적 연구, 논리적 추리, 윤리적 사고, 종교적 여망과 같은 인간적 세력의 작동을 무시하지 않고 오류가 없이 이용한다는 데 있다.

하나님께서 인간 기록자들을 사용하시되 그들을 하나의 인격체로서 그들의 용어, 문체, 교육, 경력이 그대로 반영되도록 사용하셨다. 여기서 인간적 세력의 작용도 스스로 나타나는 것이 아니라 성령의 지배적 도움, 감독, 방향 제시, 통제하에서 나타나는 것이 워필드가 말하는 유기적 영감이다. 워필드가 말하는 영감이 유기적 영감이라는 것은 다음의 그의 글을 통해서도 알 수 있다.

> 자연적 지식은 전통, 문서, 증언, 개인적 관찰, 회상 등의 온갖 출처로부터 왔으며 또한 직관, 논리적인 사고 과정, 느낌, 경험들을 통해서도 왔다. 그러나 이 모든 것은 공히 하나님 섭리의 일반적인 지도 아래 있었다. 초자연적 지식은 이성의 법칙이나 자유의 법칙을 어기지 않는 방향에서 자연적 지식과 합류하였다. 그리고 성령께서는 이 사역의 전 과정에 걸쳐 항상 임재하여 기자들의 기능이 자발적으로 발휘될 때 그곳에 자신의 에너지를 유입시키고, 필요한 경우 그 기능을 강화하거나 지시를 주었으며, 어느 부분에서나 하나님이 의도하신 사상이 오류 없이 언어로 표현되도록 확고히 보장하셨다. 이 마지막 요소가 바로 이른바 영감이라는 것이다.[198)]

198) A. A. Hodge & B. B. Warfield, *Inspiration*(Grand Rapids, Michigan: Baker Book House, 1979); 박용규 역, 「신학지남」 제253호, 273.

워필드는 유기적 영감에 대해서 "우리는 성령으로 말미암아 권위 있는 성경 집성물을 생각할 때에, 그는 계시와 영감의 하나님일 뿐 아니라 섭리와 은혜의 하나님임을 기억해야 하며, 그는 우리가 그 좁은 의미에서 전문 용어로 '영감' 이라고 부르는 특수작업을 하실 때에도 그 모든 준비 품목까지지도 전권적으로 주관하신다는 것을 기억해야 한다" 고 말했다.[199] 그래서 워필드는 영감이란 단순한 영향력이 아니라 '영감의 본질은 감독' (superintendence)이었다고 말할 수 있었고,[200] 그렇기 때문에 "성경의 발생은 인간들의 작인(作因)과 하나님의 작인이 여러 가지로 상호 협력한 결과" 라고 말할 수 있었다.[201] 그러나 그는 "영감이 보장해 주었던 것은, 갈릴리 어부가 쓴 최악의 헬라어나 농부가 생각해낸 생경한 표상들에도 불구하고 그것들을 매개로 하는 진리의 정확한 표현이다" 고 했다.[202]

이와 관련하여 워필드는 '공동작업'(concursus)을 주장했다. 성경은 진정한 의미에서 인간적이면서도 여전히 신적이라고 본 것이다.[203] 이것은 그가 말하는 유기적 영감과 일맥상통한다. 워필드에게 가장 깊은 인상을 준 것으로 보이는 주요 사상은 영감의 방식이야 어떠하든 영감의 결과적 소산으로 하나님의 순수하고 섞이지 않고 무오하고 권위 있는 말씀이 확보되었다는 점이다. 이 부분과 관련하여 워필드가 칼빈이 결코 '구술'

---

199) B. B. Warfield, *The Inspiration and Authority of the Bible*, 156.

200) A. A. Hodge & B. B. Warfield, *Inspiration,* 267.

201) Ibid., 270.

202) Ibid., 289.

203) B. B. Warfield, *The Inspiration and Authority of the Bible*, p. 95. 공동작업이라는 의미의 'concursive'는 적응이라는 의미의 'accomodation'과 대조된다. 'accomodation' 을 사용하는 자들은 인간들의 방편을 통하여 전달된 진리의 계시가 그 전달의 과정에서 오류가 흘러 들어갈 수밖에 없었다는 의미로 사용하기 때문이다. J. I. Packer, *Fundamentalism and the Word of God*(London: InterVarsity Fellowship, 1958), 79.

(dictation)을 가르친 것이 아니라 단지 영감의 결과가 마치 구술된 것과 같다고 가르쳤다는 주장은 옳다고 본다.[204] 왜냐하면 워필드는 '공동작업'(concursive)과 관련해서 "모든 인간적인 오류로부터 자유로운"이라는 말을 덧붙였기 때문이다.[205] 그래서 그는 구술설에 대해서 "축자적 영감을 옹호하면 그것의 양식이 구술식으로 되었다고 주장하는 습관에 대해 다시금 항의하는 일은 마땅히 불필요한 것이 되어야 한다"고 주장했다.[206]

워필드는 이와 같은 성경의 유기적 영감을 그리스도의 인격적 유추로도 설명하였다. 인적인 요소와 신적인 요소의 결합에 있어서 우리 주님이 참 사람임에도 불구하고 죄에서 진정 자유하셨던 것과 같이 참 인간의 산물임에도 불구하고 성경이 정말 오류를 지니지 아니했다는 설명이다. 만일 비평가들이 성경도 인간의 책으로서 틀린 것이 있다고 믿는다면 그들 자신의 유비에 의하여서 그리스도도 인간으로서 죄를 지었다고 믿어야 할 것이다. 워필드는 이 점을 상세히 논하였다.

> 주님의 인격적인 경우를 생각할 때, 그 인성은 절대로 죄에 빠진다든가 잘못을 범할 수 없는 참 인성 그대로였다. 왜냐하면 결합되어 있던 신성과의 관계를 떠나서 인성 혼자 절대로 활동할 수 없었기 때문이다. 이와 마찬가지로 인적인 요소와 신적인 요소의 연합 활동에 의한 성경 작성의

---

204) "많은 16세기와 17세기 신학자들이 성경을 성령에 의해 구술된 것으로 말했던 것은 사실이다. 그러나 그들이 말한 의미는 오직 저자들이 하나님이 뜻하셨던 바를 한 마디 한 마디씩 기록했다는 것뿐이다." J. I. Packer, *Fundamentalism and the Word of God*, 79.

205) B. B. Warfield, *Calvin and Augusrine*, Ed. Samuel G. Craig(Philadelphia: The Presbyterian and Reformed Pub. Co., 1971), 64.

206) B. B. Warfield, *The Inspiration and Authority of the Bible*, 173.

207) Ibid., 162, 163.

> 경우에 있어서도 인적 요소들이 그 요소 그대로 작용하여 그 표를 작품에 그대로 남겨 놓긴 했으나 우리가 인간적 요소라고 말하는 그런 오류에는 결코 빠질 수가 없었다. 왜냐하면 인적 요소들이 신적 요소들을 떠나서 스스로 작용하지 못하고 그 신적 요소들의 무오한 지도 아래에서만 작용할 수 있었기 때문이다.[207]

그러니까 워필드에 의하면, 성경은 하나님의 말씀이면서 동시에 인간의 말인 것이다.[208] 그러나 성경은 모두 인간의 말이지만, 순수한 인간의 책만은 아니다. 그 이유는 워필드가 위 인용문에서 말한 대로 '신적 요소들의 무오한 지도' 때문이다.

그래서 워필드는 그가 유기적 영감을 말했지만, 동시에 '전체적'(plenary) 영감이면서[209] '축자적'(verbal) 영감을 주장하였다.[210] "개혁신학자들 이후로 지금까지 하나님의 백성의 유익을 위해 성경의 본문을 해석하고자 노력했던 사람들을 보라. 저 경건한 뱅겔(Bengel)을 그의 작품에서 찾아보라. 다른 학자들도 역시 거룩한 기록의 말씀으로부터 성령이 성도들의 위로와 기쁨을 위해 그 안에 숨겨 두신 꿀을 따고자 하는데 자기 자신의 노력을 전혀 아끼지 않았다. 그리고 성경의 어휘와 어순의 미묘함과 순간적인 변화에 대해 최대의 깊은 주의를 기울여서 성령의 뜻을 찾고자 노력한 웨스트코트(Westcott)를 보라. 핫지(Wister Hodge)의 말대로 이것이야말로 축자적 영감에 대한 고도의 증거가 아니겠는가?"[211] 이러한 축자 영감은 기계적 영감이 아니고, 유기적 영감이다.[212]

---

208) Cf. ibid., 158.
209) Ibid. 123.
210) A. A. Hodge & B. B. Warfield, *Inspiration,* 274.
211) B. B. Warfield, *The Inspiration and Authority of the Bible*, 110.
212) A. A. Hodge & B. B. Warfield, *Inspiration*, 275.

그리고 유기적 영감은 완전한 '전체적'(plenary) 영감이다.[213] 워필드는 이렇게 말한다. "우리는 성경에서 하나님 자신이 인간의 입술과 펜을 통하여 이야기하신 하나님의 말씀, 바로 그 자체를 가진다."[214] "우리가 절대적으로 영감된 성경을 성경답게 겸손히 신뢰하게 된 데는 불멸한 축복의 소망과 그리스도 안에서 얻는 하나님 사랑의 결실로 우리의 생활을 축복해준 모든 자에게 은혜를 입고 있다."[215]

아울러 워필드는 예수님이 이 사실을 구약에 관해서 가르쳐 주셨다고 말했다. 예수님이 바리새인들과 변론하실 때 그들은 예수님과 같이 성경은 하나님의 말씀이라는 가정에 근거하고 있었다는 것이다. 그래서 워필드는 말하기를 "성경은 예수님과 그 반대자들이 함께 인정한 공동지반이었다"고 주장했다. 이와 같이 워필드는 성경 전체의 완전한 영감을 주장하였다. 영감이 보장하는 것은 진리의 정확한 표현이라는 워필드의 주장은 유기적 영감의 결과가 무오라는 것을 나타낸다. 워필드가 말하는 성경 무오는 역사적 지리적 정확성을 포함한다.

> 좌우간, 신약성경의 기자들이 다룬 시기는, 그 시기에 관해 성경 기자들이 정확히 기술하기가 몹시도 어려웠던, 세상에 일찍이 없던 역사상의 시기였다. 고정적이거나 안정된 것은 아무것도 없었다. 도처에 변화가 있었다. 오늘은 원로원에 속한 영토가 내일은 황제에게 속하였다. 오늘은 고정되어있는 경계가 내일은 변경되었던 것이다. 타키투스가 완벽한 정확성을 기하지 못했던 한, 시기와 땅에 관한 기술에서 신약성경의 필자들이 이처럼 정확했다는 것은 많은 것을 시사해 준다. … 진술의 이러한 한결같은 정확성은, 영감에 기인하든 그렇지 않든 가장 엄밀한 영감 교

213) B. B. Warfield, *The Inspiration and Authority of the Bible*, 117.
214) Ibid., 125.
215) Ibid., 126.

리와 확실하게 일치를 이룬다.[216)]

4) 성경무오

워필드는 성경의 정확성과 무오를 확신하였다. “시기와 땅에 관한 기술에서 신약성경의 필자들이 이처럼 정확했다는 것”은 워필드가 성경의 무오를 말할 때, 신앙과 구원의 영적인 부분에서의 무오만이 아니라 과학과 역사적인 부분에서도 무오함을 나타낸다. 그런데 워필드의 이러한 주장은 그의 새로운 창작이었고, 워필드가 교수했던 프린스톤이 성경 무오를 옹호하면서 “어떤 의미에서 기독교 신앙 전체를 하나의 입증된 오류 위에 모험적으로 세우는 것 같았다”고 샌디인이 비판했으나, 샌디인은 성경 무오 교리가 프린스톤의 독창물이었다는 증거를 제시하지는 않았기 때문에 그의 주장은 정당하지 않다.[217)]

워필드는 하나님의 계시에 있어서 “상대 계시가 없이는 불완전하다”고 했다.[218)] 워필드가 볼 때, 하나님께서 먼저 인간을 인간으로 보시고 말씀하심으로써 자신의 정체를 밝히시지 않았다면 죄인인 인간에게 말씀하실 수 없었을 것이다. 인간은 자기의 창조주가 계신 것을 알아야 하나님께서 죄인인 인간에게 심판자와 구주로서 말씀하시는 것을 이해할 수 있다. 이것이 특별한 초자연적 신적 계시에 대한 워필드의 견해이다.

그래서 워필드는 인간에게 대한 하나님의 초자연 계시가 주어져 있다는 생각을 가지고 있다. 그러나 이 계시가 개인들뿐 아니라 인류 전체에게 주어지려면, 그것이 개인들을 통해서 전달되어야 한다고 보았다. 여기

---

216) Ibid., 295-297.

217) E. R. Sandeen, *The Root of Fundamentalism: British and American Millenarianism 1800-1930*, 126.

218) B. B. Warfield, *The Inspiration and Authority of the Bible*, 74.

에 분명한 위험이 있다. 인류가 어떻게 참으로 하나님을 만난 그들이 그 계시를 정확하게 전달하고 해석했는지 알 수 있는가? 워필드는 개인들에게 자기 계시를 주신 하나님께서 그들을 통하여 실제 그의 말씀이 전달되도록 조치를 취하셨다고 가르쳤다. 그것이 워필드가 말하는 유기적 영감이다.

워필드는 이 영감 교리를 결정적으로 개진하고 변호하였다. 워필드는 그의 연구 활동 초기에 그 교리를 정의하였고, 그의 생애의 많은 부분을 영감 교리를 발전시키고 변증하는 데 바쳤다. 워필드는 프린스톤인으로서 알렉산더, 핫지, 보스(Vos), 그린(Green), 윌슨(Wilson), 메이첸(Machen) 등의 탁월한 학자 계열에 서 있는 자로 알려져 있지만, 연구 활동의 시작은 1880년 웨스턴 신학교(Western Theological Seminary)에서였다. 거기서 그는 취임 연설을 통해 영감을 "성령께서 우리의 거룩한 책들의 저자들에게 행사하사 그들의 말이 또한 하나님의 말씀이 되게 하시고 그러므로 완전히 무오하게 하신 비상한 영향," 혹은 "수동적인 그 영향의 결과"로 정의했다. 워필드를 잘 아는 자는 누구나 "성경이 말하는 것은 하나님이 말씀하시는 것이다"는 고전적 기독교의 입장이 그의 저서 전체에 반영되어 있음을 안다.[219]

워필드는 이와 같이 성경이 영감되었음을 어떻게 설명하였는가? 워필드가 볼 때 영감에 관한 성경의 중요한 구절은 세 가지가 있는데, 그것은 요한복음 10장 35절, 디모데후서 3장 16절, 그리고 베드로후서 1장 20-21절이며, 그중에서 제일 중요한 구절은 디모데후서 3장 16절이다. 그는 이

219) 존 H. 거스트너 "제12장 영감교리에 대한 하지와 워필드 및 메이첸의 공헌," 노르만 L. 가이슬러 외, 「성경무오(無誤): 도전과 응전」, 권성수 역(서울: 도서출판 엠마오, 1991), 484.

구절의 핵심 단어 “하나님의 감동으로 된 것”(θεοπνευστος)은 ‘하나님의 숨결이 불어 넣어진’(inspired of God)이란 의미가 아니라고 주장했다. 이 헬라어는 숨결이 들어감(in-spiring)을 가리키는 것이 아니라 그저 ‘숨결’(spiring or spiration)을 가리킨다고 주장했다. 하나님에 의해서 숨을 들이쉰 것(breathed into by God)이 아니라 숨을 내쉰 것(breathed out by God)이다.[220] 이 말은 시인이 시를 쓸 때 영감을 받았다고 하는 것처럼, 성경은 인간의 것에다 하나님의 무엇을 더 불어 넣어서 된 것이 아니다. 말하자면 인간의 것에다 하나님의 것이 더 보태어서 된 것이 아니라, 그것 전체가 하나님의 입에서 흘러나온 말씀이라는 것이다. 하나님은 성경을 내쉬셨다. “하나님의 호흡”은 하나님의 창조적인 말씀을 담지하고 있는 하나님의 전능하심의 상징처럼 성경 안에 있다. 하나님의 호흡은 항거할 수 없는 하나님의 능력의 흘러나옴이다.

그래서 성경은 신적인 산물이다. 성경은 그의 능력의 방출(outflow)이다. 바울이 말한 것은 모든 성경이 하나님의 호흡의 산물이라는 것이다. 워필드는 이렇게 결론을 내렸다. “성경은 하나님의 특별하신 작업의 산물이다.”[221] 워필드에 의하면 성경은 하나님의 생산품이다. “성경은 하나님께서 그것을 산출하시는데 어떻게 역사하셨는가 하는 것에 관한 하등의 지적도 없이 그저 하나님의 산물이다.”[222] 이와 같이 워필드가 성경의 영감을 말한 것은 성경의 신적 기원을 나타낸다.

그리고 워필드는 영감의 방식에 관하여는 상대적으로 적게 말했다. 왜

---

220) 워필드는 θεοπνευστος가 능동이 아니라 수동이라고 했다. B. B. Warfield, *The Inspiration and Authority of the Bible*, 245-296.

221) B. B. Warfield, *The Inspiration and Authority of the Bible*, 132-133.

222) Ibid., 133.

냐하면 성경 자체가 이 문제에 관해 별로 말하지 않는다고 믿었기 때문이었다. 그가 주석한 대로 최고의 영감 구절도 단지 영감의 사실만 말할 뿐이고 영감의 방법은 보여주지 않는다. 워필드에 의하면 이 주제에 관계된 다른 성경 구절도 마찬가지다.

그러나 워필드는 성경에서 그 영감 방법에 관한 몇몇 암시를 발견했다. 그것은 베드로후서 1장 21절에서 발견할 수 있다: "예언은 언제든지 사람의 뜻으로 낸 것이 아니요 오직 성령의 감동하심을 받은 사람들이 하나님께 받아 말한 것임이라." 여기서 핵심 단어는 '감동하심을 받은 사람들'(φερόμενοι)인데, 이 말은 '움직이다 혹은 함께 이끌다'(bear along)를 뜻한다. 이 말은 분사 수동형이다. 그러니까 수동적으로 묘사되었다. 이 말은 단순히 성령이 인도하셨거나 지배하셨다는 개념이 아니라 마치 무엇이 바람이나 물결에 밀려가듯이 인간 기록자들은 완전히 성령에 의해서 성령의 목표를 향해 운반되었다는 의미이다. 그러니까 성경은 하나님의 생산품이란 말이다. 워필드는 "수용 자체도 일종의 활동이다"고 주장했다. 워필드가 우리에게 회상시키는 것은 "하나님께서 자기 자신의 메시지를 그의 계시의 도구들(organs)의 언어들 안에 짜 맞추는 것이, 그것으로 말미암아 끊임없이, 이 도구들에게 자연스런 방식으로 표현되기 때문에, 순수하게 하나님의 메시지가 될 수 없다고 상상할 근거가 없다"는 점이다.[223)]

그리고 워필드는 성경 속에서 오류들을 논시하고자 하는 모든 이를 향해 매우 도전적인 말을 했다.

> (1) 그렇다고 진술하는 진술이 그것이 발견된다고 하는 그 거룩한 책의 원본에 확실히 있었다는 것을 증명하라. (2) 명백한 모순을 일으키는 해

---

223) Ibid., 93.

> 석이 그 구절이 분명히 의도한 것인지 증명하라. 난제를 보이는 것만으로는 충분치 못하다. 왜냐하면 난제는 그 상황에 대한 우리의 부족한 지식 때문에 생길 수도 있기 때문이다. 진정한 의미를 명명백백하게 확인한 다음 그것이 여타 알려진 진리와 조화될 수 없다는 것을 보여주어야 한다. (3) 원본 일부의 진정한 의미가 확실히 알려진 역사의 어떤 사실이나 과학적 진리나 확실히 확인되고 해석된 성경의 기타 기록과 직접적으로 필연적으로 모순된다는 것을 증명하라. 하나님의 말씀 속에 있다고 하는 단 하나의 오류의 경우에도 이것이 성공적으로 행해진 적이 결코 없었음이 보여질 수 있다고 우리는 확실히 믿는다.[224]

유기적 영감을 주장한 워필드는 성경의 무오를 확신하고 그것을 변증하였다. 워필드가 오류라고 생각되는 진술이 성경의 원본에 확실히 있었다는 것을 증명하라고 촉구한 것은 그가 성경 원본의 무오를 주장하고 있음을 나타낸다. 명백한 모순을 일으키는 해석이 그 구절이 분명히 의도한 것인지 증명하라고 촉구하는 워필드는 성경의 오류를 주장하는 자들의 정확하지 못한 성경해석에 원인이 있고 성경 자체에는 모순이 없음을 확신했음을 증거한다. 난제는 그 상황에 대한 우리의 부족한 지식으로 인해서 생길 수도 있기 때문에 난제를 보이는 것만으로는 충분치 못하다는 워필드의 주장은 그가 얼마나 성경의 무오를 확신하고 있었는가를 보여준다.

성경의 진정한 의미를 명명백백하게 확인한 다음 그것이 여타 알려진 진리와 조화될 수 없다는 것을 보여주어야 한다는 워필드의 주장도 성경의 오류를 인정치 않는 그의 굳은 확신을 증거한다. 원본 일부의 진정한 의미가 확실히 알려진 역사의 어떤 사실이나 과학적 진리나 확실히 확인되고 해석된 성경의 기타 기록과 직접적으로 필연적으로 모순된다는 것을

---

224) A. A. Hodge & B. B. Warfield, *Inspiration*, 242.

증명하라는 그의 주장은 성경 원본의 진리가 확실히 알려진 역사적 사실이나 과학적 진리나 확실히 확인되고 해석된 성경의 기타 기록과 결코 모순되지 않았음을 전제하는 것이다.

하나님의 말씀 속에 있다고 하는 단 하나의 오류의 경우에도 이것이 성공적으로 행해진 적이 결코 없었음이 보여질 수 있다고 우리는 확실히 믿는다고 워필드가 주장한 것은, 그가 그야말로 성경의 무오를 굳게 확신하고 있었기 때문이다. 워필드가 성경의 무오를 말할 때는 성경 원본의 무오를 지칭한다. "우리가 알고 있는 이 모든 사실에 비추어, 성경의 원문에서 확인된 온갖 현상들을 공평하고 정밀하게 검사해 보면 교회의 옛 신앙이 변형 없이 여전히 그대로 유지될 것이라고 우리는 단언하는 바이다. 이 성경의 책들은 실질적인 모든 단언에서 오류가 없다는 말이다."[225] 결국 워필드의 성경에 대한 성령의 유기적 영감은 성경의 무오성을 논리적으로 확증하는 것이다.

이상의 연구를 통해서 볼 때 워필드는 성경의 무오의 근거로 기계적 영감이 아닌 성경에 대한 성령의 유기적 영감을 주장하였다. 아울러 그는 완전한 축자 영감을 주장하였다. 그래서 그가 말하는 유기적 영감은 신앙과 행위의 영역에서뿐만 아니라 역사와 지리적인 부분에서의 정확성을 포함한다고 주장하였다. 그가 보기에 성경은 하나님의 숨결이기 때문에 신적인 산물이었다. 따라서 워필드가 성경 무오 교리를 주장한 것은 성경 비평가들의 성경 비평에 대한 반동으로 자신의 독특한 창작으로 성경 무오를 제시한 것이 아니라 이미 모세 때부터 중간기를 거쳐 고대 교부들과 칼빈이 믿고 주장해온 것을 그가 다시 반복하여 강조한 것임이 드러났다.

---

225) Ibid., 280.

워필드가 성경의 영감과 권위와 무오를 주장한 것은, 그의 독창적인 주장이 아니라 모세가 율법을 받았을 때부터 믿어온 성경 무오 교리를 그가 다시 반복하고 강조해서 주장한 것이다. 따라서 성경 무오 교리가 최근 프린스톤에서 새롭게 창안한 것이라는 주장은 아무런 근거가 없다. 성경 무오 교리는 성경의 역사만큼이나 오래된 것이기 때문이다.

2. 토마스 알타이저의 사신신학[226)]

토마스 알타이저(Thomas Jonathan Jackson Altizer, 1927~2018)가 파란 만장한 생을 마감했다. 그는 말년에 뇌졸중의 합병증을 앓다가 2018년 11월 28일에 91세를 일기로 세상을 떠났다. 그는 1960년대와 70년대에 급진적인 '신의 죽음의 신학'을 주창하여 교계와 신학계에 파장을 일으켰다. 그에 앞서 그는 미국의 시카고대학교(A.B. 1948, A.M. 1951, Ph.D. 1955)를 졸업했다. 그의 전공분야는 종교역사였고, 그의 연구과정에서 폴 틸리히(Paul Tillich)가 그에게 영향을 끼쳤다. 알타이저는 와바시대학(Wabash College)에서 1954년부터 1956년까지 가르쳤고, 에모리대학교(Emory University)에서 1956년부터 1968년까지 교수를 역임했다. 많은 사람이 에모리에서의 축출을 요구했기 때문에, 1968년 에모리를 떠나 뉴욕주립대학교에서 영어교수로 근무하게 되었다. 그동안 알타이저는 3번 결혼했고 3번 이혼했다.

알타이저의 사상은 「미르사 엘리아데와 신성한 변증」(*Mircea Eliade and*

---

226) 이 항목은 「리폼드뉴스」(2018. 12. 09)에 "사신신학자 토마스 알타이저의 죽음에 즈음하여"라는 제목으로 기고한 글이다.

the Dialectic of the Sacred, 1966), 「기독교의 무신론 복음」(*The Gospel of Christian Atheism*, 1966), 「급진신학과 신의 죽음」(*Radical Theology and the Death of God*, 윌리엄 해밀턴과의 공저, 1966), 「지옥강하」(*Descent into Hell*, 1970), 「하나님의 자기실현」(*The Self-Embodiment of God*, 1977), 「총체적 존재」(*Total Presence*, 1980) 등 그의 저작과 논문에서 발전했다.

그가 주장한 "사신신학"(*Gott-ist-tot-Theologie, Death of God theology*)이란 세속화의 부상을 나타낸다. 여러 신학자와 철학자들이 전통적으로 신을 믿지 않는 것을 설명하려는 폭넓은 사상을 가리킨다. 그들은 하나님이 존재하지 않음에 대한 설명을 시도했다. 프리드리히 니체(Friedrich Nietzsche, 1844~1900) 이후의 신학자들은 하나님의 불신앙을 반영하기 위해 때때로 "하나님은 죽었습니다"라고까지 표현했다. 이 개념은 1950년대 후반과 1960년대 많이 알려졌지만 그 이후에는 사라지고 있다. 사신신학은 신의 죽음학(theothanatology)이라고 불리기도 하였다. 헬라어의 theos(하나님)와 thanatos(죽음)에서 파생되었다. 이러한 급진적 신학의 주창자들은 알타이저를 비롯하여 가브리엘 바하니안, 폴 밴 뷰런, 윌리엄 해밀턴, 존 로빈슨, 마크 C. 테일러, 존 D. 카푸토, 랍비 리처드 L. 루벤스타인, 그리고 피터 롤린스 등이 있다.

그러나 윌리엄 해밀턴, 폴 밴 뷰런 등은 하나님이 어떻게 죽었는지, 왜 죽었는지, 또한 그 죽음이 무엇을 의미하는 것인지에 대해서는 알타이저에 동의하지 않았다. 그들은 본질적으로 무신론자는 아니라고 생각했다. 하지만 알타이저는 성인의 97퍼센트가 신을 믿는다고 말한 미국에서 더욱 분명하게 자신을 "기독교 무신론자"라고 강조했다. 1966년 4월 8일 타임지가 검은 색 표지에 빨간 글씨로 "하나님은 죽은 분입니까?"라는 제목을 발간한 이후에 미국의 국립교육텔레비전(National Educational

Tele-vision)의 다큐멘터리에서 그는 이전보다 더욱 분명히 주장했다: "하나님은 더 이상 존재하지 않고, 더 이상 나타나지 않으며, 더 이상 실재하지 않습니다." 그는 2006년에 자신의 회고록으로 「하나님의 죽음의 실재」(*Living the Death of God*)를 썼지만 별로 주목을 받지 못했다. 그는 이 회고록에서 그의 주장을 후회하지 않는다고 썼다. 이러한 그의 신학적 주장은 오래 가지 못했다. 타임지 기사 후 1년 후, 그는 더 이상 "신학적 나쁜 사람"이 아니라 아예 "보이지 않는 사람"이 되었다. 이러한 알타이저의 사신신학과 관련하여 몇 가지 특징을 지적하고자 한다.

1) 알타이저의 신학방법

알타이저는 전통적 기독교의 성경관을 배격하고 계시의 완료개념도 비판했다. 그는 계시로서의 성경관을 부정하고 사신신학의 정립을 위해 성경이 아닌 현대의 세속적 지성들의 작품에서 찾아냈다. 지그문트 프로이트, 헤르만 멜빌, 헐버트 마르쿠스, 쟝 사르트르, 윌리엄 블레이크, 또한 헤겔과 니체를 받아들이고 이들이야말로 현대 급진신학의 선지자격으로 추종하였다, 그리고 동양의 신비종교와 고대종교를 그의 신학의 재료로 삼아서 그의 사신신학을 도출해냈다.

많은 신학자가 성경으로부터 시작하지 않고 당대의 사상으로부터 신학작업을 출발한 것은 고대 탈무드와 필로의 영향이라고 판단된다. 탈무드는 적용에 강조점을 둔 결과 문자적인 해석을 뛰어넘어 풍유적인 해석에 치중하게 되었다. 그렇다고 기독교적으로 해석한 것은 전혀 없다. 알렉산드리아의 필로는 알레고리컬한 해석을 하면서 성경을 헬라철학의 용어로 각색하였다. 그 결과 성경이 성경 자체의 메시지보다는 헬라철학을 전달하는 모양새가 되어버렸다. 그런데 헬라사상은 기본적으로 헬라신화와 떼

려야 뗄 수 없다. 헬라신화는 신이 인간이 되고 인간이 신이 되고 신이 인간과 경쟁하고 싸우는 내용이다. 이런 내용은 성경에서 말하는 사탄의 새빨간 거짓말을 미화한 것이라 할 수 있겠다. 이러한 헬라신화는 서구사상의 뿌리를 이루고 있다. 어쨌든 고대 기독교의 알렉산드리아의 클레멘트와 오리겐은 유대인들의 풍유적 성경해석을 도입하여 중세에 막대한 영향을 끼쳤다. 중세의 토마스 아퀴나스는 아리스토텔레스의 철학을 신학에 접목시켜 「신학대전」을 이루었다. 그 때문에 아퀴나스의 「신학대전」은 아리스토텔레스 철학의 충실한 대변자 역할을 하였다. 이것은 또한 중세 스콜라철학의 큰 특징을 이루었다. 이러한 전통은 계몽주의 이후 현대신학의 공식처럼 되었다. 알타이저 역시 이러한 신학방법을 택하였다. 따라서 알타이저의 저술에 성경 자체의 메시지는 온데간데없고 귀신이나 하는 넋두리를 읊조리게 된 것이 아닌가 한다.

2) 알타이저의 종말론

신의 죽음을 공식화한 알타이저는 천국 개념에도 파격적인 변화를 가져왔다. 천국 개념에서 중요한 것은 종말론인데 기독교적 종말론은 신의 죽음과 함께 경시된 지 오래되었다는 것이다(Oriental Mysticism and Biblical Eschatology). 그래서 천국의 종말론적 이해를 바로 하려면 기독교가 아닌 다른 종교, 서구문화가 아닌 다른 문화가 필요하다고 알타이저는 그의 논문에서 주장하면서 동양의 대승불교를 추천하였다("Nirvana and Kingdom of God"). 그에 의하면 기독교의 천국과 불교의 열반 개념은 많은 상통점이 있다. 심지어 종말론적 신앙으로 볼 때 이 세상과 천국은 서로 다른 것이 아니라 같은 실재라고 김의환이 자기의 「현대신학개설」에서 간파한 바 있다.

알타이저가 이처럼 이 세상과 천국을 일치시킨 것은 일찍이 쿠사의 니콜라스(Nicholas of Cusa, 1400~64)가 주장한 양극일치론(Coincidentia Opposotorium)과 다를 바 없다. 알타이저가 기독교의 하나님의 존재를 부정하고 기독교 종말론도 경시하고 새로운 신학을 수립한다는 것이 고작 불교의 허무주의의 수렁에 빠지고 만 것이다. 하나님을 부정하고 하나님 아버지에게로 가는 유일한 길인 예수 그리스도(요 14:6)를 불신하면 허무주의의 캄캄한 어두움에 떨어지고 만다.

3) 알타이저와 몰트만의 관계

알타이저의 「기독교의 무신론 복음」(*The Gospel of Christian Atheism*, 1966) 이전에 위르겐 몰트만(Jürgen Moltmann, 1926~)의 「희망의 신학」(*Theologie der Hoffnung*, 1964)이 출간되었다. 알타이저의 사신신학과 몰트만의 희망신학은 아무 상관이 없고 오히려 극과 극의 상반된 인상을 주는 것 같지만 실제로 급진적 신학이라는 점에서는 공통적이라 할 수 있을 것이다. 박아론의 「현대신학연구」에 따르면, 사신신학은 희망의 신학의 연장 선상에 있다. 사신신학은 신의 죽음을 노골적으로 말하지만 희망의 신학은 신의 죽음 문제를 당분간 보류하고 미래에 판명되는 순간까지 희망을 갖고 기다려 보자는 것이다. 결국 성급함과 신중함의 차이만 있을 뿐이지 하나님의 존재를 믿지 않는 것은 공통적이라는 견해이다. 우리는 이러한 결론을 지지할 수밖에 없다.

그 이유는 다음과 같다. 몰트만의 희망의 신학은 칼 마르크스의 변증법적 유물론과 에른스트 블로흐의 미래적 인간론을 기독교 종말론으로 변질시켰기 때문이다. 또한 절대적 하나님을 상대화하고 상대적 인간을 절대화하여 신과 인간의 일치를 주장함으로 인간이 신으로까지 진화하는 인간의 신화(deification)를 추구하기 때문이다. 그 결과로 몰트만이 말하는 삼위일체, 십자가, 성령, 교회, 하나님의 나라는 정통 기독교의 신앙고백을 헌신짝처럼 버리고 마르크스와 블로흐의 사상을 드러내는 선전문구로 이용했다는 인상을 준다. 결국 알타이저나 몰트만은 기독교의 성경이 계시하는 하나님과 복음을 무참하게 부정한다는 점에서는 차이가 없다고 보인다. "어리석은 자는 그의 마음에 이르기를 하나님이 없다 하도다 그들은 부패하며 가증한 악을 행함이여 선을 행하는 자가 없도다"(시 53:1).

3. 한국교회의 성경해석

1) 한국교회 초창기(1900~1937)

이 시대에는 구역 성경(개역은 1937년 완역)이 사용되었는데, 구역은 번역상 부족한 점들(예: '언약' 이 '허락' 으로 번역한 것)이 있었기 때문에 성경해석에 정확성을 기하기가 힘들었다. 뿐만 아니라 한국교회 초창기 지도자들 중에는 세대주의 사상이 농후한 자들이 많아서 신구약의 통일성을 살리지 못하는 면도 드러났다.[227]

이 시대의 한국교회는 또한 성경을 문법적, 역사적으로 해석하지 못하고 너무 문자적으로만 해석하는 경향이 농후했다. 그래서 구약을 신약으로 설명하는 것과 신약을 구약으로 해명하는 데 있어서 언제나 빈약했다. 세대주의적 성경해석은 구약 속에 신약이 예언됨에 있어서 전면적으로 그렇게 된 사실을 바로 파악하지 못하는 경향이 있었다.[228]

---

227) 권성수, 「성경해석학1」, 201.

228) 박윤선, "한국교회 주경사," 「신학지남」 35/1(1968. 3), 9-14; 권성수, 「성경해석학1」, 202.

2) 현대주의 주석 운동

1938년에 나온 아빙돈 주석은 현대주의 사상이 표현된 것으로 성경을 성경으로 해석하는 원리를 등한히 하였다. 이 주석은 출애굽기 6장이 모세가 부름받은 사실을 말해주는 제사문서(P)라고 하는 고등 비평을 그대로 따른다. 출애굽기 7:3-5에서는 종교진화론을 주장한다. 출애굽기 17:21-23에 기록된 흑암 재앙은 사막의 모래 바람 때문에 된 듯이 말하고, 출애굽기 14:12-13의 홍해 기적을 동풍으로 바닷물이 물러간 것으로 해석하여 하나님의 초자연적 간섭을 배제한다. 이 주석은 이렇게 개인주의와 자율주의에 따라 인간의 철학과 합리에 의해 문제를 다룸으로써 성경의 풍부한 영적 양식을 끌어내지 못했다.[229] 김재준(1901~1987)은 성경유오설을 주장하다 예장총회로부터 목사면직을 당했다.[230] 2016년 10월 예장 통합총회가 김재준의 목사면직을 철회한 것은 통합측 스스로 성경 유오론자들임을 드러낸 것과 다름없다.

이렇게 한국교회의 초창기 성경해석에 있어서 극좌와 극우의 경향이 다 나타났다. 선진 외국교회의 영향을 받을 수밖에 없는 초창기 교회에 나타날 수 있는 현상이라고 볼 수 있다.

---

229) 권성수, 「성경해석학1」, 202.

230) 김재준은 1953년4.24~28, 대구서문교회당에서 회집된 대한예수교장로회 제38회 총회에서 제명됐다. "목사 김재준씨는...성경유오설을 주장했으므로 목사직을 파면하고 그 직분 행함을 금하다." 그로부터 63년이 흐른 2016년 10월, 예장 통합은 제101회 총회에서 김 박사에 대한 제명 결의를 마침내 철회했다. 통합측 총회장 이성희 목사와 부총회장 최기학 목사를 비롯한 임원진들이 12일 오전 서울 종로 한국기독교연합회관에 있는 기장 총회본부를 찾아 지난 제101회 총회에서 있었던 故 김재준 박사에 대한 제명 철회 결의 사실을 알렸다." 「크리스천투데이」(김진영 기자 입력: 2016.10.12 12:22).

3) 보수주의 주석 운동

장로회 총회는 1934년 "표준 성경해석"을 교계에 내놓기로 결정하고 박형룡 박사(1897~1978)가 편집부장으로 수고하였다. 제일 먼저 욥기, 시편 주석이 한 책으로 간행되었고, 뒤이어 잠언, 전도, 아가서 주석, 로마서, 고린도전후서, 이사야서 주석, 요한복음 주석, 창세기 주석, 마가복음 주석, 사도행전 주석 등이 간행되었다(1961년까지). 이 주석의 목적은 어디까지나 보수주의적으로 성경을 해석하는 것이었다. 성경의 영감과 무오를 믿는 학자들이 집필진으로 의뢰되었고, 그들은 학구적 비판적 통일적 실용적 정통적 주석을 시도하였다.[231] 아쉬운 것은 이 운동이 지속되지 못했다는 점이다.

이 무렵에 표준주석 운동 외에 개인들의 주석 운동이 있었다. 선두 주자는 박윤선 목사로서 한국 최초로 성경 전체를 주석했다. 그것도 칼빈주의 입장에서 성경 주석을 시도했다는 점에서 큰 의의가 있다고 할 수 있다. 또한 통합측의 이상근 목사가 교회를 담임하면서 혹은 은퇴 이후에 성경 전체를 주석하여 교계에 유익을 주었고, 그 전에 성결교 김응조 목사의 「성서대강해」가 한국교회에 영향을 끼쳤다. 계신측의 이병규 목사도 신구약 66권 전체 성경강해와 더불어 생전에 성경 66권의 설교집을 간행했다.[232] 한국교회도 현대 자유주의 신학의 영향을 받고 있지만 다행히 한국은 보수신학과 개혁신학의 영향이 현대신학보다 더 지배적이라고 할 수 있을 것이다.

---

231) 권성수, 「성경해석학1」, 202-03.

232) 정규철, "이병규 목사의 생애와 신학," 「한국교회를 빛낸 칼빈주의자들」(서울: 킹덤북스, 2020), 1496-97

4) 김재준 목사면직 철회[233)]

2016년 통합총회는 갈팡질팡했다. 해제와 해제철회, 또 다른 해제를 결정했기 때문이다. 해제철회는 몇몇 이단들에 대한 것이고, 또 다른 해제는 목사면직에 대한 것이다. 우리는 목사면직 철회에 주목하고자 한다. 2016년 10월 12일 예장통합 관계자들은 서울 연지동 한국기독교연합회관 내 기장 총회를 방문해 지난 9월 말 열린 제101회 총회에서 결의된 공문을 전했다. 공문에서 예장통합은 "제38회 총회(1953.4.24.~28, 대구서문교회당)의 故 김재준 박사 제명 결의는 권징 없이 책벌할 수 없다는 헌법을 위반하고 총회가 제명 결의를 한 것이기에 제101회 총회(2016.9.26~29, 안산제일교회당)에서 故 김재준 박사에 대해 제명을 결의한 제38회 총회의 결의를 철회하기로 결의했다"며 "앞으로도 양 교단이 한국교회의 연합과 일치를 위한 연대 활동에 함께 힘을 모아 협력할 수 있기를 바란다"고 밝혔다. [천지일보, 2016.10.13]

(가) 제38회 총회의 김재준 목사면직

김재준은 자유주의 신학자이다. 그는 급진주의 신학으로 알려진 뉴욕 유니온 신학교의 일본 출장소격인 아오야마(靑山)학원 출신이다. 그는 1933년 9월 「신학지남」에 실린 "전기적으로 본 예레미야의 내면생활"에서 여호와의 전기가 신명기밖에 없었을 것이라 하여 5경의 저작권을 부인하였다. 1934년 1월에는 「신학지남」에 실린 "이사야의 임마누엘 연구"에서는 임마누엘이 원래 예수 그리스도를 가리킨 것이 아니라 후대의 신약

---

233) 이 항목은 저자가 「리폼드뉴스」(2016. 12. 15)에 "통합통회의 김재준 목사면직 철회에 대한 소감"이란 제목으로 기고한 글이다.

성경 기자가 덧붙인 것이라 주장하였다. 김재준의 후예들은 지금의 한신대학교가 한국 최초로(1947년) 인가받은 4년제 대학이라 자랑하지만, 한신은 처음부터 친일 성향이었다. 한신은 신사참배 거부로 폐교당한 평양신학교와의 신학적 단절, 성경무오 부정, 세계 조류의 수용 등을 주창하면서 조선신학교라는 이름으로 '황국의 기독교 교역자 양성'을 목적 삼았다. 김재준은 채필근, 송창근과 함께 이 학교를 설립하고, "절대 무오한 책은 없습니다. 절대무오한 이는 하나님뿐일 것입니다. [성경] 본문에 서로 모순되는 것 틀렸다고 말할 수 있는 구절이 많이 있습니다"고 발언함으로써 성경무오를 분명히 부정했다. 그러면서 성경에 오류가 있지만 구원과 행위의 측면에서 얼마든지 성경의 권위를 세우고 성경에서 예수 그리스도를 만나고 그를 믿어 구원받는 데 부족함이 없다고 변명했다. 그러나 이런 해명은 성경 자체의 내용보다는 실존적 성경해석일 뿐이다, 바로 찰스 브릭스와 칼 바르트와 벌카우어의 주장이다. 그러나 사실 바르트의 신학에서 지옥은 없고, 다 구원받는다고 주장하는 것은 성경의 사상이 아니다. 김재준은 이런 바르트의 추종자였다. 그는 더욱 분명히 말하기를 "성경 축자 무오설에 그리스도교를 붙들어 매는 사람은 결코 그리스도교의 친구가 아니다"고 일갈하기까지 하였다.

이러한 김재준의 강의에 반발하여 1947년에 조선신학교 학생 51명이 '진정서'를 총회에 제출했다. 이 진정서는 김재준 · 송창근 · 정대위 교수의 신학을 다루지만, 주로 김재준의 사상을 비판하고 있었다. 김재준은 구약성경을 유태교의 성경이라고 하고, 문서설을 주장한다는 것이었다. 그는 모세 6경설, 제2이사야서설을 가르치고, 성경은 주변국의 종교와 문화의 영향을 받아 기록되었을 뿐만 아니라, 성경에는 오류가 많으며, 노아홍수설, 바벨탑 기사, 인류의 기원 등은 모두 허구라고 주장했다는 것이다.

김재준은 여리고 성의 함락이 실제사건이 아니라 단지 정신적 승리라고 가르쳤다는 것이다. 이외에도 그는 정통신학이 신신학보다 더 교묘하게 위장한 실제적 인본주의이며 정통적 이단이라 주장하면서, 성경은 교리의 교과서가 아니고, 칼빈의 예정론은 운명론과 다를 바 없으며, 유일신 엘로힘은 셈족의 신이라고 가르친다는 것 등등이다. 김재준은 자신의 성경관에 이단시비가 일어나자 바르트주의 성경관을 자신의 것으로 천명했다. "성경에 다소 오류가 있으나 그 속에 구속하는 이치가 있다"는 점에서 성경은 무오하다고 변론했다. 성경의 역사와 과학 관련 본문에는 오류가 있으나 구원에 필요한 정보를 제공하는 점에서는 성경은 무오(infallable, not inerrant)하다는 발언이다.

이리하여 1952년 4월 29일 대구서문밖교회당에서 열린 제37회 총회는, 성경은 오류가 있지만 인간을 구원하는 하나님의 말씀이라는 김재준을, 성경무오설을 부인한다고 하여 교회에서 제명 처분을 하기로 가결하였으며, 조선신학교 졸업생을 교회의 교역자로 받아들이지 않기로 결의하였다. 이듬해 1953년 4월 25일 대구서문교회당에서 개최된 제38회 총회는 김재준의 목사 파면을 결의하였다. 그러니까 김재준의 면직은 성경유오설의 주장자라는 죄명 하에 단행되었고, 성경유오설의 내용은 역사적 유오, 과학적 유오, 축자영감설의 부인, 오경의 모세 저작 부인 등이었다. 이미 제36회 총회와 제37회 총회는 "신조 제1조를 위반하여 성경유오설(원본)을 주장, 선전, 옹호하는 자는 권징조례 제6장 제42, 43조에 의하여 시정 치리하도록 각 노회에 지시할 것"을 결정한 바 있다. 제38회 총회장 명신홍 목사는 "목사 김재준씨는 제36회 총회 결의를 무시하고 성경유오설을 계속 주장하였으므로 권징조례 제6장 42조에 의하여 목사직을 면직하고 그 직분을 주 예수의 이름과 그의 직권으로 금한다"라고 선언하였다. 이에 대하여 김재준에 동조하는 목사 26명과 장로 26명은 그해 6월 10일 조선신학교 강당에 모여 호헌한다는 명분으로 새 총회를 열었고, 1954년에 "한국기독교장로회"라고 호칭하였다.

(나) 김재준 목사면직 철회

우선 "권징 없이 책벌할 수 없다는 헌법을 위반하고 총회가 제명 결의를 한 것이기에 제101회 총회(2016.9.26~29, 안산제일교회당)에서 故 김재준 박사에 대해 제명을 결의한 제38회 총회의 결의를 철회하기로 결의했다"는 공문이 사실이라면, 이 공문은 모순적인 표현을 하고 있다. 권징 없이 책벌할 수 없다는 말 자체가 모순이 아닌가?. 왜냐하면 책벌이 권징이기 때문이다, 권징조례 제1장 제1조에 따르면 권징은 치리하는 것이다. 책벌도 치리하는 것인데 통합측의 공문은 치리 없이 치리할 수 없다는 뉘앙스를 준다. 이 말은 권징 없이 권징할 수 없고 책벌 없이 책벌할 수 없다는 해괴한 말과 다름이 아니다.

아울러 통합측이 김재준의 목사면직 취소를 결정한 것은 통합측과 기장측의 신학이 성경유오설의 측면에서 서로 다를 바 없음을 천명한 것이다. 기장은 조선신학교를 기반으로 처음부터 성경의 오류를 전제하고 자유주의 신학으로 출발했는데, 통합측이 기장의 설립자인 김재준의 목사면직을 취소한 것은 통합측의 신학과 신앙이 성경의 고등 비평을 수용하여 성경에 오류가 있음을 전제로 하는 자유주의 신학에 기초하고 있음을 스스로 공포한 것이다. 많은 자원을 가진 통합측이 이처럼 성경유오를 공개적으로 선포한 것은 심히 안타까운 노릇이다. 통합측 총회장 이성희 목사는 말하기를, "당시 신학과 사회의 저항으로 말미암아 김재준 박사를 그렇게 대했지만, 지금 장공신학에 대해 시비하는 것도 없고 시대변화에 따라 모두가 함께 모이게 된 것을 감사하게 생각한다"고 소감을 밝혔다. 시대가 변하면 진리도 변하는가? 통합총회에서는 아마도 용서 없는 정죄를 문제 삼아서 무조건적인 화해와 일치를 이룬다는 명분으로 이 같은 결정을 한 것 같다. 그러나 과연 잘못에 대한 인정도 없는 상태에서 무조건 용서만 하는 것이 예수님의 가르침인가?

우리가 성경무오를 믿고 주장하는 것은 성경 자체의 주장 때문이다. 성경은 다음과 같이 말한다. "모든 성경은 하나님의 감동으로 된 것으로"(딤후 3:16) "천지가 없어지기 전에는 율법의 일점 일획도 결코 없어지지 아니하고 다 이루어질 것"이기 때문에(마 5:18), "성경은 폐하여질 수 없으며"(요 10:35), 성경을 가감하는 자는 "하나님이 이 두루마리에 기록된 생명나무와 및 거룩한 성에 참여함을 제하여 버리시리라"고 선언한다. 이와 같은 성경 자체의 주장에 따라서 우리 교회는 언제까지나 성경유오설을 단호히 배격하고 성경축자영감에 따른 성경무오교리를 굳게 신봉하고 변증해야 할 것이다. 왜냐하면 성경 원문의 무오성을 부정하면 우리의 구원의 근거가 없어지게 되기 때문이다.

성경유오설은 기독교를 파괴하는 것으로 나타나기 때문이다, 통합측의 고 이상근 목사는 성경에 과오의 여유를 두는 한 끊임없이 확대해 나갈 것이기 때문에 축자영감을 주장했다. 성경의 오류를 말하면 성경이 말하는 복음을 의심하여 복음의 핵심인 예수님의 인격과 사역을 부정하게 된다. 즉 예수님이 하나님의 성육신이고 구속사역을 하신 분이라는 것을 믿을 수 없게 된다. 그러면 기독교는 해체될 것이다. 이미 칼 바르트의 주장에 찬동한 로마 가톨릭은 교리적으로 기독교를 벗어났다. 왜 우리가 이런 일에 침묵해야 하는가?

4. 해석의 타락

상황화, 학문의 연계성 그리고 역사비평으로 특징되는 현대의 성경해석은 기독교를 기독교라 할 수 없게 만들었다. 하나님의 계시인 성경을 부정하니까 이론적으로 기독교는 설 수 없게 되었다. 그래서 박아론 교수는 역사비평방법으로 성경을 연구하여 성경을 비신화화한 불트만에 대하여는 '집도하는 뿔트만'이라는 용어로 기독교의 핵심인 성경을 난도질한다고 비판했다.[234] 마치 유다 왕 여호야김이 예레미야가 하나님의 말씀을 기록한 두루마리를 면도칼로 베어 화로 불에 던져서 모두 태운 것과 같다(렘 36:23). 성경의 권위를 무시하면 성경의 메시지도 부정하게 된다. 그러면 예수 그리스도는 하나님의 아들이 아니고 한낱 사람에 불과하게 된다. 아울러 예수 그리스도의 인격과 사역을 통한 인간의 구원은 신화에 불과하게 된다. 그렇다면 기독교는 무너진다. 이미 유럽에서는 현실로 다가왔다. 영국에서는 교회당이 이슬람사원과 술집 등으로 팔린다고 한다. 이 시기의 성경해석은 일반적으로 성경의 무오성을 부정하고 하나님의 메시지 전달을 무시하는 해석의 타락을 가져오고 기독교 자체를 해체하는 급진적인 면을 초래했다.

해석의 타락으로 기독교 해체이론이 된 대표적인 증거는 이상의 역사비평을 수용한 천주교의 제2차 바티칸공회의(1962~65) 문헌 중 교회에 관한 교리적 구성 2장 16조에 명시된 종교다원주의 교리이다. 첫 조항은 유대인들을 그리스도를 믿는 믿음과 무관하게 하나님의 백성으로 정하였다. 첫째로 언약과 약속이 주어지고 그로부터 육신을 따라 그리스도가 나

234) 박아론, 「현대신학은 어디로?」(서울: 청암출판사, 1971), 20.

온 백성은 조상들 때문에 가장 사랑스런 백성이다. 회개 없이 하나님의 선물들과 소명이 주어졌다.

둘째 조항은 무슬림들을 그리스도를 믿는 믿음과 상관없이 하나님의 백성으로 확정하였다. 구원계획은 창조주를 아는 자들도 포함한다. 그들 가운데는 특별히 무슬림들이 포함된다. 그들은 아브라함의 믿음을 고백하여 지킨다. 그들은 우리와 함께 유일하시고 자비로우시며 마지막 날 사람들을 심판하실 하나님을 경배한다.

셋째 조항은 일반 종교인들을 하나님의 백성으로 배정하여 구원을 약속하였다. 그림자와 형상들 안에서 알려지지 않는 하나님을 찾는 다른 사람들에게서 하나님 자신은 멀리 계셔도 그들 모두에게 생명과 영감과 모든 것을 주신다. 또 구주는 모든 사람이 구원받기를 원하신다. 그리스도의 복음과 그의 교회를 모르는 것이 자기 허물이 아니지만 신실한 마음으로 하나님을 찾는 자들은 양심의 지시로 하나님의 뜻을 깨닫게 되어 주입된 은혜 아래 행실들을 행하려고 시도하는 자들도 영원한 구원에 도달할 수 있다. 본문만 보면 그럴듯하다. 그러나 이 교리조항 본문 배경에 있는 신학에 의하면 전통적인 하나님 견해가 전혀 아니다. 또 구원도 전통적인 그리스도교회가 주장하는 구원이 전혀 아니다. 로마교회는 유대교와 이슬람교와 이방종교들과 대화하기 위해서 전통적인 신앙 내용들을 전부 바꾸었다.

에덴동산에서 사탄이 인간을 유혹할 때 네가 하나님처럼 될 것이라는 유혹을 넘어 이제는 아예 하나님의 존재 자체를 무시하는 단계에까지 이르게 되었다. 인간의 죄악된 욕망은 하나님의 자리를 넘어서 하나님의 존재 자체를 부정하기까지 하게 되었다. 인간의 욕심은 이처럼 끝이 없다. 성경해석 타락의 끝판이라고 할 수 있을 것이다.

그렇다고 정말 기독교가 완전히 해체되거나 교회가 돌 하나도 돌 위에 남지 않게 무너지는 것은 아니다. 모세가 십계명 돌판을 깨뜨렸을 때 하나님은 또다시 십계명을 돌판에 새기시고(출 34:1-28), 여호야김이 불태운 성경을 다시 기록하게 하신 것(렘 36:27-32)처럼 기독교 복음의 해체이론으로 복음의 전달이 방해받는 것은 아니다. 복음의 성경은 폐할 수 없다(요 10:35). 복음은 생명력이 있기 때문에 해체이론의 방해에도 불구하고 기도와 전도로 계속 사람들에게 전달되고 있다.

근대 신학의 아버지라 하는 슐라이어막허(F. Schleirmacher, 1768~1834)는 그의 「종교론: 기독교를 멸시하는 교양인들에 대한 강연」에서 기독교 복음을 전하기보다는 기독교의 사상이 세상의 사상과 다르지 않다고 하여 기독교의 핵심 교리들을 해석적으로 부정하였다. 성경의 가르침이나 고대 교회의 신조들을 특정시대의 감정으로 치부하였다. 이러한 해석의 타락은 칼 바르트(Karl Barth, 1886~1968)나 폴 틸리히(Paul Tillich, 1886~1965)에게도 계속되었다. 칼 바르트는 성경의 고대종교의 한 문서로 치부하고 정통적 삼위일체 하나님을 부정할 뿐만 아니라 예수님의 신성도 부인하고 천국과 지옥도 부정하면서 인류가 다 유기되고 다 선택받고 다 하나님의 백성이라는 엉뚱한 궤변을 그의 13권의 「교회교의학」에서 주장하였다. 이러한 사상은 교회를 위하는 교의학이 아니라 교회를 망하게 하는 거짓학이다. 폴 틸리히는 그의 「조직신학」에서 성경주의를 악마적이라고 전제하고 신학을 철학화하였다. 하나님은 존재이고 예수는 새 존재이며 성령은 애매한 영이라는 철학의 용어로 성경의 핵심 가르침을 부정하였다. 이러한 신학은 독창적이고 새로운 사상이라고 할 수는 있겠으나 성경의 기독교를 송두리째 부정하는 신학적 쓰레기이고 독약이라고 할 수 있을 것이다. 왜 우리가 생명의 복음을 버리고 쓰레기와 독약을 취택할 것인가?

이러한 현대 신학자들과는 다르게 아브라함 카이퍼(Abraham Kuyper, 1837~1920), 헤르만 바빙크(Herman Bavinck, 1854~1921), 벤자민 B. 워필드(1851~1921), 루이스 벌코프(Louis Berkhof, 1873~1957), 그레샴 메이첸(John Grasham Machen, 1881~1937)과 코넬리우스 반 틸(Cornelius Van Til, 1895~1987) 등 성경을 성령의 영감으로 된 정확무오한 하나님의 말씀으로 믿는 칼빈주의 학자들의 노력으로 하나님의 메시지는 현대에도 전달되고 있다.

제2부

성경해석의 실제

II

상속자 개념이 창세기 24장에서 어떻게 적용되었는가?
라반은 그의 아버지 브두엘이 있음에도 불구하고
집안의 중요한 결정한 것을 볼 수 있었다.
라반은 아브라함의 종을 영접하고, 리브가의 결혼을 결정하고,
아브라함의 종에게 며칠을 체류할 것을 권면했으며,
리브가의 결혼을 축복했다.
이것은 라반이 브두엘의 상속자가 되어
집안의 모든 일을 결정하는 권세를 행사한 것이라
할 수 있을 것이다.

여기서는 제1부의 성경해석의 역사에 이어 성경해석의 실제를 다룬다. 다른 사람들의 성경해석이 아니라 이병규 목사와 서철원 박사의 성경해석을 제외하고 대부분 필자의 단편적인 성경해석의 실제를 제시했다. 성경해석의 역사에서 제기된 해석의 타락을 반복하지 않고 하나님의 메시지 전달 곧 복음의 전달이 성경해석의 의미라는 필자의 성경해석에 대한 정의대로 성경을 해석하려 시도한 실제들이다. 이병규 목사는 성경을 참으로 사랑한 목회자라고 판단되기에 여기에 그를 소개했다. 서철원 박사는 성경해석의 표준을 제시한 것으로 보여 소개한다.

9
Chapter

창세기 24장의 상속자 개념

상속자는 개역개정 기준으로 성경 전체에서 25개 구절에 등장한다. 구약에서 6개 구절, 신약에서 19개 구절에 등장한다. 그만큼 상속자는 구약에 비하여 신약에 약 3배 많이 등장한다. 그런데 구약에서는 창세기에 3번, 그리고 룻기, 사무엘하, 예레미야에 각각 1번씩 등장한다.[1] 창세기 15:3에 등장하는 '상속자'(ירשׁ)는 주로 '소유하다'는 뜻을 지니고 있다.[2] 그러나 이러한 의미는 사전적 의미에 불과하다. 구약시대에서 일반적으로 사용되는 실제적인 의미를 제대로 드러내지 못하고 있다. '상속자'는 단순히 재산을 이어받는다는 의미를 넘어서 가족의 생사여탈권까지 소유하는 절대적 권한도 함께 이어받는다는 의미를 지니고 있는 것으로 보이기 때문이다. 이 글에서는 이렇게 막강한 상속자 개념이 창세기 24장에서 어떻게 적용되었는지를 알아보고자 한다.

---

1) 창 15:2, 3, 4; 룻 4:12; 삼하 14:7; 렘 49:1; 마 21:38, 22:24, 25; 막 12:7, 19, 20, 21, 22; 눅 20:14, 28; 롬 4:13, 14, 16, 8:17; 엡 3:6; 딛 3:7; 히 1:2, 14, 11:7.

2) Francis Brown, S. R. Driver & Charles A. Briggs, *A Hebrew and English Lexicon of the Old Testament with an Appendix containing the Biblical Aramic* (Oxford: At The Clarendon Press, 1997), 439. cf. 게르하르트 킷텔, 게르하르트 프리드리히 편, 「신약성서신학사전」, 브리밀리, 제프리 W. 편역 (서울: 요단출판사, 1986), 505-509.

1. 폰 라트(Gerhard von Rad)의 본문비평

그런데 폰 라트는 창세기 24장을 제이(J)문서 편자가 편집한 것으로 본다.[3] 뿐만 아니라 폰 라트에 의하면 본문은 '민담' 이고, 하나의 '단편소설' 이다.[4] 왜냐하면 형식적인 면에서 이 민담이 다른 창세기 민담 분량(약 10-20절)을 3배 이상 넘어서고 있기 때문이라는 것이다.[5] 계속해서 폰 라트가 창세기 24장에 대해서 지적하는 것은 그 내용에 크고 작은 불일치점들이 있다는 것이다.[6] 아브라함의 종이 소녀에게 두 차례나 그렇게 값진 선물을 주었다고 보도하지는 않았을 것 같기 때문에 그렇다는 것이다(22절과 53절). 23절과 25절도 매끈하지 않은 것은 27절의 감사기도가 명백히 자기소개와 관련되고, 그 소녀의 짤막한 답변으로 "그녀가 그에게 말하였다"(25절)는 말이 반복됨으로써 의아하리만큼 단절되기 때문이라는 것이다.

그러나 이러한 폰 라트의 주장은 창세기를 하나님의 영감으로 기록된 말씀으로 보는 것이 아니라 하나의 고대의 편집문서로 본 고등비평의 결과일 뿐이다. 창세기 24장과 마찬가지로 15장에 대한 시각도 동일하여 하나님의 성경 말씀을 폄훼하려는 시도를 진행할 뿐 본문주석을 진지하게 수행하지 않은 것으로 보인다. 예를 들어 창세기 15:4의 '상속자'에 대한 설명을 전혀 하지 않았다. 이처럼 하나님의 말씀을 편집된 고대의 문서로만 보는 시각은 하나님의 성경 말씀에 대한 모독일 뿐이다. 폰 라트 같은

---

3) 게르하르트 폰 라트, 「창세기」, 국제성서주석 (서울: 한국신학연구소, 1993), 280. 이하 폰 라트로 약기한다.

4) 폰 라트, 280.

5) Ibid.

6) Ibid.

비평 방법은 다분히 주관적이고 증명할 수 없는 부분들이 많을 뿐이다.[7)]

왜냐하면 예수님이 오경을 모세의 저작으로 인정하셨기 때문이다. 그래서 누구든지 이 사실을 부인한다면 그것은 예수님을 불신임하는 것이 된다.[8)] 오경을 모세의 저작이라고 하신 예수님의 증거는 다음과 같은 성구들 때문이다. 마 8:4, 19:7-8; 막 1:44, 7:10, 10:3, 5, 12:26; 눅 5:14, 16:29, 31, 24:44; 요 1:17, 5:46-47, 7:19 등이 5경이 모세의 저작임을 증거한다. 따라서 폰 라트의 고등비평적 문서편집설에도 불구하고, 5경이 모세의 저작이라는 전통적 학설은 여전히 유력하다고 할 수 있는 것은 다음과 같은 또 다른 이유 때문이다.[9)] (1) 5경의 중심인물이 모세인 것은 분명하다. 특히 출애굽기 이후 4경은 전적으로 모세 중심의 기사이기 때문에 5경의 저자문제에 모세를 앞세우지 않을 수 없다. (2) 5경의 명칭이 율법서인데 그 율법을 받아 선포한 사람이 곧 모세였다. (3) 성경의 내증이 뚜렷하다(출 17:14; 수 1:7-8; 마 19:7-8; 요 5:46 등). 따라서 이 글에서는 창세기 24장이 하나님의 정확무오한 말씀으로 보고 논의를 진행할 것이다.

2. 창세기 24장의 상속자 개념의 적용

라반은 그의 아버지 브두엘이 있음에도 불구하고 집안의 중요한 결정을 하는 것을 볼 수 있다. 라반이 아브라함의 종을 영접하고, 리브가의 결

---

7) 손석태, 「창세기 강의」 (서울: ESP, 2001), 11.

8) 박윤선, 「창세기」, 구약주석 (서울: 영음사, 1985), 27.

9) 이상근, 「창세기」, 구약주해 (대구: 성등사, 1990), 5-6. 이하 이상근으로 약기한다.

혼을 결정하고, 아브라함의 종에게 며칠을 체류할 것을 권면했으며, 리브가의 결혼을 축복했다. 리브가의 오빠 라반은 '희다' 는 뜻으로 이미 아버지 브두엘에게서 상속을 받아 집안일을 다 결정하고 집행하고 있었다.

> 고대 중동에서 맏아들은 상속자가 될 뿐 아니라 형제들 위에 모든 결정권을 갖고 권세를 행사하였다. 라반은 이미 결혼하여 가정을 이루고 아버지에게서 모든 것을 상속받은 상속자로서 모든 집안일을 결정하고 지시하고 있었다. 그러므로 리브가의 결혼 승낙도 브두엘이 아니라 라반이 하였고 종을 맞아들이는 일도 라반이 나가서 하였다.[10]

이하에서는 이 같은 상속자 개념이 창세기 24장에서 어떻게 적용되었는지를 살필 것이다.

1) 아브라함의 종을 영접하는 라반

창세기 24:31에서 "라반이 이르되 여호와께 복을 받은 자여 들어오소서 어찌 밖에 서 있나이까 내가 방과 낙타의 처소를 준비하였나이다" 고 하였다. '여호와께 복을 받은 자여' 는 존경과 축복의 말이다. 엄격한 의미에서 라반은 여호와 하나님 예배자는 아니었으나, 아브라함의 종을 통해 여호와의 이름을 배웠을 가능성이 있고,[11] 원래 그의 가문(아브라함, 데라)이 여호와 예배자였기 때문에 이 인사법이 아직도 보존되고 있었다고 할 수 있다.[12] 이 구절에 의하면 아버지 브두엘이 있음에도 불구하고 라반이 아브라함의 종을 영접한다. 라반이 사실상 집안의 중요한 일을 결정

---

10) 서철원, 「창세기(2)」 (서울: 도서출판그리심, 2001), 387.

11) J. P. Lange, 「창세기(하)」, 김진홍 역 (서울: 백합출판사, 1979), 292. 이하 랑게로 약기한다.

12) 이상근, 253.

하는 모습을 보게 된다. 라반이 '그 집의 우두머리'로 나타난다.[13] 라반은 아브라함의 종을 집안으로 초청하고 그와 그의 짐승들이 자기 집에서 쉴 수 있도록 배려했다. 아브라함의 종 엘리에셀은 라반의 영접을 받고 "내가 내 일을 진술하기 전에는 먹지 아니하겠나이다"고 하여 그는 음식 먹음보다도 사명완수를 우선적으로 힘썼음을 보여준다. 라반은 이 사람이 아브라함에게서 온 것을 예감하여 여호와의 복 받은 자라고 호칭하였다. 큰 선물을 가져온 사람은 아브라함의 종이고 아브라함의 아들 이삭을 장가들이기 위해서 온 사람인 줄을 예감했기 때문에 그렇게 호칭했을 것이다. 라반은 큰 선물을 들고 나홀의 가문을 찾아온 사람이 아브라함 외에 올 사람이 없을 것으로 보았다. 그래서 아브라함이 섬기고 나홀이 섬기는 여호와 하나님의 일을 하러 왔으니까 여호와께 복 받은 자라고 할 수 있었을 것이다.

이 호칭으로 라반도 나홀의 가문이기 때문에 아버지 브두엘과 함께 여호와 하나님을 섬기는 사람임을 나타냈다고 할 수 있을 것이다. 하나님으로 섬기는 여호와의 이름으로 손님을 맞았으니 라반은 그 조상 나홀의 신앙대로 여호와를 섬기는 자였다. 여호와를 섬기는 백성이라는 것이 아브라함이 자기 아들의 아내를 나홀의 가문에서 구해 오라고 한 근본 이유일 것이다. 물론 나홀의 가문은 자기 동생 집이지만 그들이 여호와 하나님을 섬기는 백성으로 남아 있었기 때문에 이 가문과 결혼을 하려고 한 것이라고 할 수 있다. 이렇게 아들을 결혼시키면 촌수가 달라질 줄을 잘 알면서도 그런 것을 개의치 않았을 것이다.[14]

---

13) 클라우스 베스터만, 「창세기 주석」, 강성열 역 (서울: 도서출판한들, 1998), 256. 이하 베스터만으로 약기한다.

14) 서철원, 388-89.

라반은 손님들을 받을 준비를 다 하고 손님을 맞으러 나갔다. 라반은 리브가에게 큰 선물을 준 사람이 가까이에서 온 것이 아니라 멀리서 온 줄을 알았다. 멀리서 온 줄로 알았기 때문에 자기 집에서 묵어야 할 줄로 알고 우물로 나오기 전에 손님의 처소를 마련하였을 것이다. 라반은 큰 일행을 맞이할 만큼 큰집에서 사는 부자였을 것이다.[15)]

아브라함의 종을 영접하는 과정에서 나타난 현상은 가부장적인 사회에서 라반의 아버지 브두엘이 있음에도 불구하고 라반이 가정의 중요한 일을 주도적으로 했다는 사실이다. 이것은 라반이 맏아들이자 상속자로서 형제들 위에 모든 결정권을 갖고 권세를 행사하였다는 사실을 보여준 것이라고 할 수 있을 것이다.

2) 라반의 리브가 결혼 결정

창세기 24:50-51에서는 "라반과 브두엘이 대답하여 이르되 이 일이 여호와께로 말미암았으니 우리는 가부를 말할 수 없노라 리브가가 당신 앞에 있으니 데리고 가서 여호와의 명령대로 그를 당신의 주인의 아들의 아내가 되게 하라"고 말하여 라반의 아버지 브두엘이 있음에도 불구하고 라반이 그 집의 우두머리로 표현되고 있다. 이에 대하여 카일과 델리취 주석에서 라반이 리브가의 결혼의 결정에 참여한 것은 일상적인 습관과 일치하는 일이었고(24:5, 11, 25; 삿 21:22; 삼하 13:22), 이런 습관은 일부다처의 유행이나 또는 자신이 거의 관심을 갖지 않은 아내의 자녀들을 무시하는 아버지의 관행에서 비롯되었을 것이라고 주석했다.[16)] 그러나 랑게(J.

15) 손석태, 194.

16) 카일과 델리취, 「창세기」, 고영민 역, 구약주석 (서울: 기독교문화출판사, 1983), 291.

P. Lange)는 그 집의 주장자가 이것을 결정한 것일 수 있음을 말한다.[17] 문제는 그 집의 실제적인 주장자가 라반의 아버지 브두엘의 아니라 브두엘의 아들 라반임을 보여준다는 사실이다. 결혼같이 중대한 문제에 라반의 역할이 돋보인 반면에 그 아버지 브두엘의 역할은 무시할 만큼 미미하기 때문이다. 더구나 53절을 보면 아브라함의 종은 리브가와 그 오라비와 어머니에게는 예물을 주지만 브두엘에게는 주지 않는다. 창세기 25:20에는 리브가를 '브두엘의 딸'이라고 적으면서도 아울러 '라반의 누이'라는 말을 덧붙이고 있다. 고대 근동의 가부장적인 사회에서 아버지가 아닌 오빠가 그의 여동생의 결혼문제에 있어서 매우 중요한 영향력과 결정권을 행사하고 가부장적인 책임을 진 자로서의 모습을 보여주고 있다.

50절에서 라반을 아버지 브두엘 앞에 둔 것은 라반이 이미 아버지로부터 상속을 받아 집안의 모든 일을 결정하는 결정권을 행사하고 있었음을 보여준다고 할 수 있다. 심지어 베스터만(Claus Westermann)은 '브두엘'이라는 낱말이 등장한 것에 관하여 리브가의 아버지의 이름으로 된 것임을 보여주기 위해 후대에 삽입한 것이라고까지 주장한다.[18] 그러나 이러한 베스터만의 주장은 하나의 가설일 뿐 아무런 근거가 없다. 이 구절에서 아버지가 엄연히 살아 있는데도 아버지보다 아들 라반을 먼저 말한 것은 라반이 이미 아버지를 상속하여 집안의 모든 일을 결정하고 집행하는 위치에 있음을 말한다고 할 수 있을 것이다. 아버지 브두엘은 자문하고 상담하는 수준이고 결정은 아들의 권한 사항이 된 것이라고 할 수 있다.[19]

---

17) 랑게, 294.
18) 베스터만, 257.
19) 서철원, 402-03.

"이 일이 여호와께로 말미암았으니 우리는 가부를 말할 수 없노라" 고 한 것은 이미 여호와로 말미암아 이 일이 왔으니까 이미 결정된 일이라는 의미이다. 하나님께서 선택하셔서 이삭의 아내가 되도록 하셨으면 리브가를 데리고 가서 이삭의 아내가 되도록 할 일이라는 것이다. 자신들이 리브가를 보낼 수 없다고 판단하여 계속 데리고 있을 수 있는 일이 아니라는 의미일 것이다. 즉 여호와 하나님께서 결정하신 일이니까 리브가를 데려다가 이삭의 아내로 삼으라고 허락한 것이다. 이 모든 일이 단번에 이루어졌기 때문에 결혼식만 남게 되었다. 여호와께서 일을 이루시니까 단번에 모든 일이 해결되었다. 비록 종이기도 하였지만, 여호와의 일이기 때문에 여호와께서 일하셔서 선한 열매를 얻게 하셨다. 사람의 일도 하나님이 하시면 완전하고 바르게 되고, 사람이 여호와의 일을 대신하면 모든 일을 망치게 된다.

결국 리브가의 결혼 결정은 일차적으로 하나님께서 하신 일이고, 또한 사람으로서는 브두엘 집의 상속자인 라반이 그 집을 대표하여 하나님의 뜻을 따라 리브가를 이삭의 신부로 결정했다고 할 수 있다.

3) 라반의 권면

라반은 아브라함의 종에게 며칠을 체류할 것을 권했다. 창세기 24:55은 "리브가의 오라버니와 그의 어머니가 이르되 이 아이로 하여금 며칠 또는 열흘을 우리와 함께 머물게 하라 그 후에 그가 갈 것이니라" 고 말한다. 여기서 '열흘' 은 '1년' 을 의미할 수 있다.[20] 그러나 나그네를 머물게 하는 손님 접대의 관습조차도 아브라함의 종을 붙들지 못하였다. 아브

20) 고든 웬함, 「창세기(하)」 윤상문, 황수철 공역, WBC (서울: 도서출판, 2006), 298. 이하 웬함으로 약기한다.

라함의 종은 자신의 사명이 성공적으로 끝났음을 하루빨리 주인에게 보고하고 싶었기 때문일 것이다. 또한 아마도 그는 아브라함이 자신이 귀향 이전에 죽을지도 모른다는 점을 두려워했을지도 모른다.[21] 아브라함의 종은 라반에게 "하나님께서 내게 형통한 길을 열어 주셨으니"라고 말하면서 라반의 결단을 요구하자 라반은 즉각 그에 동의하였다(57-58절). 모든 일이 순조롭게 이루어진 그때에 피곤한 몸도 풀고 관광도 좀 한 후에 느긋하게 돌아가도 될 것이지만, 그는 그의 주인 아브라함을 가다리게 할 수 없다고 생각했을 수 있다.[22] 그래서 리브가의 오라비와 어머니는 리브가를 불러 "네가 이 사람들과 함께 가려느냐?"(58절)고 물었다. 여기서 중요한 것은 리브가에게 이삭과 결혼할 의사가 있는지를 물어본 것이 아니었다. 결혼은 이미 결정되었다. 그들이 리브가에게 물어본 것은 아브라함의 노종과 함께 갈 것인가 아니면 나중에 갈 것인가를 물어본 것이었다. 리브가는 '가겠나이다' 고 대답함으로써 즉시 떠나는 것에 동의하고 낯선 땅으로 여행하여 전혀 알지도 못하는 남자와 결혼하는 것까지 동의하였다. 그것이 자신에게 정해진 길이라는 것에 설득당한 것이다.[23]

웬함(Gordon J. Wenham)은 이 구절에서 리브가의 오라버니에 대한 주석을 하지 않았다. 단지 아브라함의 종이 그렇게 오래 머물 것을 생각했으리라고 그려 보기는 어렵다 하더라도 그러한 가능성을 심각하게 고려해 보았을 것이 틀림없다는 추측만 하였다.[24]

결혼 승낙이 나면 그때부터 여자는 몸단장을 하고 혼수도 준비해야 한

21) 베스터만, 257.

22) 손석태, 196.

23) 베스터만, 257-58.

24) 웬함, 298.

다. 그런데 결혼 승낙이 났다고 해서 아브라함의 종이 곧 바로 여자를 데리고 간다고 하니까 이해할 수 없는 상황이 발생했다. 결혼 준비를 위해서 여러 날 어머니 곁에 있어야 하고 그렇지 못할 경우에는 열흘이라도 있어야 한다. 그래서 어머니 곁에서 결혼의 모든 예절과 가정생활의 법도를 배워야 하는데, 갑자기 딸을 데리고 간다고 하니까 마음의 충격들이 클 수밖에 없었다. 그래서 라반은 아브라함의 종에게 예법을 따라 여자가 며칠은 어머니 집에 있어야 하니까 열흘이라도 있게 하고 그 후에 가라고 권면한 것이다.

이러한 권면도 라반의 아버지 브두엘이 한 것이 아니라 라반이 했다. 라반이 아버지로부터 상속자로서 권세를 모두 이어받았기 때문에 여동생의 결혼 결정과 아브라함의 종의 체류 권면도 집안 대표로서 할 수 있었을 것으로 보인다.

4) 라반의 리브가 결혼 축복

창세기 24:60에서 라반은 "리브가에게 축복하여 이르되 우리 누이여 너는 천만인의 어머니가 될지어다 네 씨로 그 원수의 성문을 얻게 할지어다"고 말한다.[25)] 리브가의 이름은 아브라함의 이름보다 더 많이 '축복하다'(ברכ)의 어근에 대한 언어유희로 들린다. 이러한 연관은 "너는 천만인의 어머니가 될지어다"의 '천 만인'(רבבה)이 리브가의 이름과 아주 유사하여 또 다른 언어의 유희라고 할 수 있다.[26)] 이것은 또한 '번성할 것'(라바, 창 1:28; 9:1, 7, 17:2, 22:17)에 대해 자주 명령하고 약속한 것과 연결

25) 이 구절은 "그들이 리브가를 축복하여 그녀에게 말하기를 우리 누이여 너는 천만 인의 어미가 되며 네 씨는 그의 미워하는 자들의 성문을 차지하게 할지어다"로 번역할 수 있다. cf. 서철원, 410-411.

26) 웬함, 299.

된다. 아브라함의 자손이 번성할 것이라는 약속이 실현되기 시작한 것은 리브가를 통해서이다.[27] 창세기 22:17에서 "네 씨가 그 대적의 성문을 차지하리라" 고 아브라함에게 주어진 약속을 거의 그대로 반복하고 있다. 이 축복은 대체로 신부들에게 주어진 공통된 축복으로 짐작된다.[28]

베스터만은 이 축복이 초기 단계에서 가족 중 한 명이 집을 떠날 때 주어지는 것으로 말한다. 그것은 떠나는 자의 미래에 실제적인 영향을 주는 것으로 이해된다는 것이다.[29] 이 본문의 축복은 자손 번영의 기원을 승리 기원과 연결시킨다. 전자는 결혼 때에 주어지는 축복으로 생겨난 것인 듯하고, 후자는 가족 집단이 커져서 이루어진 부족 집단이 점차 확대될 것을 기원하는 내용일 수 있다.

라반과 그의 가족들이 리브가를 위하여 비는 복은 생산과 안전에 관련된 것으로서 하나님께서 아브라함에게 주셨던 복과 동일한 성격을 띠고 있다. 리브가는 이삭과 결혼하여 복의 근원이 될 것이고 믿음의 조상이 될 것이라는 축복일 것이다.[30] 떠나가는 딸을 위해 모든 식구가 많은 자녀를 낳으며 또 살 땅을 합당하게 소유하게 되도록 기원하였다. 멀리 시집가는 라반의 누이가 아브라함의 아내 사라처럼 되지 말고 많은 자녀를 낳게 되기를 기원한 것이다. 그리고 그 자식이 합당하게 땅을 차지해서 살게 되기를 기원했다. 아브라함은 많은 재산을 모았지만 아직까지 자기의 성을 세우지 못하였다. 이삭도 아직 자기의 성을 이룰 수 있는 상황이 아니다. 그러나 리브가가 시집가서 많은 자녀를 낳고 그 자손들이 가나안

27) Ibid.
28) cf. 룻 4:11-12.
29) 베스터만, 258.
30) 손석태, 196-97.

땅을 합당하게 차지해서 살게 되도록 기원하고 축복하였다고 할 수 있다.[31] 갑자기 자기들을 떠나는 누이에게 이 축복 외에 다른 말을 할 수 없었을 것이다.

그러나 베스터만은 여기서 라반의 축복권에 대한 설명은 하지 않았다. 그러나 본문의 문맥을 보면, 라반은 이미 결혼하여 가정을 이루고 아버지에게서 모든 것을 상속받은 상속자로서 모든 집안일을 결정하고 지시할 뿐만 아니라 가족과 더불어 축복하는 일까지도 행사하고 있었다.

한 가지 흥미로운 사실은 폰 라트가 창세기 24장을 그리 오래된 것이 아닌 민담으로 말함에도 불구하고, 본문에 명백한 신학적 특성이 있다고 주장한다는 점이다.[32] 즉 다른 어디에서나 지배적이었던 족장 약속의 주제(민족의 번성; 땅의 소유)가 배후로 사라진 데 비하여, 뚜렷한 신적 인도에 대한 묘사가 전면에 나타나고 있다고 주장한다.[33] 본문을 민담으로 규정하는 폰 라트가 본문에 족장 약속의 주제가 배후에 있다거나 뚜렷한 신적 인도에 대한 묘사를 말하고 있다고 주장하는 것은 아이러니로 여겨질 수 있다. 더구나 "이 민담은 주제 상으로 선조들의 약속이 뚜렷이 부각되어 있는 다른 아브라함 민담들과 결부됨으로써 이런 신적 인도하심의 목적도 엄밀한 의미에서 구원사적인 것이라는 게 아주 명백해진다"고 덧붙여 해설했다는 점이다.

폰 라트가 창세기 본문을 민담으로 규정하고 있음에도 불구하고 본문의 배후에 신적 약속의 주제와 아울러 신적 인도에 대한 묘사가 뚜렷하다고 말하고, 더욱이 그 신적 인도하심의 목적이 엄밀한 의미에서 구원사적

31) 서철원, 411.

32) 폰 라트, 287.

33) Ibid.

이라고 주장하는 의도가 무엇인지가 명백하지 않다. 폰 라트가 족장 약속의 주제를 민족의 번성과 땅의 소유로 지적한 것은 창세기 12:1-14에 비추어 볼 때 타당성이 있다고 할 수 있을 것이다. 그러나 폰 라트가 말하는 구원사는 과연 예수 그리스도의 성육신 인격과 속죄사역을 통한 구원의 의미를 지니고 있는지는 확실하지 않다. 폰 라트는 본문을 하나님의 계시로서의 말씀으로 받아들이지 않고 하나의 '민담'과 '단편소설'로 규정하기 때문이다.

3. 결론

이상에서 상속자 개념이 창세기 24장에서 어떻게 적용되었는지를 알아보았다. 라반은 그의 아버지 브두엘이 있음에도 불구하고 집안의 중요한 결정한 것을 볼 수 있었다. 라반은 아브라함의 종을 영접하고, 리브가의 결혼을 결정하고, 아브라함의 종에게 며칠을 체류할 것을 권면했으며, 리브가의 결혼을 축복했다. 이것은 라반이 브두엘의 상속자가 되어 집안의 모든 일을 결정하는 권세를 행사한 것이라 할 수 있을 것이다.

이 글의 주제는 상속자 개념의 적용이지만 본문에서 말하는 내용은 이삭과 리브가의 결혼에 관한 보도이다. 이삭과 리브가의 결혼은 하나님께서 아브라함과 맺은 언약으로서 땅과 자손과 축복의 약속이(창 12:1-14)이 땅 위에서 구체적으로 차근차근 실현되는 하나의 과정이라고 할 수 있을 것이다. 아브라함의 언약의 궁극적인 목표는 메시아의 탄생으로 이루어질 하나님의 나라일 것이다.

사실 상속자 개념은 창세기 24장에서 끝나지 않는다. 브두엘과 라반 사이의 상속은 아브라함과 이삭 사이의 상속을 떠올릴 수 있다. 나아가서 상속자 모티프의 최대 적용은 하나님의 상속자로서 그리스도에 해당된다고 할 수 있을 것이다(갈 3:15-18, 27-29).[34] 더욱이 그리스도께서 아브라함에게 주어진 약속의 유일한 상속자인 것은 그리스도를 믿는 자들이 세례를 통하여 그리스도로 옷 입을 수 있고(갈 3:27), 그리스도 안에서 하나가 될 수 있기 때문에 그리스도인들도 상속자가 될 수 있음을 의미한다(갈 3:28). 그리스도인들은 그리스도 안에 있음으로 아브라함의 자손이 되고 약속의 상속자들이 될 수 있기 때문이다(갈 3:29, 4:4-7).

---

34) 마크 알란 포웰, 「현대인을 위한 신약개론: 역사적 문학적 신학적 읽기」, 이승호 역 (서울: CLC, 2014), 357.

10 Chapter 호세아의 미션

1. 호세아서의 특징

호세아서에서 새롭게 배울 수 있는 것은 1장 2절의 '취하라'는 단어의 의미이다. 개정역의 '낳으라'는 원문에 없지만 취하라는 단어와 별 다를 바 없는 의미를 지니고 있음을 깨닫게 되었다. 더구나 인상적인 것은 이 단어기 포함된 2절의 내용이다. "여호와께서 처음 호세아에게 말씀하실 때 여호와께서 호세아에게 이르시되 너는 가서 음란한 여자를 맞이하여 음란한 자식들을 낳으라 이 나라가 여호와를 떠나 크게 음란함이니라 하시니." 이 구절의 의미를 생각하게 된 것이 호세아서 수업에서 새삼 새롭게 배운 것이라고 할 수 있다. 1장 2절은 한 절에 불과하지만, 의미는 호세아서 전체 메시지와 일맥상통한다고 할 수 있다. 음란한 여자를 맞이하여(취하여) 음란한 자식들을 낳으라는 메시지로 시작된 호세아서 메시지는 이스라엘의 타락과 그 결과의 징계에 대한 경고를 말하면서도 하나님의 긍휼과 인애와 사랑이 이 모든 것을 어떻게 극복할 것인가를 가르쳐 준다고 보기 때문이다.

우선 호세아 선지자가 음란한 여자를 취하라는 여호와의 말씀의 의미가 상징인지 실제인지가 문제가 된다. 그래서 호세아의 음란한 여자와의 결혼 명령에 대하여 몇 가지 해석을 검토하지 않을 수 없다.

먼저 예기적 관점의 해석이 있다. 앞으로 일어날 수 없고, 성적으로 음란할 수 없다는 해석이다. 결혼 전에는 음란 안했으나 결혼 후 음란할 것이기에 음란했다고 말한다는 것이다. 이런 해석은 도덕적 관점에서 취할 수 있다. 그러나 그렇게 정상적인이라면 무슨 의미가 있는가의 문제가 남는다.

또한 회고적 가치가 있다는 해석이다. 이 해석은 역사적 사실을 인정해서 역사적으로 음란한 상태에서 결혼했다는 것이다.

이 부분에 대하여 영(Young) 박사나 칼빈(Calvin)은 영적 해석을 취했다. 결혼이 비정상적이어서 메시지가 된다는 것이다. 에스겔 선지자나 이사야 선지자, 그리고 예레미야 선지자는 표적 행위(Sign act)를 취했다. 고멜의 모습은 범죄한 이스라엘의 상징이면서 선포행위(Speech act)라는 것이다. 이스라엘이 우상숭배와 혼합주의를 취해서(take) 신앙이 변질되었다는 것이다. 그래서 자연스럽게 호세아서는 모세5경과 연결되어 있다는 것이다.

이처럼 호세아의 결혼에 대해 다양한 해석들이 있는 가운데, 역사적 사실이라는 것이 기본적인 의미이고, 영적인 의미만을 전달한다는 해석도 배제할 수는 없겠다.

1) 1:2의 배경

1:2의 배경은 1:1에 기록되어 있다. "웃시야와 요담과 아하스와 히스기야가 이어 유다 왕이 된 시대 곧 요아스의 아들 여로보암이 이스라엘 왕이 된 시대에 브에리의 아들 호세아에게 임한 여호와의 말씀이라." 여기

여로보암은 여로보암 2세를 가리킨다. 호세아 선지자는 '여호와는 구원하신다'는 뜻으로 여호수아, 예수와 같은 의미의 이름으로, 그의 아버지는 브에리(호 1:1)였다. 아모스 선지자의 사역 직후 활동한 것으로 보인다. 웃시야와 요담과 아하스와 히스기야가 이어 유다 왕이 된 시대에 활동을 했다. 그런데 북방 이스라엘 왕으로는 요아스의 아들 여로보암만 말하고 있다. 웃시야와 요담과 아하스와 히스기야가 이어 유다 왕이 된 시대는 여로보암 2세를 비롯하여 스가랴, 샬룸, 므나헴, 브가히야, 베가 및 호세아가 이스라엘 왕이 된 시대인데, 여로보암 2세만 언급하고 있다. 무슨 이유일까? 더구나 호세아 선지자는 북방 이스라엘에서 사역하는데 무슨 까닭이 있기에 남방 왕들의 이름이 먼저 기록되었을까?

또한 왜 호세아가 남유다 왕은 많이 넣고 북이스라엘 왕은 적게 나오는가? 호세아 선지자는 쿠데타 왕들을 인정하지 않았을 가능성이 있고, 유다에 희망의 가능성을 내다보았다고 할 수 있다. 이렇게 많은 왕이 다스리던 시대에 호세아 선지자가 활동했기 때문에 호세아의 활동기간은 40년 전후로 짐작된다.

이 시기의 북방 이스라엘은 여로보암의 통치(주전 793~753)하에서 극도로 번영을 누림과 동시에 나라의 부패도 극도에 달한 시기였다. 그래서 여로보암 이후에는 나라가 혼란을 거듭하여 멸망으로 치닫게 되었다. 여로보암의 아들 스가랴는 왕위에 오른 지 6개월 만에 살룸의 반역으로 죽게 되어서 여로보암의 집이 망했다. 또 샬룸은 왕이 된 지 한 달 만에 므나헴에 의해 죽고, 므나헴은 앗수르에 조공을 바칠 정도로 힘이 약한 나라의 왕이 되었다. 그나마 그의 아들 브가히야가 왕이 되었을 때는 궁중 반란으로 베가에 의해 죽임을 당했다. 베가는 호세아의 반란으로 죽고 호세아 때는 아예 앗수르에 의해 나라가 망했다. 이스라엘 12지파 중 10지파가 다른 나라의 포로가 될 정도였다. 호세아는 이처럼 이스라엘의 죄악이 관영하고 국가의 반란이 빈번한 혼란의 시기에 하나님의 백성으로 돌이키려고 애를 썼다.

앵커 성경 주석(Anchor Bible Commentary)에서 호세아서의 문체가 굉장히 오래됐기 때문에 편집된 것이 아니라고 한 것은 일리가 있다.

2) 호세아 결혼의 아픔

1:2-9에 명령형이 많이 나온다. 2, 4, 6, 9절에 보면, '가서 낳으라'(취하라, לקח 라하흐, 주권적 선택), "음란한 아내를 취하여 음란한 자식들을 낳으라"는 등의 말이다. 사실 1:2에서 '낳으라'는 단어는 히브리어 원문에 없다. 그래서 킹 제임스(KJ) 번역대로 1:2은 "너는 가서 음란한 아내와 음란한 자식들을 취하라"(Go, take unto thee a wife of whoredoms and children of whoredoms)고 직역할 수 있겠다.

여호와께서 호세아 선지자에게 하신 이 말씀은 이해하기도 어렵고 또 순종하기도 쉽지 않은 이상한 말씀이었다. 왜냐하면 호세아가 음란한 여자를 아내로 취한다면 그의 선지자 활동에 큰 지장이 있을 것이고, 백성은 그의 말을 들으려 하지 않을 것이기 때문이다. 또한 하나님의 계명에도(레 21:14, "과부나 이혼당한 여자나 창녀 짓을 하는 더러운 여인을 취하지 말고") 어긋나기 때문이다. 그런데 왜 하나님께서 이런 명령을 하셨을까? 그래서 이 문제를 해결하고자 어떤 이들은 이 명령이 실제 사건이 아니라 환상 중에 이루어진 하나의 비유라고 해석하기도 한다. 그러나 1:3에서 음란한 여자 고멜을 '디블라임의 딸'이라고 하여 역사적 실제 인물임을 밝히고 있다.

그러면 어찌하여 하나님은 이런 불법적인 명령을 하셨을까? 선지자가 음란한 여인을 취하는 것이 불법적이라면 하나님께서 음란한 이스라엘을 사랑하시는 그 자체가 불법적이 아닐 수 없다. 공의의 하나님이 죄를 용납하실 수 없기 때문이다.

그러나 그것이 하나님의 사랑이다. 하나님의 공의는 분명히 하나님의 사랑과 서로 배치되는 것이 사실이다. 그러나 "인애와 진리가 같이 만나고 의와 화평이 서로 입맞추었으며"(시 85:10)라는 말씀과 같이 하나님께서는 이스라엘을 버릴 수 없었다. 이러한 사랑은 예수 그리스도의 십자가에서 구체적으로 나타났고 벌써 호세아서에 그것이 계시되어 있다.[35)]

선지자가 음란한 여인을 사랑해야 하는 것은 참을 수 없는 비극이었겠으나 그런 고통을 통하여 하나님의 사랑이 어떠한 것임을 먼저 이해할 필요가 있음을 보여준다. 따라서 하나님의 사랑은 냉혹한 아픔의 사랑이었지 따뜻한 즐거움은 아니었다. 호세아가 하나님의 사랑을 이스라엘에게 선포해야 하는 임무를 감당하기 위해서는 먼저 자신이 그 아픔을 체험해야 할 필요가 있었기 때문일 것이다.

이런 점에서 하나님께서는 호세아 선지자에게 먼저 음란한 여인을 사랑하라고 하신 명령이 이해될 수 있을 것이다. 하나님의 마음을 체험적으로 이해할 필요가 있었기 때문이라고 생각할 수 있겠다.

그러니까 호세아가 음란한 여인을 취하는 것은 호세아에게 주어진 큰 십자가가 아닐 수 없었다. 그러나 그는 그 십자가를 지고 하나님의 뜻을 이루어야 할 주의 종이었음을 생각하게 된다.

4절의 이스르엘은 '자라' 동사에서 '심다, 뿌리다'의 뜻을 지닌 지명이다. 이곳에서 라봇이 죽고(왕상 21장), 이세벨도 죽었다(왕하 1장). 이것

35) 김희보, 「구약 호세아 주해」(서울: 총신대학 출판부, 1983), 23.

을 보면, 의미는 좋지만, 역사는 피의 장소였다. 이스르엘의 피는 오므리 왕가의 숙청이었다. 그런데 오므리 왕가에 대한 예후의 심판은 너무 지나쳤다(왕상 19:16-17; 왕하 9:6-7). 여기에 대하여 첫 번째 입장은 열왕기와 호세아의 다른 관점이라는 주장이 있다. 그러나 수용할 수 없다. 가계에 흐르는 저주가 나올 수 없기 때문이다. 두 번째 입장은 예후 왕조의 타락과 부패가 심판을 초래했다는 것으로 대부분 학자들이 동의한다.

인상적인 구절은 2절의 "여호와께서 처음 호세아에게 말씀하실 때 여호와께서 호세아에게 이르시되 너는 가서 음란한 여자를 맞이하여 음란한 자식들을 낳으라 이 나라가 여호와를 떠나 크게 음란함이니라 하시니"이다. 이 2절은 3절과 4절이 설명한다고 해도 과언은 아닐 것이다. "이에 그가 가서 디블라임의 딸 고멜을 맞이하였더니 고멜이 임신하여 아들을 낳으매 여호와께서 호세아에게 이르시되 그의 이름을 이스르엘이라 하라 조금 후에 내가 이스르엘의 피를 예후의 집에 갚으며 이스라엘 족속의 나라를 폐할 것임이니라."

3) 음란한 여자

음란하다(זנונים)는 말은 단순히 마음의 음탕을 말한 것이 아니라 행동화한 음란을 의미하는 것이다. 그래서 음란한 여인이라고 하면 주로 음란한 행위를 직업으로 삼는 여인을 말한다. 1:3은 음란한 아내가 고멜이고 디블라임의 딸임을 밝힘으로써 역사적 실제 인물임을 증거한다. 고멜(גמר)의 어원은 '끝이 다 됐다'는 뜻이 있다. 죄악으로 완전히 물들어 있다는 의미를 생각할 수 있다. 이렇게 음란한 여자를 취하라는 하나님의 명령을 호세아 선지자가 순종하는 일은 쉽지 않았을 것이다.

4) 음란한 자식들

① 첫째 자식, 아들 이스르엘(1:3-5)

호세아 선지자는 고맬에게서 첫 아들을 얻었을 때 그 이름을 이스르엘로 부르도록 하나님의 지시를 받았다. 이스르엘은 이스라엘과 발음은 비슷하나 뜻은 전혀 다르다, 이스라엘은 축복의 이름이고, 이스르엘은 저주의 이름이다, 이스르엘은 특별히 우상을 섬기는 데 극단으로 힘썼던 아합의 집이 예후에게 진멸된 곳으로 이스라엘의 멸망을 상징하는 말이다. 이스라엘은 하나님과 더불어 승리한 자이지만 이스르엘은 하나님께서 흩으신다 혹은 심으신다는 의미가 있다. 하나님께서 이스르엘의 피를 예후의 집에 갚으리라는 말씀은 예후의 집이 어떻게 멸망할 것인지를 선포하신 말씀이다. 본래 예후는 아합의 집을 진멸하고 바알 신당을 전멸시켰으나 하나님의 율법을 전심으로 섬기지 않았고 여로보암의 금송아지를 섬기는 죄에서 떠나지 않았기 때문에 그의 왕가는 하나님의 말씀대로 4대만에 혁명으로 무너졌다. 첫 아들을 이런 저주 받은 이름으로 짓는다는 것은 썩 내키지 않을 일이었고 순종하자니 심히 괴로운 일이었을 것이지만 하나님의 명령이기에 호세아는 순종하지 않을 수 없었다.

② 둘째 자식, 딸 로루하마(1:6-7)

로루하마(לֹא רחמה)의 의미는 긍휼과 사랑을 받지 못한다는 뜻이다. 하나님은 어째서 호세아 선지자에게 이런 의미의 이름을 딸 이름으로 짓도록 하셨을까? 호세아로서는 여간 난감한 일이 아닐 수 없었다. 하나님의 의도는 여태까지 아스라엘을 사랑했고 긍휼히 여겼으나 이제는 다시 더이상 긍휼히 여길 수 없다고 6절에 말씀하셨다. 그 이유는 이스라엘의 죄악이 너무도 관영하였기 때문이다. 그래서 7절의 "내가 유다 족속을 긍휼히 여겨 그들을 하나님 여호와로 구원하겠고" 라는 말씀과 대조된다. 유다는 나라가 망했어도 70년 포로로 한정되었으나 북방 이스라엘은 무기한으로 앗수르에 붙인 바 되었다. 과연 70년 후에 유다는 파사의 고레스의 명령으로 포로에서 귀환될 수 있었으나 북방 이스라엘은 앗수르에서 공식적으로 귀환하는 조치가 이루어지지 않았다. 이렇게 긍휼을 받지 못한다는 뜻의 이름으로 딸의 이름을 짓는다는 것도 고역이 아닐 수 없었을 것이다. 이 얼마나 답답하고 비참한 저주의 선포인가?

③ 셋째 자식, 아들 로암미(8-9절)

로암미(לֹא עַמִּי)는 내 백성이 아니라는 말이다. 9절 말씀대로 "너희는 내 백성이 아니요 나는 너희의 하나님이 되지 아니 할 것임이니라" 는 의미이다. 그러니까 이 이름은 이스라엘이나 로루하마보다도 더 강한 징계를 의미하는 말씀이다. 이스르엘은 단순한 징계의 선포이고, 로루하마는 하나님의 은총이 떠났다는 말인데 비하여 로암미는 아주 이방인과 같이 취급하겠다는 말이고 이제는 하나님과 관계가 없다는 선포의 말씀이다. 하나님은 본래 이스라엘의 구주요 피난처시요 반석이요 이스라엘의 소망이요 아버지였다. 그러나 이제는 그 어느 것도 아니라는 말씀이다.

내 백성이라는 암미는 굉장히 큰 축복의 말씀이지만 내 백성이 아니라는 로암미라는 이름과 같이, 이스라엘은 이제 하나님의 백성도 아니고 특별히 구별된 백성이라고도 할 수 없이 되어 버렸다는 의미이다. 이런 비참한 뜻의 이름을 자기 아들의 이름으로 하라는 하나님의 명령은 호세아 선지자가 감당하기 어려운 말씀이었을 것이다. 왜 하필 이런 이름인가 하고 괴로워하였을 것이다.[36]

5) 하나님 은총의 회복 예고

호세아 선지자에게 "너는 가서 음란한 여자를 맞이하여 음란한 자식들을 낳으라" 고 명령하셨던 여호와 하나님께서는 갑자기 이스라엘에 은총을 회복하실 것을 말씀하신다. "1:10, 그러나 이스라엘 자손의 수가 바닷가의 모래 같이 되어서 헤아릴 수도 없고 셀 수도 없을 것이며 전에 그들에게 이르기를 너희는 내 백성이 아니라 한 그곳에서 그들에게 이르기를 너희는 살아 계신 하나님의 아들들이라 할 것이라. 1:11, 이에 유다 자손과 이스라엘 자손이 함께 모여 한 우두머리를 세우고 그 땅에서부터 올라오리니 이스르엘의 날이 클 것임이로다. 2:1, 너희 형제에게는 암미라 하고 너희 자매에게는 루하마라 하라."

특별히 1:11에 보면 이스르엘의 날이 클 것이라고 했다. 본래 이스르엘은 저주의 이름이었다. 이스르엘은 저주의 땅이기도 하고 '하나님께서 흩으신다' 는 뜻도 있다. 그런데 꼭 그런 것만은 아니고 "하나님께서 심으신다" 는 뜻도 있다. 그래서 하나님께서는 이스르엘이라는 이름을 저주의 뜻으로도 사용하셨지만 그 반대로 이스라엘 자녀들을 "이 땅에 심고 긍휼히 여기리라" (2:23)는 뜻으로도 사용하셨다. 이것은 하나의 재담적인 용법이고, 지혜로우신 하나님의 언어적 기교(word play)라 할 수 있겠다. 하나님께서 이스라엘을 "바닷가의 모래 같이 되어서 헤아릴 수도 없고 셀 수도 없을 것" 이라고 하셨고, 전에 너희는 내 백성이 아니라(로암미) 한 그곳에서 암미(내 백성)라 하시고, '로루하마'(긍휼을 입지 못하리라)라 하던 그들을 다시 '루하마'(긍휼을 입은 자)라 하라고 하셨다.

이러한 약속은 "하늘의 별과 같이 땅에 모레와 같이 번성하리라" 는 아

36) 김희보, 「구약 호세아 주해」, 30.

브라함과 이삭과 야곱과 이스라엘 자녀에게 주셨던 약속을 연상하게 하는 말씀이다(창 22:12, 32:12). 이것은 이스라엘이 저주를 받아서 이스르엘이 될 것이지만 하나님의 긍휼이 다시 임하여 영광의 이스라엘이 될 것이라는 말씀이다. 이것은 하나님의 축복과 사랑의 극치를 의미하고 하나님과의 영원한 화해를 뜻하며 옛 언약의 완전한 회복을 나타낸다. 앞에서 하나님께서 선포하신 모든 저주를 하나님 스스로 완전히 고쳐 주실 것을 의미한다.[37)]

그러나 그러기 위해서는 먼저 하나님의 징계가 필요했고 애통하는 회개가 필요했다. 이것은 결국 예수님의 십자가를 예표한다고 할 수 있다. 예수님의 십자가는 하나님의 공의의 징계와 긍휼이 함께 나타나기 때문이다. 따라서 호세아는 하나님의 크신 사랑을 예언했고, 그것은 예수 그리스도의 십자가 죽음과 부활과 승천에 따른 속죄사역을 미리 예고했다고 볼 수 있겠다.

2. 우리의 현실에 적용

호세아의 사명과 미션은 "너는 가서 음란한 여자를 맞이하여 음란한 자식들을 낳으라 이 나라가 여호와를 떠나 크게 음란함이니라"는 하나님의 말씀이다. 이유는 호세아 선지자가 사역했던 북방 이스라엘이 크게 음란했기 때문이라는 것이다. 이스라엘이 음란했기 때문에 음란한 여자를 맞이하고 음란한 자식들을 낳으라는 말씀이다. 음란하면 경계하고 꾸중하고 징계해야 할 것인데 그들을 맞이하고 취하여 결혼하고 가정을 이루라

---

37) 김희보, 「구약 호세아 주해」, 34.

는 말씀이다. 쉽게 이해되지 않는 말씀이다.

곽안련 선교사

그러나 이것이 근본적으로 하나님의 사랑의 핵심이다. 이것을 나타내라는 것이 여호와 하나님께서 호세아 선지자에게 부여하신 사명이고 미션이다. 또 하나님은 말씀만 하신 것이 아니고 하나님은 실제로 죄인들을 사랑하셨다. 특별히 하나님의 독생자 예수 그리스도를 보내신 것이 그 명백한 증거이다. 그렇게 보냄받은 예수님은 하나님의 아들로서 사람이 되셔서 십자가에서 피 흘려 죽으심으로 죄인들에 대한 하나님의 사랑을 확증하셨다. 이것이 복음인데 이 복음을 믿는 자들은 멸망하지 않고 영생을 얻는다(요 3:16).

우리 한국교회는 이미 미국 선교사들로부터 현대판 호세아의 사명을 보게 된다. 한국교회 초기 선교사들은 미국의 선진문명을 뒤로 하고 열악한 조선 땅에 와서 서투른 조선말로 복음을 전했다. 그중에서 한국성서신학대 이호우 교수가 펴낸 「초기 내한 선교사 곽안련의 신학과 사상」(생명의 말씀사)에는 초기 장로교 한국 선교사이며 한국 실천신학의 대부였던 곽안련 선교사(Charls Allen Clark 1878~1961, 사진)에 대한 다양한 이야기가 나온다. 1878년 미네아폴리스에서 모계의 청교도적 혈통을 이어받아 태어난 곽안련은 면려회의 회계일도 맡기도 했고, 미네소타 대학 재학시절 헬라어에 탁월한 능력을 발휘했다. 곽안련의 아버지는 가난한 목수였다. 그래서 어린 시절 신문 배달 등의 알바를 했던 곽안련은 한국 선교를 주도한 맥코믹 신학교에 재학하였으며, 구학파 장로교의 영향을 상대적으로 더 받았다.

18:2라는 엄청난 경쟁률을 뚫고 1902년에 한국에 와서, 승동교회의 부

목사가 된 후 5개월 동안 두 아들을 잃어 양화진에 묻은 사건을 겪고도 계속 한국에서 사역하면서 몇 명의 아이들을 입양해 키우기도 했다. 9명의 여자아이와 7명의 남자아이를 정성껏 양육했다. 그들 중 상당수가 정부 요직에까지 나서게 된다. 이들 중 한 사람은 1919년 3.1 운동을 발화시킨 주인공이 되었고, 또 다른 한 사람은 이승만 대통령 시절 부통령을 지냈던 함태용 목사이다. 곽선교사는 150여 개의 예배처소를 포함한 교회들을 설립하고, 50권이 넘는 책을 집필했다. 곽안련 선교사는 한국 지역의 고대종교에 익숙한 학자이기도 했다. 일제 상황 속에 곽안련은 정치적 중립을 지키려 노력하였지만, 일제의 교회 탄압이 심해지면서 결국에는 평양신학교가 38년 만에 문을 닫고, 「신학지남」도 폐간되는 가운데 곽안련도 신사참배를 거부하다가 일제에 의해 1941년 강제로 출국되었다.

곽안련 선교사는 두 아들을 잃고도 16명의 한국 아이들을 입양하여 그리스도의 사랑을 나타냈다. 곽선교사는 아마도 호세아 선지자의 사명을 충분히 공감하고 있었을 것이다. 이러한 모습은 두 아들을 죽인 청년을 양자로 삼은 손양원 목사에게 하나의 좋은 모범이 되었을지도 모른다.

"음란한 여자를 맞이하여 음란한 자식들을 낳으라"는 호세아의 사명과 미션은 예수님께서 "의인을 부르러 온 것이 아니요 죄인을 부르러 왔노라"(마 9:13)고 하신 말씀의 예표이기도 하다.

그러면 교회 안에서 사역을 하거나 다른 사람들을 대하고 만날 때 호세아의 사명과 미션은 오늘의 나에게 큰 도전을 주고 있다.

11 Chapter 고린도전서 12:3–11 주해

–은사의 본질과 목적–

1. 서론

고린도교회에서 은사가 문제 된 것은 고린도교인들이 은사들을 자랑거리로 삼았기 때문이다.[38] 고린도교인들 중 어떤 이들은 공동체의 다른 교인들이 알아들을 수 없는 무질서한 영감의 발성으로 교회 모임을 소란스럽게 하거나 주도하고 있었다.[39] 바울이 이 은사 문제를 해결하기 위하여 할애한 지면이 12장에서 시작하여 14장 끝까지 연장되어 있다는 사실은 그가 이 사안을 매우 중요하게, 그리고 꽤나 민감하게 생각했음을 암시한다. 우리는 그중에서도 성령의 은사들에 있어서 가장 일반적인 원리를 다룬 12:3-11만을 취급할 것이다. 우리가 다루는 본문은 바울이 은사의 오용으로 인한 영적 무질서에 대한 해결책으로 보인다. 바울은 본문에서 은사의 본질과 목적을 밝혀 은사 문제를 해결하려 했을 것이다. 이 연구에서는 주해적 방법을 사용하고자 한다.

---

38) C. K. 바레트, 「고린토전서」 (서울: 한국신학연구소, 1992), 322.

39) 리처드 B. 헤이스, 「고린도전서」, 유승원 역 (서울: 한국장로교출판사, 2011), 345.

2. 고린도교회의 은사 문제

고린도교회에 은사 문제가 있었다는 것은 우리의 본문 고전 12:3-11에 드러나 있지 않다. 그러나 은사 문제와 관련하여 언급된 고전 13장에서 간접적으로 확인할 수 있을 것이다. 왜냐하면 고전 13장은 은사 문제를 다루는 고전 12~14장 사이에 있기 때문이다. 바울은 13장 4-7절에서 "사랑은 오래 참고 사랑은 온유하며 시기하지 아니하며 사랑은 자랑하지 아니하며 교만하지 아니하며 무례히 행하지 아니하며 자기의 유익을 구하지 아니하며 성내지 아니하며 악한 것을 생각하지 아니하며 불의를 기뻐하지 아니하며 진리와 함께 기뻐하고 모든 것을 참으며 모든 것을 믿으며 모든 것을 바라며 모든 것을 견디느니라" 고 말한다. 여기서 바울이 언급한 자랑, 교만, 무례, 자기의 유익을 구함, 성냄, 악한 것, 불의, 그리고 참지 못함 등은 은사와 관련된 문제라 할 수 있을 것이다. 또 바울은 이러한 문제들에 대하여 11절에서 "말하는 것이 어린아이와 같고 깨닫는 것이 어린아이와 같고 생각하는 것이 어린아이와 같다" 고 말한다. 어린아이 같다는 표현은 고린도교인들이 미숙하고 육에 속하였음을 의미할 것이다 (3:1).

바울은 은사 문제에 대한 논의를 12장에서부터 시작한다. 고린도인들은 원래 이교도적 영향으로 열광주의적 신앙의 행태를 보였다. 그런데 그들의 예배모임은 예배 중에도 영적 은사들을 회중 앞에서 자랑하고 과시하는 기회를 제공하였다(1:5-8 참고).[40] 자랑이라는 단어가 고린도전서에만 10번은 나온다(1:29 1:31, 3:21, 4:7, 5:6, 9:15, 9:16, 13:3, 13:4, 15:31 등).

---

40) 이한수, 「바울서신의 메시지」 (서울: 총신대학교출판부, 1996), 165-66.

바울이 자랑을 말할 때 주 안에서 자랑하는 것은 긍정적이지만 자기를 과시하고 자랑하는 것에 대해서는 부정적이다. 고린도교회에서 자랑하는 것은 교인들 간에 사회적 경제적 차이로 나타난 증상일 수도 있다.[41] 자랑하는 것은 뽐내고, "사람에게 보이려고 행하는 것"(마 6장)이기 때문에 그렇다. 은사 문제와 관련해서 은사를 남들에게 자랑한 것이 고린도교회에 문제를 일으키는 데 한몫을 했을 것이다. 은사 때문에 교만하고 무례하고 자기의 유익을 구하는 것은 문제가 아닐 수 없다. 13장에서 자기 유익은 12:7의 공동유익(το συμφερον)을 위하는 것이 아니라 자기의 것들(τά εαυτης)을 구하는 것이다. 더욱이 바울이 여기서 사용하는 동사들은 현재 진행형으로 끊임없이 반복되는 습관적 행동을 나타낸다.[42] 이런 문제들이 은사 문제를 다루는 12~14장에서 언급된 것은 시기, 자랑, 교만, 성냄, 그리고 이기심이 은사와 관련하여 일어났을 가능성이 있음을 나타낸다.[43] 고린도교회에는 은사와 관련하여 이런 문제들이 있었던 것으로 보인다.

3. 고린도전서 12:3-11 주해

본문은 고린도교회의 은사 문제에 대한 바울의 해결책이다. 바울은 본문이 포함된 넓은 문맥인 고린도전서 12~14장에서 은사 문제를 다루고 있다. 바울은 '~에 대하여' 라는 페리 데(περὶ δέ) 공식(formula)을 사용

---

41) 헤이스, 43.

42) 데이비드 프라이어, 「고린도전서 강해」 (서울: IVP, 2006), 310.

43) 은사뿐만 아니라 고린도교회의 분파문제, 만찬문제, 소송문제 등의 여러 문제와 연관된 것으로 보인다.

하여 새로운 주제를 도입한다.[44] '신령한 것' (πνευματικῶν)이라는 새로운 주제는 11:17-34의 '주의 만찬' (κυριακὸν δεῖπνον) 문제와 관련된다. 왜냐하면 물질적인 자원과 마찬가지로 영적인 자원도 세속적 자랑과 사회적 차별을 위한 것이 아니라, 그리스도의 몸을 이루는 형제들 가운데 사용되어야 하기 때문이다. 바울이 '신령한 것' 이란 용어를 사용한 것은 방언과 예언 같은 영적인 현시를 묘사하기 위함일 것이다.[45]

그런데 바울은 3장 1절에서 '신령한 것' 과 같은 단어를 사용하면서 "형제들아 내가 신령한 자들을(πνευματικοῖς) 대함과 같이 너희에게 말할 수 없어서 육신에 속한 자(σαρκίνοις) 곧 그리스도 안에서 어린아이들을 대함과 같이 하노라" 고 말한 바 있다. 신령한 자들은 성령에 속한 자들이고 영에 속한 자라고도 할 수 있는데, 바울은 고린도교인들을 '육신에 속한 자들' 이고 영적 '어린아이들' (νηπιοις)로 간주하고 고린도전서를 쓴 것이라 할 수 있다.[46] 아마도 고린도교인들이 어린아이같이 성숙하지 못하고 하나님이 주신 은사들을 지나치게 자랑하였기 때문일 것이다. 바울이 "소리의 뜻을 알지 못하면 내가 말하는 자에게 야만(βάρβαρος)이 되고 말하는 자도 내게 야만이 된다" 고 말한 것은 방언 은사를 받은 자들이 알아듣지 못하는 말을 발설하여 자랑하려 했기 때문

---

44) 헤이스, 345. 페리 데가 쓰여진 곳은 고전 7:1, 25; 8:1; 12:1; 16:1, 12 등이다,

45) Ibid.

46) 고린도교회는 예수님의 성육신의 인격과 구속사역의 복음을 바울이 전파하고 가르친 결과로 세워진 새 창조와 새 언약의 공동체였다. 그런데 바울의 3차 전도여행 무렵 이러한 고린도교회에는 이미 많은 현안들이 있었다. 은사문제는 바울이 고린도전서를 써서 해결하고자 했던 고린도교회의 많은 중의 하나였다. 바울은 이런 문제들을 해결하고자 3차 전도여행 중 에베소에서(고전 16:19) 주후 55년쯤 고린도전서를 썼다. 신성종, 「신약총론」 (서울: 기독교문서선교회, 1983), 165.

일 것이다(14:10, 11).[47)] 바울은 이런 문제들에 대한 해결책으로서 본문을 기록한 것으로 보인다.

바울은 12장에서 은사의 다양성을 말하고, 13장에서 사랑 없는 은사의 무가치함을 강조하며,[48)] 14장에서는 방언과 예언의 은사를 특별히 거론한다.[49)] 그래서 12~14장은 ABA 구조를 이룬다.[50)] 우리는 편의상 12장의 3-11절을 다룬다. 3-11절은 성령이라는 은사(3절), 은사의 삼위일체적 통일성(4-6절), 은사의 목적(7절), 은사의 다양성(8-10절), 그리고 은사의 본질(11절)로 구분할 수 있음에 따라서, ABCBA의 구조를 이룬다. ABCBA는 은사 문제에 대한 바울의 해결책이다. 바울이 이러한 구도를 사용한 것은 AB와 BA가 말하는 은사의 일반적 원리와 더불어 그 중심에 있는 C를 강조하기 위함일 것이다. 바울은 은사의 기본적 원리와 함께 은사의 목적을 강조하여 은사 문제를 수습하려 한 것으로 보인다. 바울의 이러한

---

47) 개역개정은 개역한글의 '야만'을 '외국인'으로 번역했다

48) 크레이그 블롬버그, 「고린도전서」, 채천석 역, NIV적용주석 (서울: 도서출판 솔로몬, 2014), 278.

49) 바울은 은사문제를 다룸에 있어서 상당할 정도의 목회상의 기지를 발휘하기도 했다. 이것은 바울이 은사문제를 논의하기에 앞서 8-10장에서 우상제물의 문제를 다룰 때를 생각나게 한다. 지식은 교만하게 하며 사랑은 덕을 세운다(8장)는 처음 부분과 권리를 포기하는 사도의 모범이 중심을 이루고(9장) 우상숭배를 경고하는(10장) 3부 구조처럼, 은사문제를 다룸에 있어서도 시작하는 부분은 그리스도의 한 몸 안에서 성령의 은사들의 상호보완적 역할을 묘사함으로써 일반적인 용어로 이슈의 틀을 잡고(12장), 사랑의 탁월함을 노래하는 중간부분이 일탈로 보이지만 실제로는 모든 성령의 현시적 은사들을 통제하는 규범을 제공하며(13장), 마지막 부분에 이르러 예배에서 은사들, 특히 방언의 은사를 규제하기 위한 구체적 지침을 준다(14장). 오직 14장에 이르러서야 '이 글의 원인이 되었던 문제'로서 예배 중 방언과 예언의 역할이 논의 표면에 부상한다. 그럼에도 불구하고 12장과 13장은 구체적 조언을 위한 필수적 전제들을 제공한다.

50) "고든 피의 A-B-A 패턴의 논증에 따르면, 12장은 영적 은사들에 대한 일반적인 가르침이고, 13장은 논외의 주제를 다루듯 보이지만, 은사를 사용하는 일반적인 원리이고, 14장은 제기된 구체적인 은사 문제에 대한 바울의 응답이었다." 이동수, "사랑은 은사인가?: 고린도전서 12-14장을 중심으로," 「성령과 말씀」 제11권 (2015), 112.

시도는 사회적 경제적 혹은 지식적 차이로 인해 나타난 증상으로 일어날 수 있었던 은사 문제를 은사에 대한 신학적 진술로 해결하려 한 것으로 보인다.

1) 은사로서의 성령(3절)

"그러므로 내가 너희에게 알리노니 하나님의 영으로 말하는 자는 누구든지 예수를 저주할 자라 하지 아니하고 또 성령으로 아니하고는 누구든지 예수를 주시라 할 수 없느니라" (3절).

바울은 12장을 "형제들아 신령한 것에 대하여 나는 너희가 알지 못하기를 원하지 아니하노니"라는 말로 시작한다. '신령한 것들'(πνευματικῶν)은 성령으로부터 나오는 것이다.[51] 성령으로부터 나왔으니까 '성령에 속한 은사들'(gifts)이란 의미가 있다. 이것은 신령한 것들이 인간의 영이나 종교적 정신적 유령의 비세속적인 경건의 의미가 없음을 뜻한다.[52] 바울이 12장에서 성령의 은사들에 대하여 말하려고 한 것은, 고린도교인들이 이방인이고 이교도였을 때는 헛된 우상에게 매여서 우상이 하자는 대로 끌려 다녔기 때문이다(2절).

고린도 사람들은 원래 예수님을 믿지 않았다. 그런데 성령의 인도를 받은 바울이 2차 전도여행 중 1년 반을 고린도 지역에 유하면서 전도하여 교회를 세웠다. 바울이 다메섹 도상에서 부활하신 예수님으로부터 소명을 받고 놀랍게도 교회의 박해자에서 복음을 전하는 이방인의 사도로 변화되

---

51) Anthony C. Thiselton, *First Corinthians: A Shorter Exegetical and Pastoral Commentary* (Grand Rapids, Michigan: Wm B. Eerdmans Pub. Co., 2006), 192. 이하 "1 Cor."로 약칭한다.

52) 고든 피, 「바울, 성령, 그리고 하나님의 백성」, 길성남 역 (서울: 좋은씨앗, 2004), 14.

어 주로 이방지역에 복음을 전하는 중 고린도에 이르러 주 예수 그리스도의 복음을 전하였다. 바울이 전한 복음은 십자가의 도였다. 십자가의 도는 예수님의 인격과 사역의 핵심을 이룬다. 하나님의 아들이 사람이 되어 십자가에서 피를 흘려 죽고 부활함으로써 이룩한 구속사역을 바울은 고린도에서 충실히 전하였을 것이다. 성령은 바울의 이러한 복음전파에 역사하여 고린도 사람들로 하여금 예수님을 주로 고백하도록 하였을 것이다.

유대인들의 경우에 바울의 전도여행을 반대하면서 '예수를 저주할 자' (αναθεμα ιησουν)라 한 것은(행 17:5, 28:9) 그들이 하나님의 영으로 말하지 않았기 때문이다. 반면에 기독교의 가장 단순한 신앙고백으로 '예수를 주시라' (κυριον ιησουν)고 하는 것은 하나님의 영으로 말미암은 것이라고 바울은 말한다(3절). 하나님의 영은 성령을 가리킨다. .

바울은 참된 하나님의 활동과 거짓 사탄의 활동을 혼동하지 않기 위해서는 엄중히 경계하지 않으면 안 되었다. "성령의 참된 은사는 절대 명백한 특징을 갖고 있다. 즉 마음의 확신과 영혼의 애착을 가지고 기뻐하는 마음으로 예수를 주라고 고백하는 특징을 갖고 있다."[53] 리처드 B. 헤이스에 의하면 "성령은 모든 그리스도인에게 고백의 능력을 준다."[54] 이 고백 자체로 "성령의 권능의 영역 안에 살고 있음을 의미한다."[55] '성령으로 말하는 자' 는 예수를 주로 고백하고 생명을 다하여 예수님을 주님으로 경외하고 신뢰하고 순종하고 헌신하고 충성한다.[56]

아울러 바울이 '하나님의 영' 이라고 쓴 것은 다른 영들이 있다는 것을

---

53) 로버트 토마스, 「성령의 은사들」, 김지찬 역 (서울: 생명의말씀사, 1983), 7.
54) 헤이스, 346.
55) Ibid., 348.
56) Thiselton, "1 Cor.," 194-195.

인식하고, 우리가 성령의 역사로 예수를 주라 고백하는 것은 '하나님의 영을 받았다는 것'임을 말하고자 함이다.[57] 그래서 예수를 주라 고백하는 것은 성령 받은 증거인 것을 의미한다(고전 12:2, 3:16, 7:40). 이것은 성령 자체가 은사임을 말한다. 성령 자체가 은혜로 주어졌다. 성령이 은혜로 주어진 선물이라는 것은 사도행전 2:33의 "하나님이 오른손으로 예수를 높이시매 그가 약속하신 성령을 아버지께 받아서 너희가 보고 듣는 이것을 부어 주셨느니라"에 근거한다. 그러므로 성령은 예수님의 구속 사역에 근거한 선물이다.

이렇게 선물로 주어진 성령은 새 창조와 새 언약의 영이다. 새 창조는 예수님의 인격과 사역의 결과이고, 새 언약은 예수님이 최후의 만찬에서 제자들과 체결하고 성취하셨다. 성령은 새 창조와 새 언약을 이루신 예수님이 보내신 영이기 때문에 성령도 새 창조와 관련이 있다. 새 창조는 예수님의 사역이면서 성령의 사역이기도 하다.

성령이라는 은사에 관하여, 바울은 "너희는 하나님의 영이 너희 안에 있음을 알지 못하는가?"(고전 3:16)라고 반문한다.[58] 여기서 바울이 말하고자 하는 것은 고린도교인들이 비록 많은 문제를 가지고 있음에도 불구하고, 그렇게 받은 성령이 크리스천을 떠나지 않고 계속 그 안에 머무르고 있다는 사실이다. 성령은 사람들로 하여금 예수님을 주시라고 고백하게 한다.

성령으로 말미암아 예수님을 주님이라고 말하는 것은 새 창조와 새 언약 공동체에 가입하는 필수 요소이다. 예수님을 주님이라 고백한 자들은

---

57) F. W. 그로샤이데, 「고린도전서」, 서문강 역, 성경주석 뉴 인터내셔널 (서울: 생명의말씀사, 1984), 320.

58) 최갑종, 「바울연구1」 (서울: 기독교문서선교회, 1992), 133-34.

은혜로 주어진 성령이라는 은사와 성령의 은사를 받았다. 그렇기 때문에 은혜로 은사를 받은 자들은 주 예수님의 교회에서 우월의식으로 자랑할 수 없다는 함의가 담겨있다. 이것은 바울이 이 글을 쓴 목적이기도 할 것이다.

2) 은사 원천의 통일성(4-6절)

흥미롭게도 '은사' (χάρισμα)라는 단어를 문헌적으로 가장 먼저 사용한 사람은 바울로 추정된다.[59] 1절의 '신령한 것들' (πνευματικῶν)이 단어 자체가 '성령에 속한 것' 으로서의 은사를 나타내는 데 비하여, 4절의 은사들(χάρισματα)은 '은혜로 주어진 것' 으로서의 은사를 의미한다.[60] 은사라는 단어 자체가 은혜(χάρις)의 결과이다.[61] 4-6절은 '성령이 주는 은사들'을 말하기 때문에 3절의 주해로 드러난 '은사인 성령'과 구분될 수 있음을 보여준다.[62] 은사인 성령은 그리스도 안에서 구원 경험에 필수적 종말적이지만, 성령의 은사들은 '이미'와 '아직'의 기간에만 존속하는 잠정적 반종말적이다.[63]

---

59) 조병수, 「신약신학 열두 주제」 (수원: 합동신학대학원출판부, 2001), 135.

60) 프레드릭 데일 부르너, 「성령신학」, 김명용 역 (서울: 도서출판 나눔사, 1989), 330; 이동수, "사랑은 은사인가?," 120.

61) 조병수, 134.

62) 권성수와 리챠드 개핀도 성령이라는 은사와 성령의 은사들이 있음을 말한다. 단지 전자는 12:13절, 후자는 29,30절에 분명히 언급되었다고 한다. Richard B. Gaffin, Jr, *Perspectives on Pentecost: New Testament Teaching on the Gifts of the Holy Spirit* (Phillipsburg: Presbyterian and Reformed. 1979), 43-44. 권성수의 「신약의 성령론」 강의안 참고.

63) 리차드 개핀, 「성령은사론」, 권성수 역 (서울 기독교문서선교회, 1983), 50.

"은사는 여러 가지나 성령은 같고(4절),
직분은 여러 가지나 주는 같으며(5절),
또 사역은 여러 가지나 모든 것을 모든 사람 가운데서 이루시는 하나님은 같으니"(6절)

이 구절에서 "여러 가지나…같고"가 3번 반복되고 있다. '여러 가지'(diaire÷seiß)는 신약에서 이곳에만 나타나는 낱말이고, δία와 αἱρέω의 합성어로 나누어 취한다는 분배의 의미가 있다. 따라서 '여러 가지'는 분배로 된 것들이다. 하나님께서 주시고 인간이 취하는 은사가 여러 가지임을 나타낸다. 은사를 주시는 하나님은 한 분이시고 인간이 받는 은사는 여러 가지이다. 넓은 의미에서는 모든 것이 하나님께로부터 주어진 선물이고 은사이다(약 1:17). 그러나 4절의 은사는 성령의 특별한 능력이라는 좁은 의미로 쓰였다. 4-6절에서 은사(χαρισμάτων)는 직분(διακονιῶν)과 사역(ἐνεργημάτων)의 원동력이고, 직분은 사역의 성격이며, 사역은 직분의 활동상으로 본다면, 모든 성도는 성령의 은사를 받아 일하지만 그 직분이 각각 다르고, 그 직분을 수행하는 양상이 각각 다르다.[64] 이 구절들에서 은사들, 직분들, 사역들은 평행을 이루면서 은사들의 성격을 규명하고 있다. 은사들, 직분들, 사역들은 서로 다른 실체들이 아니라 각자가 연결되어 있다. 은사/직분/사역은 여러 가지지만, 동일한 삼위일체 하나님이 주시는 세 가지 동의어적 병행 단어들이다. 은사/직분/사역에서 성령은 은사를 주시고, 주님은 직분을 주시고, 하나님은 사역을 주시는 것으로만 이해할 것이 아니고, 성령의 은사들은 성령이 중심이지만, 성부/성자와

64) 이상근, 「고린도서」, 신약주해 (대구: 성등사, 1991), 168.

무관하게 나타나는 것이 아니다.[65]

바울은 성령이 같고 주도 같고 하나님도 같다고 말한다. 동일한 영(τὸ δὲ αὐτὸ πνεῦματὸ δὲ αὐτὸ πνεῦμα)이 여러 가지 은사들을 주고, 동일한 주(ὁ αὐτὸς κύριος)께서 여러 가지 직분을 주며, 그리고 동일한 하나님(ὁ δὲ αὐτὸς θεὸς)이 여러 가지 사역을 주신다. 그런데 여러 가지 은사/직분/사역들은 엄격히 구분될 수 없다. 성부/성자/성령도 구별은 될지라도 분리될 수는 없다.[66] 이것은 성령의 은사들의 삼위일체적 통일성을 제공한다. 성령의 은사는 성령만의 역사가 아니라 성부와 성자와 성령 삼위의 공동적 사역이다.

바울은 고전 15:45에서 성령과 성자의 기능적 통일성이 있음을 말한다. "기록된 바 첫 사람 아담은 생령이 되었다 함과 같이 마지막 아담은 살려주는 영이 되었나니"라고 말함으로 바울은 성자와 성령의 역할을 일치시켰다.

성부도 은사들을 주신다(고전 12:28). 이러한 바울의 논의에 비추어 성부와 성자와 성령은 다 같이 은사들을 주신다는 점에서 동일시될 수 있다. 성령은 주의 영이요, 주는 바로 하나님이시기 때문이다. 은사/직분/사역에서 직분도 은사이고, 직분은 사역을 전제한다. 그러므로 4-6절은 은사의 삼위일체적 통일성을 나타내는 것으로 보인다. 바울은 이런 논의를 통하여 은사자들이 교회의 통일성을 깨뜨리는 분파적 행위들을 시정하려 했을 것이다.

---

65) 요 14:17의 성령의 내주는 14:23에서 성부/성자의 내주로 되어 있다.

66) 헤이스, 350-51. 바울은 뚜렷한 삼위일체의 교리를 갖고 있지 않았을지도 모른다. 삼위일체 교리는 주후 381년에 공인되었기 때문이다. 그러나 이 구절들은 바울이 하나님을 삼위일체로 체험했음을 보여준다.

3) 은사의 목적(7절)

"각 사람에게 성령을 나타내심은 유익하게 하려 하심이라" (7절)

성령의 나타내심(δίδοται ἡ φανέρωσις)이란 표현은 은사라는 직접적인 표현이 아니다. 그럴지라도 이 성령의 나타내심은 은사를 주심이고,[67] 성령의 활동이 드러남이다. 성령의 나타남은 이어 서술되는 8-11절에 나타난 9가지 은사들을 가리킬 것이다. 성령의 9가지 은사들이 각 사람에게 나타났다. 여기서 바울의 강조점은 각 사람이 은사를 받은 것에 있는 것이 아니라, 성령이 매우 다양하게 나타내심에 있다. '각 사람'(ἑκάστῳ)은 개인에게 초점이 있기보다 각 개인의 공동체에 있다.

성령의 나타남은 여러 형태이나, 목적은 하나이다. 바울은 성령의 나타내심인 9가지 은사들의 목적이 무엇인가를 강조한다. "성령의 나타내심은 각 사람에게 공동 유익을 위하여 주어졌다." '유익하게 하려 하심'(πρὸς τὸ συμφέρον)은 '공동(συμ) 유익(φερον)을 위함'(for the common good or common advantage)이다. 은사들은 신자 개인의 유익이 먼저가 아니라, 공동체의 유익을 위하여 존재한다.[68] 공동체는 교회를 의미한다. 성령이 나타나서 각 사람에게 은사들을 준 목적은 교회의 유익을 위함이다.

바울이 이와 같이 은사의 목적을 말하는 것은 고린도교회의 상황과 연결되어 있기 때문일 것이다. 고린도교회 안에는 이미 은사 문제가 있었다. 은사를 개인적인 허영과 자랑으로 여겨 서로 분쟁하였다. 그래서 바울은 은사의 목적을 강조하여 은사의 자랑으로 인한 교회의 분열 문제를 수습

---

67) 개핀, 56.

68) Gordon D. Fee, *The First Epistle to the Corinthians* (Grand Rapids, Michigan: Wm. B. Eerdmans Pub. Co., 1987), 589. 이하 "1 Cor."라 약칭함.

하려 한 것으로 보인다.

은사들로 교회를 유익하게 하는 방법은 바울이 13장에서 언급한 사랑의 방법으로만 나타내는 것일 수 있다. 그렇지 않으면 은사를 남용하는 것이다. 따라서 은사를 자신의 자랑이나 영예를 위하여 사용하는 것은 잘못된 일이다.[69)]

4) 은사 현시의 다양성(8-10절)

바울이 8-10절에서 말하는 성령의 은사들은, 7절의 '성령의 나타내심'이고, 9가지이다.[70)] 이 9가지는 크게 3부분으로 나눌 수 있다. 말씀에 관한 것 2가지, 기적적인 것 5가지 그리고 방언에 관한 것 2가지이다, 이렇게 구분할 수 있는 것은 중간에 2번 등장한 '다른 사람에게' (ἑτέρῳ, 다른 종류에서 다른)가 '어떤 사람에게' (ἄλλῳ, 동일한 종류에서 다른)를 구별해 주기 때문이다. 이러한 구분은 '언어의 은사'(A)와 '다섯 가지 은사'(B)에 이어 다시 '언어의 은사'(A)로 전환하는 ABA 구조를 이룬다.[71)] 다섯 가지 은사들을 언어의 은사들이 감싸고 있는 구조를 이루는 것이 특징이다. 물론 예언은 두 A 항목에 모두 포함될지라도 '다른 사람' (ἑτέρῳ)과 '어떤 사람' (ἄλλῳ)의 구별을 바꿀 수는 없다. 이런 구조는 바울이 중앙의 다섯 가지 은사보다 오히려 처음과 나중에 자리 잡은 언어의 은사들을 강조한 것으로 보인다.

---

69) Anthony A. Hoekema, "고린도전서 12장-14장에 나타난 방언연구," 정정숙 역, 「신학지남」 37권2호(1970.6), 57.

70 이러한 은사목록은 롬 12:6-8의 7개 은사, 고전 12:28의 8개 은사, 엡 4:11의 4개 혹은 5개 은사 그리고 벧전 4:14에는 2개의 은사가 열거된 것과 비교된다.

71) 블롬버그, 279-80.

(1) 말의 은사(8절)

지혜의 말씀 은사와 지식의 말씀 은사를 말의 은사라고 한 것은 이 두 은사가 공통적으로 말씀이라는 은사이기 때문이다. 말씀의 은사는 말하는 은사이다. 개핀은 이 두 은사를 두부를 칼로 베듯 딱 갈라놓을 수 없다고 말한다.[72] 그러나 바울이 이 두 개를 구별하여 언급한 것은 분명한 사실이다.

(i) "어떤 사람에게는 성령으로 말미암아(διὰ τοῦ πνεύματος) 지혜의 말씀을" (8절a)

바울이 '지혜의 말씀' (λόγος σοφίας)을 제일 먼저 언급한 것은 파당을 짓는 고린도교회의 헬라 교인들이 인간의 철학과 재담에 매료되어 있었는데, 그들의 표어가 지혜(소피아)와 지식(그노시스)이었기 때문이다(고전 1:17~2:16). 바울은 인간적으로 획득한 지혜와 지식과 그로 인한 교만(4:6-10, 8:1-3)에 대해서 '성령으로 말미암아' 십자가 설교를 말하면서 웅변적 형태나 철학적 내용이 아닌 십자가의 도를 강조했다. 이러한 지혜의 말씀은 우리를 위하여 하나님으로부터 온 지혜이고 우리의 의와 거룩과 구속이 되신 예수 그리스도에 초점이 있다(1:30). 이것은 숨겨져 있던 것인데 (2:7), 그리스도 안에서 나타났고 성령을 통하여 계시되었다(2:7-10). 이렇게 계시된 지혜가 십자가의 메시지를 어리석게 보는 자들에게는 아직도 숨겨져 있다(1:18, 2:14).

바울이 말하는 "지혜의 말씀은 성령에 의해 특별한 사람을 통해 주어지는 특별한 설교의 전달이다"고 아처(Archer)는 말한다.[73] 설교하는 동

---

72) 개핀, 59.

73) John Archer, "Word of Wisdom and Knowledge," *Charisma and Christian*

안에 미리 준비하지 않았던 영감된 말씀이 갑자기 강력하게 터져 나오는 경우가 바로 지혜의 말이라는 것이다. 이 지혜는 하나님께서 계시하신 지혜로서 복음에 대한 영적 이해를 표현한 것이고, 성령으로 말미암아 복음을 이해하는 최고의 은사이다. 이 은사는 이 은사 소유자 자신과 남들을 살리는 영적 지혜에 속하는 말씀이다. 이 같은 지혜는 세상의 헬라철학의 지혜와 엄격히 구별된다(고전 1:20, 2:5, 6, 13, 3:19; 고후 1:12; 약 3:15).[74)]

(ii) "어떤 사람에게는 같은 성령을 따라(κατὰ τὸ αὐτὸ πνεῦμα) 지식의 말씀을" (8절b)

지혜의 말씀이 하나님의 구속계획의 메시지를 전하는 '설교의 은사' 라면 지식의 말씀(λόγος)은 지금 여기서 구속계획이 실제적으로 역사하는 것을 표현하는 '교육의 은사' 라 할 수 있다(고전 2:12-13).[75)] 그래서 지식의 말씀은 복음의 역사적 방면 재료들을 다루는 것이고 복음을 변증하는데 없지 못할 귀한 요소이다.[76)] 성령의 은사로서의 지식은 그리스도 예수 안에 있는 진리의 지식을 구비시키는 것이었다.[77)]

뿐만 아니라 지식의 말씀은 13:8에서 예언, 방언과 함께 종말에 중지될 것으로 언급된 것으로 보아 어떤 계시 형태(revelatory kind)의 영적 발설(spiritual utterance)이다. 그러나 이러한 발설 내용이 지혜와 지식을 어떻게 구분시킬 것인지는 쉽지 않고,[78)] 아마 영원히 알 수 없을 것이라는 견

Life (1992년 2월호), 32. 권성수의 「신약의 성령론」 강의안 참고.

74) 박윤선, 「고린도전후서」, 성경주석 (서울: 영음사, 1980), 176.

75) Archer, 33.

76) 박윤선, 176.

77) 데이비드 프라이어, 273.

78) Leon Morris, *1 Corithians* (Grand Rapids, Michigan: Wm. B. Eerdmans

해도 있다.[79] 바울이 말하는 지혜와 지식의 공통점은 '십자가의 도를 아는 것', 즉 복음을 아는 것이다. 차이점은 무엇인가? 지식은 무지와 대조되고, 지혜는 미련과 대조된다. 말씀(λόγος)은 이 지혜와 지식을 발표하고 해설하는 능력이다.[80] "기독자는 복음을 말함에 있어서 일반 지식을 사용한다. 그러나 그는 복음의 원리를 어기는 지식 방법이나 지식 재료를 채용하지 않는다. 이런 지식은 성령의 인도로만 얻어진다."[81]

왜 바울이 지식의 은사를 말하는가? 바울은 아이러니하게도 12장 서두에서 "나는 너희가 알지 못하기를 원하지 않는다"고 하여 오히려 지식을 자랑하던 고린도인들의 무지를 폭로하고 있다. 고린도라는 지역은 지식을 추구했던 헬라-로마(Greco-Roman)의 문화의 영향을 받아 고린도만큼 헬라 도시의 특성을 보여주는 곳은 없을 정도였다. 심지어 헬라-로마 세계의 상황은 곧 고린도의 상황이었다.[82] 그래서 고린도는 영지주의가 자라기에 매우 좋은 토양이었다.[83] '영지'는 문자 그대로 '영적 지식', '영적인 앎' 또는 '영(Divine Spirit)을 아는 것'이다. 영지주의에서는 '지식'을 통해 구원이 가능하다는 견해를 가졌다. 그리하여 고린도교회의 헬라인들은 지적으로 우월함을 과시하고 사회경제적으로도 다른 사람들보다 부유하다고 자랑하여 교회 안에 문제를 일으켰을 것이다.[84]

Pub. Co., 1985), 167.

79) Fee, "1 Cor.," 593.

80) 이상근, 169.

81) 박윤선, 176.

82) 이은순, "고전 14:33b-36의 주석적 연구" (미간행 Th.M.논문: 총신대학교 대학원, 1995), 26.

83) F. F. 브루스, 「바울신학」, 정원태 역 (서울: 기독교문서선교회, 1989), 276.

84) 헤이스, 43.

이러한 지식은 성령으로 말미암은 지식이 아니었다. 다른 영으로 말미암은 지식이다. 다른 영은 예수님을 주시라고 고백하게 하지 않기 때문이다. 바울이 지식의 은사를 말한 것은 영지주의자들의 지식과는 달리 성령으로 말미암은 지식임을 주장하고 싶었을 것이다. 이렇게 은사들을 자랑하여 교회 안에서 특권의식을 갖고 파당을 일으키는 것은 새 언약의 영으로 이루어지는 새 창조의 공동체에서 없어져야 할 옛 사람의 모습이다. 지식의 은사들은 성령의 산물이기 때문에 그렇다.

(2) 다섯 가지 은사(9-10절상)

여기서 다섯 가지 은사라고 한 것은 8-10절에 언급된 9가지 은사 중에서 처음 말의 은사 2개와 마지막 혀의 은사 2개를 뺀 것이 5개이기 때문이다. 성령은 은사의 원천으로서 믿음, 병 고침, 능력 행함, 예언, 그리고 영들 분별 등의 은사들을 새 언약의 공동체 각 사람에게 주신다.

(iii) "다른 사람에게는 같은 성령으로 믿음을" (9절a)

이 믿음(πίστις)은 모든 성도에게 일반적인 구원하는 믿음이 아니라 이적을 행하는 믿음이고, 교리적인 믿음이 아니라 이적적인 믿음이며, 그리스도 안에서 보다 높으며 영웅적인 믿음(ein glaubensheroismus)이라는 것이 일반적인 견해이다.[85] 오다 비쉬마이어(Oda Wischmeyer)에 따르면 이 믿음은 케리그마 믿음(Kerygmaglaube)이 아니라 기적 믿음(Wunderglaube)이다.[86] 왜냐하면 이 믿음은 은사목록에 있는 특별한 은사로서의

---

85) 이상근, 170에 따르면 Calvin, Bengel, Godet, R & P, Chrysostom, Meyer 등이 이런 견해를 취한다.

86) Oda Wischmeyer, *Der Hoecheste Weg, Das 13. Kapital Des 1. Korintherbrifes*

믿음이라 할 수 있기 때문이다. 박윤선도 이 믿음은 구원받게 하는 믿음(fides salvifica)을 의미하지 않고 권능을 행하게 하는 믿음(fides miraculosa)을 가리키며 이런 지식은 성령의 인도로만 얻어진다고 주석했다.[87] 고든 피도 여기서 말하는 믿음은 산을 옮길 수도 있는 초자연적 믿음이고, 왕상 18장의 엘리야 같이 하나님이 특별한 경우에 특별한 방식으로 자신의 능력과 긍휼을 계시하실 것이라는 초자연적 확신이라고 했다.[88] 가룟 유다가 이런 은사를 소유할 수 있었던 것은 바로 이와 같은 이유 때문일 것이다(마 7:22 이하).

(iv) "어떤 사람에게는 한 성령으로 병 고치는 은사를"(9절b)

'병 고치는 은사'(gifts of healing, KJV)는 바로 위에서 언급한 믿음을 사용하여 초자연적으로 육체적 질병을 치유하는 것을 가리킨다.[89] 이 은사는 병자를 건강하게 회복하는 이적들을 행하도록 하나님께서 주신 은사들이다. 이 은사가 복수로 사용된 것(χαρίσματα ἰαμάτων)은 여러 질병을 고치는 것을 지시한다. 여러 질병마다 그 나름의 특별한 은사를 요구하기 때문이다.[90]

사도시대에 혹은 그 이후라도 병 고치는 이들이 병을 고친 것은 병자를 만나는 때마다 자의로 이러한 권능을 나타내는 것이 아니라, 성령의 지시가 있을 때만 이 권능이 나타나도록 행동하였다.[91]

(Guestersloh: Gerd Mohn, 1981), 38. 권성수의 강의안 참고.

87) 박윤선, 176.

88) Fee, "1 Cor.," 593.

89) 블롬버그, 280.

90) 그로샤이데, 327.

91) 박윤선, 176.

(v) "어떤 사람에게는 능력 행함을" (10절a)

여기 '능력 행함'(ἐνεργήματα δυνάμεων)은 어려운 일을 감당하게 하고, 비상한 고난을 겪어 나아갈 수 있게 하는 것이다.[92] 이러한 능력 행함은 바울과 그의 동역자들이 그들의 삶에서 힘에 겹도록 참고 견디는 것을 가리킬 수 있다(고후 11:23 이하).[93] 아울러 이 '능력들'(복수)은 표적과 기사와 기적의 초자연적 형태로 바울이 사도임을 주장하는 사도의 표적들(signs)이기도 했다.[94] 이런 능력 행함이 성령으로부터 은사로 주어졌다. 이 은사는 여러 가지의 욕구들, 예를 들어 "성적 욕구, 술 마시고 싶은 욕구, 약물 중독, 담배를 피우고 싶은 욕구, 돈에 대한 욕구, 불평하고픈 욕구, 진급하고자 하는 욕심, 권세나 평판을 얻고자 하는 욕구, 음행에 대한 욕구 등에 대하여 '아니오' 라고 말하고, 인내심을 시험하는 자들의 인내하는 일, 사랑할 만한 사람이 아닌 사람을 사랑하는 일, 자신의 혈기를 통제하는 일, 핍박 중에도 견고하게 견디어 내는 것, 그리스도를 위하여 담대하게 말하는 일, 고통을 만나고서도 하나님을 신뢰하는 것 등" 을 의미할 수 있다.[95]

(vi) "어떤 사람에게는 예언함을" (10절b)

바울이 성령의 은사 중 예언을 언급한 것은 당시 이방종교에도 예언의 은사와 비슷한 것들이 있었기 때문이다. 헬라 로마의 종교적 의식에 신들의 영감을 받은 뜻이 보이는 언급들이 있었기 때문이다. 이방종교에서는

92) 박윤선, 177.
93) 그로샤이데, 327,
94) Fee, "1 Cor.," 594-95.
95) J. I. 패커, 「성령을 아는 지식」, 서문강 역 (서울: 새순출판사, 1992), 23-24.

이 언급들을 자랑했다.

그러나 바울이 말하는 예언(προφητεία)은 이방종교에서 말하는 것들과는 다르다. 구약의 경우처럼 미래에 대한 예언은 물론이고 성령의 능력으로 가르치며 설교하는 것을 포함한다.[96] 신약시대의 예언자들은 모든 교회에 근본적인 중요성을 띤 것으로 말한 것이 아니라, 초대교회의 특수한 환경에서 알아야 할 것과 행해야 할 것을 단편적으로 알게 한 것뿐이다. 이런 예언은 신약에 많지 않다(행 11:28, 21:11).[97] 또 이 예언은 몰아지경이나 엑스타시와는 상관이 없다.[98]

고전 14장에서 바울이 말하는 예언은 회중의 건덕과 격려를 위하여 성령의 감동으로 집회 시간에 알아들을 수 있는 메시지로 구성되어 있었다. 이 예언자들은 자발적으로 예언을 통제할 수 있었다.[99] 그렇다고 성경적 권위를 가진 것은 아니었다.[100] 헬라 로마 종교에서 자랑하는 언급들이 아니었다.

(vii) "어떤 사람에게는 영들 분별함을"(10절c)

'영들 분별'(διακρίσεις πνευμάτων)의 은사는 악령들을 하나님의 영에게서 식별하는 것이다(요일 4:1).[101] 바울은 이미 3절에서 다른 영들의 행위와 성령의 역사를 분별하는 근본적인 기준을 제시했다. "하나님의

---

96) 이상근, 170.

97) 박윤선, 177.

98) Wayne Grudem, *The Gift of Prophecy in 1 Corinthians* (Washington: University Press of America, 1982), 150-51, 권성수의 강의안 참고.

99) Fee, "1 Cor.," 595.

100) 권성수, 「신약의 성령론」, 미간행강의안, 112.

101) 박윤선, 177.

영으로 말하는 자는 누구든지 예수를 저주할 자라 하지 아니하고 또 성령으로 아니하고는 누구든지 예수를 주시라 할 수 없느니라." 이것은 모세가 애굽의 마술사들이 하나님께서 모세에게 행하게 하신 기적들을 모방하는 것을 분별했던 것처럼 악령들의 사역을 분별하는 은사이다.[102] 이 은사가 교회 안에서 필요했던 것은 거짓 예언자들이 많이 교회에 침투하여 허영과 이권 때문에 예언하고 있었기 때문이다.[103] 이것은 배워서 익히는 능력이 아니라 성령이 주셔서 직감적으로 분별하는 은사이다. 이 은사는 성령과 악령을 구별하여 거짓 예언을 분별할 뿐만 아니라 성령의 은사인지 인간의 심리나 최면인지를 분별하는 능력이다. 방언의 경우 성령이 주는 방언인지, 마귀가 주는 방언인지, 혹은 심리적으로 유발된 방언인지를 분별하고, 귀신추방 현상에도 이 은사는 필요하다. 우리는 영들 분별의 기준을 다음과 같이 제시할 수 있을 것이다.

(1) 예수님이 그 사람의 주님인가?(고전 12:3). (2) 예수 그리스도를 완전한 사람과 완전한 하나님의 한 인격으로 인정하는가? (3) 그 사람에게 진정한 경건과 거룩이 어느 정도 있는가?(마 7:15-20). (4) 성경을 결정적인 것으로 보는가?(고전 14장 끝부분).

이 다섯 가지 은사는 한 성령으로 말미암아 주어졌기 때문에 이 은사들을 가진 자가 우월과 특권의식을 가지고 교회 안에서 차별과 분파를 이루는 것은 새 언약과 새 창조의 공동체 안에서 합당하지 않다.

---

102) D. A. Carson, *Showing The Spirit: A Theological Exposition of 1 Corintians 12-14* (Grand Rapids: Baker, 1987), 40. 권성수의 강의안 참고.

103) A. Robertson and A. Plummer, *A Critical and Exegetical Commentary of the First Epistle to the Corinthians*, ICC (T. and T. Clark, 1914), 267. 권성수의 강의안 참고.

(3) 혀의 은사(10절하)

여기서 다시 '다른 이에게는'이 나타나서 이 부분이 은사들의 세 번째 부류인 것을 표시한다. 이것은 방언에 관한 두 가지 은사이다. 방언과 방언들 통역은 혀의 은사이다. 혀로 방언을 말하고, 통역도 혀로 하기 때문이다.

(viii) "다른 사람에게는 각종 방언 말함을" (10절d)

우선 방언에 대한 주님의 약속은 마가복음 16:18에 기록되었는데, 사도행전 2장의 오순절 성령 강림 때 성취되었고, 가이사랴에서도 그 현상이 나타났다. 본문의 방언은 알아들을 수 있는 사도행전 2:4-11의 것과는 달리 알아들을 수 없어서 방언통역의 은사가 필요한 발성이었다. 그래서 '각종 방언 말함'(γένη γλωσσῶν)이라고 한 듯이 보인다. 이 같은 각종 방언 말함도 성령이 주신 은사이다.

그런데 당시 델피에 있는 아폴로 신전과 같은 헬라 사원들에서는 사제와 무당들 사이에 황홀한 말들이 행해지고 있었다. 철학적으로 충만한 지혜와 지식을 자랑하던 고린도교인들은 알려지지 않은 방언을 말하는 데도 열정을 보였다.[104] 지혜와 지식은 냉철하게 지성적으로 보이고, 알려지지 않는 방언을 말하는 것은 비이성적이고 감정적인 것 같이 보인다. 또한 당시 유대교와 교회에서 비밀스런 천사의 방언이 종종 세련된 영성과 고위 신분의 표식으로 이해되고 있었다. 이런 분위기 속에서 성령의 영감을 받아 알아들을 수 없는 천사의 방언을 말하는 것은 영적 각성과 지혜를 지닌 사람들에게 꼭 맞는 활동으로 보였을 것이다. 그래서 고린도

104) Anthony A. Hoekema, 54.

공동체에서 방언을 말하는 사람들은 '강한 자'로 분류되고 스스로를 공동체 일반에서 구분해놓는 특별한 지식의 소유를 주장하던 부유한 사람들이었을 것이다.[105] 이와 같이 고린도인들은 방언을 자랑하고 중시하였으나 바울은 이 은사를 마지막에 두어 방언에 대한 경박한 태도를 신중히 경계하고 있다.[106] 특이한 것은 방언의 은사가 바울의 다른 은사목록에서는 언급조차 없다. 로마서 12:6-8, 에베소서 4:11-12 등이 그렇다. 베드로의 경우도 그렇다(벧전 4:14).

(ix) "어떤 사람에게는 방언들 통역함을 주시나니"(10절e)

이 명칭이 암시하고 있듯이 '방언들 통역함'(ἑρμηνεία γλωσσῶν)은 자연스런 방법으로 배우지 않은 언어를 자신의 모국어로 번역하는 은사를 의미한다.[107] "소리의 뜻을 알지 못하면 내가 말하는 자에게 야만(βάρβαρος)이 되고 말하는 자도 내게 야만이" 되기 때문이다(14:10, 11, 개역한글, 개역개정은 '야만'을 외국인으로 번역했다). 그래서 방언을 통역하는 것은 방언을 해석하는 것(ἑρμηνεία)이고, 참석한 사람들이 이해할 수 있는 용어로 이해할 수 없었던 메시지를 전달하는 것을 가리킨다.[108] 이해할 수 없는 말로 기도하는 것이 이해할 수 있는 말로 가르쳐주신 주님의 모범적인 기도보다 낫다고 할 수는 없을 것이다(마 6:9-13; 눅 11:2-4). '방언들'이 복수로 사용된 것은 성령의 이적적인 언어가 때때로 말해졌음을 함축할 수 있다. 또한 방언이 통역되어야 하는 이유는 고린도교회가 세속적인 차별과 특권의식에서 벗어나 새 언약과 새 창조의 공동체의 연합과 사랑과 상호존중

105) 헤이스, 353.
106) 이상근, 170.
107) 토마스, 55.
108) 블롬버그, 281.

으로 세워져 나가야 했기 때문이었다.

이상 8-10절에서 바울이 말하는 9가지 은사들은 '언어의 은사'(A)와 '다섯 가지 은사'(B)에 이어 다시 '언어의 은사'(A)로 전환하는 ABA 구조를 이루고 있다. 다섯 가지 은사들을 언어의 은사들이 감싸고 있는 구조이다. 이러한 구조는 다섯 가지 은사보다는 오히려 언어의 은사들을 강조하는 것으로 보인다. 말 잘하는 것이 성령의 은사의 다수를 이루기 때문에 그렇다. 문제는 이런 언어들로 말미암아 교회에 유익을 주지 못하고 어린아이들이 선물을 자랑하는 것처럼 뽐내며 자랑했다는 것이다. 언어의 은사를 받은 자들이 교회 안에서 심지어 예배시간에도 무질서하게 알아듣지 못하는 언어로 떠듦으로 공동체의 예배와 하나 됨을 방해하는 문제가 발생했던 것으로 추측된다. 그래서 바울은 9가지 은사들의 본질을 밝혀서 이런 문제들을 시정하려 한 것으로 보인다.

5) 은사의 본질(11절)

"이 모든 일은 같은 한 성령이 행하사 그의 뜻대로 각 사람에게 나누어 주시는 것이니라"(11절).

'이 모든 일'(πάντα ταῦτα)은 8-10절이 언급한 9개의 은사를 의미한다. 바울이 9개의 은사들을 언급한 것은 은사들의 서열이나 위계를 세우려는 것이 아니라, 모든 은사는, 그것이 중요하든, 중요하지 않게 여겨지든 간에, 또한 겉치레적이거나 불분명한 은사라 할지라도, 같은 근원에서 나온 것임을 주장하기 위함이다.[109] 이 모든 은사를 얻는 것은 개인의 자격으로 개인이 결정하는 것이 아니라 성령이 주시는 것을 받는 것이다.

---

109) 바레트, 332.

은사란 말 자체가 은혜에 속한 것이니까 은사의 본질은 선물이다. 어떤 은사들을 소유하여 거짓된 자랑을 하려는 고린도교인들에 대하여 바울은 하나님이 영적 은사들의 궁극적 원천이라는 사실을 강조하기를 원했다. 일부 고린도교인들이 방언을 말하는 은사 같은 것을 보여주려는 강박관념 때문에 교회에 상당한 혼란을 주고 분열까지 이르게 하려는 상황에서,[110] 은사들은 성령 하나님 한 분이 그의 뜻대로 나누어 주시는 것이라는 은사의 본질을 강조하여 바울은 고린도교회의 은사 문제를 해결하려 했다.

우리가 지금까지 3-11절을 주해한 결과 얻을 수 있는 결론은, 본문이 고린도교회 안에서 일어났던 은사 문제의 해결책이라는 점이다. 바울이 말한 것은 은사로서의 성령(3절), 은사 원천의 통일성(4-6절), 은사의 목적(7절), 은사 현시의 다양성(8-10절), 그리고 은사의 본질(11절)이다. 이러한 바울의 논의는 사실상 은사에 대한 바울의 신학적 진술들이라 할 수 있다. 바울은 은사에 대한 신학적 진술로서 고린도교회의 은사 문제를 해결하려 한 것이라 할 수 있다.

은사에 대한 바울의 신학적 진술이 의미하는 바는 은사들이 명령이나 훈련 또는 의무의 대상이 될 수 없다. 바울에 따르면, 은사들은 성령 하나님께서 자신의 뜻대로(καθως βουλεται) 공동유익을 위하여 각 사람에게 분배하는 것들이기 때문에, "은사를 자기 자랑의 대상으로 삼는다든지 자신의 영적인 어떤 성취의 대상으로 간주하는 것은 극히 잘못된 태도이다."[111] 각 그리스도인들에게 어떤 은사를 줄 것인가를 결정하는 것은 성령의 일이기 때문에 아무도 자랑하거나 열등감을 가질 이유가 없다.

---

110) Youngju Kwon, "Cacophony or Symphony?: Paul' s Grand Vision of the Church in 1 Cor 12,"「한국기독교신학논총」101 (한국기독교학회, 2016.7), 79.

111) 이한수,「바울신학연구」(서울: 총신대학출판부, 1993), 309.

4. 결론

우리는 위에서 고린도전서 12:3-11이 ABCBA의 구조를 이루는 것으로 보았다. 바울이 이러한 구도를 사용한 것은 AB와 BA가 말하는 은사의 일반적 원리와 더불어 그 중심에 있는 C를 강조하기 위함이었다. 흥미롭게도 우리는 본문에서 제시된 9가지 은사에 대하여 말의 은사 2가지(8절), 5가지 특별한 은사(9-10절상), 그리고 혀의 은사 2가지(10절하)로 구분함으로써 ABA 구조를 이루고 있음을 알아보았다.

바울은 먼저 은사란 성령 하나님의 다양한 선물이라는 은사의 일반적 원리를 말하고, 중간 부분에 각 사람을 유익하게 하려고 주어졌다는 은사의 목적을 강조하며, 나중에 성령의 선물이라는 은사의 본질을 밝혀서, 고린도교회의 은사 문제들을 해결하려 했다. 바울은 은사의 신학적 진술로 은사에 대한 그들의 잘못된 견해를 바로 잡는 것이 문제해결의 실마리로 본 것이 틀림없을 것이다.[112)]

은사 문제에 대한 바울의 이러한 논의는 우리 시대에도 대단히 적합하다. 초자연적으로 보이는 은사들이 1세기 고린도교회에서처럼 오늘날도 논쟁적이고 분열적인 경향이 있다. 소위 신예언적 혹은 신사도 운동이 인간의 조작을 초자연적 은사로 둔갑시켜 자신을 영웅시하는 문제는 이미 제기되었다. 한편 은사중지론도 문제가 있기는 마찬가지이다. 이러한 현상들이 교회를 세우지 못하고 오히려 영적 우월감으로 분열을 일으키는 것은 바울의 관점으로 시정되어야 할 것이다.

---

112) Youngju Kwon, "Cacophony or Symphony?: Paul' s Grand Vision of the Church in 1 Cor 12," 헤이스, 34-44.

참고문헌

개핀, 리차드. 「성령은사론」. 권성수 역. 서울 기독교문서선교회, 1983.

고맨, 마이클 J. 「신학적 방법을 적용한 새로운 바울연구개론」. 소기천외 공역. 서울: 대한기독교서회, 2015.

그로샤이데, F. W. 「성경주석 뉴 인터내셔널: 고린도전서」. 서문강 역. 서울: 생명의말씀사, 1984.

바레트, C. K. 「고린토전서」. 서울: 한국신학연구소, 1992.

박윤선. 「고린도전후서」. 성경주석. 서울: 영음사, 1980.

부르너, 프레드릭 데일. 「성령신학」. 김명용 역. 서울: 도서출판 나눔사, 1989.

브루스, F. F. 「바울신학」. 정원태 역. 서울: 기독교문서선교회, 1989.

블롬버그, 크레이그. 「고린도전서」. 채천석 역. NIV적용주석. 서울: 도서출판 솔로몬, 2014.

빌, G. K., 카슨, D. A. 편. 「신약의 구약사용 주석 시리즈 4: 바울서신」. 이상규 역. 서울: 기독교문서선교회, 2012.

신성종. 「신약총론」. 서울: 기독교문서선교회, 1983.

이동수. "사랑은 은사인가?: 고린도전서 12~14장을 중심으로." 「성령과 말씀」 제11권, 2015.

이상근. 「신약주해: 고린도서. 대구: 성등사, 1991.

이은순. "고전 14:33b-36의 주석적 연구." 미간행 Th.M.논문: 총신대학교 대학원, 1995.

이한수. 「바울신학연구」. 서울: 총신대학출판부, 1993.

조병수. 「신약신학 열두 주제」. 수원: 합동신학대학원출판부, 2001.

최갑종. 「바울연구1」. 서울: 기독교문서선교회, 1992.

토마스, 로버트. 「성령의 은사들」. 김지찬 역. 서울: 생명의말씀사, 1983.

티슬턴, 앤토니 C. 「고린도전서」. 권연경 역. 서울: SFC출판부, 2013.

패커, J. I. 「성령을 아는 지식」. 서문강 역. 서울: 새순출판사, 1992.

피, 고든. 「바울, 성령, 그리고 하나님의 백성」. 길성남 역. 서울: 좋은씨앗, 2004.

헤이스, 리처드 B. 「고린도전서」. 유승원 역. 서울: 한국장로교출판사, 2011.

Archer, John. "Word of Wisdom and Knowledge." *Charisma and Christian Life*. 1992년 2월호,

Carson, D. A. *Showing The Spirit: A Theological Exposition of 1 Corintians 12-14*. Grand Rapids: Baker, 1987.

Fee, Gordon D. *The First Epistle to the Corinthians*. Grand Rapids, Michigan: Wm. B. Eerdmans Pub. Co., 1987.

Gaffin, Richard B. Jr. *Perspectives on Pentecost: New Testament Teaching on the Gifts of the Holy Spirit*. Phillipsburg: Presbyterian and Reformed. 1979.

Grudem, Wayne. *The Gift of Prophecy in 1 Corinthians*. Washington: University Press of America, 1982.

Kwon, Youngju. "Cacophony or Symphony?: Paul's Grand Vision of the Church in 1 Cor 12." 「한국기독교신학논총」 101. 한국기독교학회, 2016.7.

Morris, Leon. *1 Corithians*. Grand Rapids, Michigan: Wm. B. Eerdmans Pub. Co., 1985.

Robertson, A. and A. Plummer. *A Critical and Exegetical Commentary of the First Epistle to the Corinthians*. ICC. T. and T. Clark, 1914.

Thiselton, Anthony C. *First Corinthians: A Shorter Exegetical and Pastoral Commentary*. Grand Rapids, Michigan: Wm B. Eerdmans Pub. Co., 2006.

Wischmeyer, Oda. *Der Hoecheste Weg, Das 13. Kapital Des 1. Korintherbrifes*. Guestersloh: Gerd Mohn, 1981.

12 갈라디아서의 '믿음으로 성령 받음'

Chapter

성령은 믿음으로 받는 것인지 혹은 율법의 행위로 받는 것인지의 문제에 대한 답을 이 글에서 제시하려 한다. 그러면 종교개혁의 책으로 알려진 갈라디아서의 주제가 무엇인지에 대한 그 해답도 자연스럽게 밝혀질 것이다. 박윤선, 이상근, 권연경, 안진호, 그랜트 오스본(Grant Osborne), 렌스키(R. C. H. Lenski), 윌리엄 바클레이(William Barclay) 그리고 샌더스(E. P. Sanders) 등은 '믿음으로 성령 받음'을 말하지 않는다.[1] 그러나 이 글에서는 갈라디아서의 주제가 '믿음으로 성령 받음' 임을 제시하려 한다.[2] 그 근거로 갈라디아서에서 바울은 사람이 구원받는 것은 예수 그리스도를 믿음으로만 된다고 밝혔다고 보이기 때문

---

1) 박윤선, 「바울서신(상)」, 신약주석 (서울: 영음사, 1985), 11-12; 이상근, 「갈·히브리」, 신약주해 (대구: 성등사, 1990), 9-10; 권연경, "다시 생각하는 거울 읽기: 갈라디아서의 경우," 「신약연구」 제14권 제2호 (2015.6), 269-70; 안진호, 「예수와 신약」 (서울: 총신대학출판부, 2006), 163-68; 그랜트 오스본, 「갈라디아서」 (서울: 성서유니온선교회, 2011), 19-20; 렌스키, 「갈라디아서 에베소서」, 장병일역, 성경주석 (서울: 백합출판사, 1975), 10-18; 윌리엄 바클레이, 「갈라디아서 에베소서 빌립보서 골로새서 데살로니가전서」, 성경주석 (서울: 기독교문사, 2009), 23-28; E. P. 샌더스, 「바울, 율법, 유대인」, 김진영 역 (고양: 크리스찬다이제스트사, 2006), 35.

2) "이신칭의"와 "믿음으로 성령 받음"은 서로 다른 것이 아니라 믿음으로 칭의 받고 성령 받는다는 점에서 동일한 면이 있다. cf. 레온하르트 고펠트, 「신약신학 II」, 박문재역 (서울: 크리스찬다이제스트, 1992), 188.

이다. 바울은 의롭게 되는 것과 성령 받는 것 혹은 구원받는 것에 인간의 행위와 공적을 완전히 배제하였다. 바울은 더욱 직접적으로 사람이 성령 받는 것은 예수 믿음으로 받고, 율법을 행함으로 되는 것이 아니라고 강조한 것으로 보인다.[3]

따라서 이 글에서는 먼저 '믿음으로 성령 받음'을 드러내기 위해 갈라디아서에서 말하는 율법의 핵심이 원래 무엇이었는지를 살필 것이다. 그 다음에 사람이 하나님 앞에서 의롭게 되고 성령을 받는 것은 율법의 행위로가 아니라 믿음으로 받는 것임을 밝히고자 한다.

1. 율법의 핵심

바울이 갈라디아서를 기록하기 바로 전에 어떤 유대인 거짓 교사들이 외부로부터 갈라디아교회 안으로 들어왔다. 그 거짓 교사들은 유대주의자들이었다.[4] 그들은 그리스도를 믿는 것뿐 아니라 모세의 율법을 엄격하게 지키는 것이 구원에 필요하다고 주장했다.[5] 즉 이방인들이 그리스도인이 되려면 마땅히 율법을 지키는 유대인이 되어야 한다는 것이 갈라디아교회의 문제로 제기되었다.[6] 그런데 예수님은 유대인들이 제기한 율법 문제에 대하여 답변하신 적이 있다.

---

3) 서철원, 「갈라디아서 주석」 (서울: 대한예수교장로회총회, 2005), 6. 이하 서철원으로 약칭한다.

4) cf. 행 15:1, 5, 24.

5) 율법은 구약성경 전체를 의미할 수도 있다. cf. 루돌프 불트만, 「신약성서신학」, 허혁 역 (서울: 성광문화사, 2008), 259.

6) J. 그레샴 메이천, 「신약개론(상): 문헌과 역사에 대한 고찰」, W. 존 쿡편, 김효성 역 (서울: 성광문화사, 1992), 185-86.

공관복음에는 첫째 계명이 무엇이냐는 서기관과 율법사의 질문에 대한 예수님의 답변이 있다(마 22:34-40; 막 12:28-34; 눅 10:25-28). 공관복음서의 공통적인 기록은 "네 마음을 다하고 목숨을 다하고 뜻을 다하여 주 너의 하나님을 사랑하라 하셨으니 이것이 크고 첫째 되는 계명이요 둘째도 그와 같으니 네 이웃을 네 자신 같이 사랑하라 하셨으니 이 두 계명이 온 율법과 선지자의 강령이니라"고 밝혔다.[7] 따라서 이 두 계명이 대표적인 율법이라 할 수 있다.[8]

갈라디아서에는 둘째 계명인 "네 이웃을 네 자신 같이 사랑하라"가 언급되어 있다(5:14). 그런데 마가복음만 "첫째는 이것이니 이스라엘아 들으라 주 곧 우리 하나님은 유일한 주시라 네 마음을 다하고 목숨을 다하고 뜻을 다하고 힘을 다하여 주 너의 하나님을 사랑하라 하신 것이요"라고 하여, "이스라엘아 들으라 주 곧 우리 하나님은 유일한 주시라"를 덧붙이고 있다.[9] 이 구절은 신명기 6:4의 "이스라엘아 들으라 우리 하나님 여호와는 오직 유일한 여호와이시니"의 직접 인용이다.[10]

---

7) 예수님의 답변은 신 6:5과 레 19:18을 종합하여 인용하신 것이라고 할 수 있을 것이다. 그런데 "이 두 계명이 온 율법과 선지자의 강령이니라"는 구절은 마태와 마가에만 기록되어 있다.

8) 그레고리 빌, 「신약성경신학: 성경신학적 종말론적 주제별 연구방식」, 김귀탁 역 (서울: 부흥과개혁사, 2014), 879.

9) 이 구절은 19세기 비평학자들인 칼 라흐만(Karl Lachmann)과 크리스찬 바이세(Christian Hermann Weisse), 그리고 하인리히 홀츠만(Heinrich Julius Holtzmann) 등에 의하여 주장되기 시작한 마가복음 우선설(The Priority of Mark Theory)을 반박하는 근거로 보인다. 마가복음이 다른 공관복음서에 비하여 짧다는 것이 마가복음 우선설의 주장 중 하나일 것인데, "크고 첫째 되는 계명"을 묻는 본문에서는 마가복음이 다른 복음서들보다 거의 두 배로 길기 때문이다. cf. 이상근, 「신약주해: 마가복음」 (대구: 성등사, 1990), 7-8; 권종선 편, 「해설복음서대조서」 (서울: 도서출판누가, 2013), 94-95.

10) 안드레아스 쾨스텐베르거, 「요한신학」, 전광규 역 (서울: 부흥과개혁사, 2015), 393.

그런데 신명기 6:4은 좀 더 정확히 번역해야 할 필요성이 있다. "들으라 이스라엘아 여호와는 우리 하나님이요 여호와는 한 분이시다" (שְׁמַע יִשְׂרָאֵל יְהוָה אֱלֹהֵינוּ יְהוָה אֶחָד)로 번역해야 정확할 것이다.[11] 그러면 마가복음 12:29도 "주는 우리 하나님이시고 주는 한 분입니다" (ἄκουε, Ἰσραήλ, κύριος ὁ θεὸς ἡμῶν κύριος εἷς ἐστιν)로 번역해야 할 것이다.[12] 이 신명기 6:4이 쉐마이고 성전에서 매일 두 번 암송되었다. 모세오경과 선지서와 시편의 어떤 진술도 이 쉐마가 갖는 높은 위치에 이르지 못하였다. 이 쉐마가 유대교의 유일한 고백이고 유일한 근본 가르침이다.[13] 그래서 이 구절에서만 처음 단어 쉐마(שְׁמַע)와 끝 단어 에하드(אֶחָד)의 끝 글자(ע, ד)가 좀 크게 인쇄되었다.[14] 마가복음 12:29에 따르면, 이 유일신 신앙을 신약교회가 그대로 받은 것이 된다.[15]

여호와 하나님만을 창조주와 구속주로 믿는 유일신 사상이 신약 교회의 기본 신앙이 되었고, 예수 그리스도도 유일신 사상을 그대로 받아들였다. 유대인인 바울도 예수 그리스도의 사도이고 종이기 때문에 이 유일신 신앙을 그대로 받아들였다고 할 수 있다(고전 8:4, 6). 신명기 6:4과 마가

---

11) 신 6:4을 이렇게 번역한 *NASB* (Hear, O Israel! The LORD is our God, the LORD is one!)와 「새 번역」(이스라엘은 들으십시오. 주님은 우리의 하나님이시요, 주님은 오직 한 분뿐이십니다)이 있다. 그러나 NASB와 「새 번역」도 막 12:29에서는 이렇게 번역하지 않고 개정개역처럼 번역했다.

12) 이 구절에 대하여는 다음의 4가지 번역이 가능할 것이다. 1) 우리 하나님 여호와(또는 주님), 여호와(또는 주님)는 한분이시다. 2) 여호와는 우리의 하나님이시며, 여호와는 한분이시다. 3) 홀로이신 여호와, 여호와는 우리의 하나님이시다. 4) 우리의 하나님 여호와는 한분이신 여호와이시다. 이 네 가지 번역 중 2)의 번역이 가장 타당해 보인다.

13) 서철원, 「교리사」(서울: 총신대학교출판부, 2003), 43.

14) 「NIV 구약 원어대조성경」(서울: 도서출판로고스, 1993), 503-504.

15) Robert H. Gundry, *Mark: A Commentary on His Apology for the Cross* (Grand Rapids, Michigan: Wm. B. Eerdmans Pub. Co., 1993), 730-31.

복음 12:29은 이 쉐마가 온 율법과 선지자의 강령으로서 하나님 사랑과 이웃 사랑의 근거임을 제시한 것으로 보이기 때문이다. 신근수는 "라이트는 바울이 어떻게 예수를 메시야적 유일신론으로 받아들였는지에 대한 설명 없이, 유대교의 쉐마를 재구성하고 있는 본문(고전 8:6)에서 한 분이신 여호와를 주 예수 그리스도와 동일하신 분으로 선포한 것을 주목한다"고 하여 바울도 유대교의 유일신 사상을 받아들여 기독교에 접목했음을 그의 학위논문에서 주장하였다.[16]

그런데 신명기 6:24의 "여호와께서 우리에게 이 모든 규례를 지키라 명령하셨으니 이는 우리가 우리 하나님 여호와를 경외하여 항상 복을 누리게 하기 위하심이며 또 여호와께서 우리를 오늘과 같이 살게 하려 하심이라"와 신명기 6:25의 "우리가 그 명령하신 대로 이 모든 명령을 우리 하나님 여호와 앞에서 삼가 지키면 그것이 곧 우리의 의로움이니라 할지니라"를 보면 하나님께서 율법을 주신 목적을 이해할 수 있다. 율법을 주신 목적은 여호와 하나님을 경외하여 항상 복을 누리도록 하기 위함이었다, 그리고 율법을 지키는 것이 하나님 앞에서 의로움인 것도 밝혔다. 그러나 우리 인간은 율법을 지키는 데 실패했다. 그래서 하나님은 율법의 길이 아니라 믿음의 길을 주셨다

2. 율법과 믿음

갈라디아서에서 말하는 율법의 개념을 이해하기 위해서는 우선 갈라디아서에서 율법이란 단어가 어떻게 쓰였는지를 파악해야 할 것이다. 개역

16) 신근수, "톰 라이트 신학과 개혁주의 신학에서의 기독론의 위상과 역할 비교 연구: 언약과 구속 그리고 율법을 중심으로" (박사학위논문, 백석대학교, 2016), 64.

개정의 갈라디아서에서 적어도 23개의 구절에서 율법이란 단어가 검색되었다. 그러나 실제로 갈라디아서 안에서 '율법' (νόμος)이라는 단어는 32회 등장한다.[17] 율법이라는 단어가 한 구절 안에도 여러 번 등장하기 때문이다.[18] 3장에만 율법이 언급된 구절은 12개이다. 갈라디아서에서 율법이 언급된 구절의 절반 이상을 차지한다. 이하 구절들에서 율법은 무엇이고 믿음과는 어떤 관계인지를 알아보고자 한다.

(1) "사람이 의롭게 되는 것은 율법의 행위로 말미암음이 아니요 오직 예수 그리스도를 믿음으로 말미암는 줄 알므로 우리도 그리스도 예수를 믿나니 이는 우리가 율법의 행위로써가 아니고 그리스도를 믿음으로써 의롭다 함을 얻으려 함이라 율법의 행위로써는 의롭다 함을 얻을 육체가 없느니라"(2:16). 이 구절에서는 사람이 의롭게 되는 것이 율법의 행위로 말미암은 것이 아니라 오직 예수 그리스도를 믿음으로 말미암는다는 점을 말한다. 예컨대 아브라함은 상속자에 대한 하나님의 약속을(창 15:4) 믿어 여호와 하나님이 이를 그의 의로 여기셨다(창 15:6; 롬 4:21).[19]

(2) "내가 율법으로 말미암아 율법에 대하여 죽었나니 이는 하나님에 대하여 살려 함이라"(2:19). 이 구절은 율법과 바울이 상관없게 됨을 말하는 것으로 보인다. '죽었나니'는 부정과거형으로서 구원의 공로를 얻게 하는 율법의 모든 규례와 요구로부터 단번에 완전히 해방되었음을 의미하

17) 조호영, "갈라디아서 6:2에 나타난 '그리스도의 법' 에 대한 연구," 「신약연구」 제14권 제4호 (2015. 12), 516.

18) 3:10을 보면 율법이란 단어가 두 번 나온다. "무릇 율법 행위에 속한 자들은 저주 아래에 있나니 기록된바 누구든지 율법 책에 기록된 대로 모든 일을 항상 행하지 아니하는 자는 저주 아래에 있는 자라 하였음이라".

19) 손석태, 「창세기강의」 (서울: ESP, 2001), 144-45

는 것으로 보인다. 이제 바울은 구원을 얻기 위해서 율법의 모든 규례를 지켜야 할 필요가 없게 되었음을 말한다.[20]

(3) "내가 하나님의 은혜를 폐하지 아니하노니 만일 의롭게 되는 것이 율법으로 말미암으면 그리스도께서 헛되이 죽으셨느니라"(2:21). 이 구절에서는 사람이 의롭게 되는 것이 율법으로 되는 것이 아님을 분명히 한다. 율법으로 의롭게 된다면 그리스도께서 죽으신 것이 헛된 것이라고까지 말한다.

(4) "내가 너희에게서 다만 이것을 알려 하노니 너희가 성령을 받은 것이 율법의 행위로냐 혹은 듣고 믿음으로냐"(3:2). 김세윤은 '율법의 행위'가 샌더스(E. P. Sanders)나 던(J. D. G. Dunn)이 주장하는 것처럼 유대인들의 언약적 독특성을 말하는 것이 아니라 일반적인 율법의 선행들을 언급하는 것으로 해석하는 것이 훨씬 자연스럽다고 주장한다.[21] 김세윤의 주장이 본문의 의미와 가까워 보인다. 바울은 성령 받은 것이 율법의 행위가 아니라 믿음으로 된 것임을 밝혔기 때문이다. 그런데 샌더스는 "율법은 입교 조건이 아니다"고 주장한다.[22] 그러나 이와 같은 센더스의 주장은 창세기 17:14에 의하여 거부되는 것으로 보인다. 하나님께서 할례를 받지 아니한 남자는 백성 중에서 끊어질 것이라고 말씀하셨기 때문이다.

(5) "너희에게 성령을 주시고 너희 가운데서 능력을 행하시는 이의 일

---

20) 박영희, 「신약석의의 방법과 실제」 (서울: 총신대학 출판부, 1988), 269.

21) 김세윤, 「바울 신학과 새 관점: 『바울 복음의 기원』에 대한 재고」 (서울: 도서출판 두란노, 2002), 107.

22) E. P. 샌더스, 「바울, 율법, 유대인」, 김진영 역 (고양: 크리스챤 다이제스트, 2006), 33-99.

이 율법의 행위에서냐 혹은 듣고 믿음에서냐"(3:5). 예수님의 성령 파송이 율법의 행위가 아니라 예수 그리스도의 복음을 듣고 믿음에서임을 이 구절에서 밝힌다.

(6) "무릇 율법 행위에 속한 자들은 저주 아래에 있나니 기록된바 누구든지 율법 책에 기록된 대로 모든 일을 항상 행하지 아니하는 자는 저주 아래에 있는 자라 하였음이라"(3:10). 이 구절은 율법의 행위가 인간의 구원에 아무런 역할을 하지 못함을 밝힌다. 심지어 율법의 행위의 결과는 저주에 이를 뿐이라고 말한다. 왜냐하면 인간은 율법을 온전히 행할 수 없기 때문일 것이다.

(7) "또 하나님 앞에서 아무도 율법으로 말미암아 의롭게 되지 못할 것이 분명하니 이는 의인은 믿음으로 살리라 하였음이라"(3:11). 이 구절은 사람이 율법의 행위로는 의롭게 되지 못함을 반복하여 표현한다. 다만 "의인은 믿음으로 살리라"(ὁ δίκαιος ἐκ πίστεως ζήσεται)는 한국어 번역은 좀 교정될 필요가 있다. "믿음으로 말미암아(ἐκ πίστεως) 의인은(ὁ δίκαιος) 살리라"로 번역하는 것이 원문과 문맥의 의미를 바로 나타내는 것으로 보인다. 의인은 없나니 하나도 없어서(롬 3:10) 예수 그리스도의 인격과 사역을 믿음으로 의인이 되기 때문이다. 갈라디아서 3:24의 "믿음으로 말미암아 의롭다 함을 얻게 하려 함"은 "믿음으로 말미암아 의인은 살리라"의 번역이 타당함을 말해준다.

(8) "율법은 믿음에서 난 것이 아니니 율법을 행하는 자는 그 가운데서 살리라 하였느니라"(3:12). 이 구절은 "너희는 내 규례와 법도를 지키라 사람이 이를 행하면 그로 말미암아 살리라"는 레위기 18:5의 인용이다. 이 구절은 율법주의의 강령이라 할 수 있다.[23)] 이것은 믿음의 강령과

대조된다. 율법은 행함으로 효과를 내고 행하는 자가 산다. 이것은 믿음으로 의롭게 되고 영원히 사는 것과는 완전히 대조된다는 것을 말한다.

(9) "그리스도께서 우리를 위하여 저주를 받은 바 되사 율법의 저주에서 우리를 속량하셨으니 기록된 바 나무에 달린 자마다 저주 아래에 있는 자라 하였음이라"(3:13). 이 구절은 "나무에 달린 자는 하나님께 저주를 받았음이니라"는 신명기 21:23을 인용한다. 홍인규는 이 구절에서 '율법 아래' 라는 어구가 율법의 규정들을 지켜야 할 의무 아래라는 뜻이 아니라 그리스도의 구속의 결과로 믿는 자의 지위가 율법의 노예에서 하나님의 아들로 변화된 사실에 비추어 볼 때 율법의 예속시키는 힘 아래를 의미한다고 주장한다.[24] 이러한 홍인규의 주장은 속량의 의미를 잘 드러낸 것으로 보인다.

(10) "내가 이것을 말하노니 하나님께서 미리 정하신 언약을 사백삼십 년 후에 생긴 율법이 폐기하지 못하고 그 약속을 헛되게 하지 못하리라"(3:17). 이 구절에서 말하는 언약은 하나님께서 아브라함에게 주신 언약이다.

(11) "만일 그 유업이 율법에서 난 것이면 약속에서 난 것이 아니리라 그러나 하나님이 약속으로 말미암아 아브라함에게 주신 것이라"(3:18). 약속은 하나님의 은혜에 의한 것이고, 율법은 인간의 공적에 의한 것이다. 양자는 완전히 상반된다.[25] 유업을 상속하는 것은 율법을 행함으로 주어진 것이 아니라 은혜의 약속으로 주어진 것이다.

(12) "그런즉 율법은 무엇이냐 범법하므로 더하여진 것이라 천사들을

---

23) 이상근, 「갈 · 히브리」, 신약주해 (대구: 성등사, 1990), 83.

24) 홍인규, 「바울의 율법과 복음」 (서울: 생명의말씀사, 1996), 74,

25) 이상근, 88.

통하여 한 중보자의 손으로 베푸신 것인데 약속하신 자손이 오시기까지 있을 것이라"(3:19). 율법은 범법 때문에 더하여진 것이다.

(13) "그러면 율법이 하나님의 약속들과 반대되는 것이냐 결코 그럴 수 없느니라 만일 능히 살게 하는 율법을 주셨더라면 의가 반드시 율법으로 말미암았으리라"(3:21). 율법은 하나님의 약속들과 반대되는 것이 아니다. 율법이나 약속이나 다 같이 하나님이 주신 것이기 때문에 서로 거스르지 않는다. 성격이 다를 뿐이다. 율법은 살게 하지는 않는다. 율법은 살게 하는 능력이 없기 때문에 그리스도 때까지 기다릴 필요가 있었다.

(14) "믿음이 오기 전에 우리는 율법 아래에 매인 바 되고 계시될 믿음의 때까지 갇혔느니라"(3:23). 여기서 믿음은 신약시대의 예수 그리스도에 대한 믿음이다.

(15) "이같이 율법이 우리를 그리스도께로 인도하는 초등교사가 되어 우리로 하여금 믿음으로 말미암아 의롭다 함을 얻게 하려 함이라"(3:24). 율법은 사람을 그리스도에게 인도하는 노예가정교사이다. 율법은 노예가정교사처럼 그리스도에게 인도하는 임시적 성격을 가진다는 의미이다. 그리스도에게 인도되어 그리스도를 믿으면 율법의 지배로부터는 벗어난다(갈 3:25).

(16) "때가 차매 하나님이 그 아들을 보내사 여자에게서 나게 하시고 율법 아래에 나게 하신 것은"(4:4). 이 (16)은 이어지는 (17)이 설명해준다. 즉 하나님의 아들 그리스도께서 율법 아래 나신 것은 율법 아래 있는 자들을 속량하기 위함이다. 4:3에서 율법은 초등학문으로 비교되고 있는데, 세상의 초등학문은 성령에 의해서 천상적 물질로 변화되거나 재창조되지 않은 옛 시대에 속한 지상적 현실과 물질을 나타낸다고 볼 수 있을

것이다.[26)]

(17) "율법 아래에 있는 자들을 속량하시고 우리로 아들의 명분을 얻게 하려 하심이라"(4:5). 하나님은 그의 아들을 보내어 율법의 저주 아래 있는 그의 백성을 속량하여 내셨다. 그래서 바울은 갈라디아서에서 "아빠 아버지"라는 호칭을 사용하였다(4:6).[27)]

(18) "내게 말하라 율법 아래에 있고자 하는 자들아 율법을 듣지 못하였느냐"(4:21). 이 구절은 갈라디아서의 수신자들이 율법을 들으면서도 율법의 참 뜻을 깨닫지 못한 것을 가리킨다.

(19) "내가 할례를 받는 각 사람에게 다시 증언하노니 그는 율법 전체를 행할 의무를 가진 자라"(5:3). 여기에 할례가 언급된 것은 율법주의자들이 예수 믿어도 할례를 받아야 구원에 이른다고 했기 때문이다. 그렇다면 율법 전체를 행할 의무가 있는데, 사실상 불가능하다는 것이 바울의 강조이다. 이것은 율법주의자들이 율법에서 말하는 할례의 의미를 오해했기 때문인 것으로 보인다. 이 구절에서 '다시'(palin)는 율법주의자들이 할례의 의미를 이해하는 데 계속 실패했음을 시사한다.[28)] 할례받은 자가 율법을 지킬 때 할례가 효력이 있다는 바울의 진술은 바울 자신이 엄격한 바리새인이었음을 시사한다(행 22:3). 아울러 할례를 받는 행위가 지니는 심각한 함축들을 상기시켜 주었을 가능성이 있다. 즉 바울은 갈라디아 교인들에게 할례를 받으면 율법을 엄격히 행할 의무가 있다는 것을 상기시

---

26) 김규섭, "바울 우주론의 재구성: 바울의 우주론적 이원론과 '세상의 초등학문'," 「신약연구」 제15권 제3호 (2016.9), 524.

27) 요아킴 예레미아스, 「신약신학」, 정충하 역 (서울: 세순출판사, 1992), 106.

28) 이한수, 「갈라디아서」 (서울: 선교횃불, 2006), 460. 이하 이한수로 약칭한다.

켰을 것으로 보인다.[29]

당시 유대인들이 율법준수를 그렇게도 강조했던 것은 그들의 삶의 정황 때문일 가능성도 있다. 당시 유대교가 엄격한 율법준수를 강조한 것은 유대인들이 율법준수에 실패하여서 나라의 주권을 다른 나라에 빼앗기고 수백 년간 식민지 생활을 하고 있었던 그들의 현실에 대한 반성 때문이었을 것이다. 그러나 바울이 강조하고자 하는 것은 이런 행함으로는 하나님 앞에서 아무런 의롭다 함을 얻지 못하고 오직 주 예수 그리스도의 인격과 사역을 믿음으로 구원에 이르는 것을 강조하려 한 것으로 보인다.

(20) "율법 안에서 의롭다 함을 얻으려 하는 너희는 그리스도에게서 끊어지고 은혜에서 떨어진 자로다"(5:4). 이 구절에서 바울의 어조는 매우 강력한 인상을 준다. 칭의는 믿음으로 되는 것이지 율법의 행위로 되는 것이 아니라는 것이고, 율법의 행위로 의롭다 함을 얻으려 하는 것은 그리스도에게서 끊어지고 은혜에서 떨어지는 것이라는 것이다. 그런데 이 구절과 관련하여 이한수는 샌더스의 신율주의를 지지하는 것으로 보인다. 왜냐하면 유대인들은 혈통적으로나 할례와 율법 준수의 관점에서 보나 스스로를 하나님의 언약 백성으로 여기는 자의식을 가진 자들이었기 때문이라는 것이다.[30] 그러나 결국 신율주의도 율법의 행위를 강조하는 것은 마찬가지로 보인다. 바울은 율법의 행위로는 그리스도의 은혜에서 끊어짐을 매우 강조하기 때문이다.

(21) "온 율법은 네 이웃 사랑하기를 네 자신 같이 하라 하신 한 말씀에서 이루어졌나니"(5:14). 이 구절은 "네 이웃 사랑하기를 네 자신과 같

---

29) 이한수, 463.
30) 이한수, 465.

이 사랑하라"는 레위기 19:18의 인용이다. 예수님은 하나님 사랑과 이웃 사랑을 율법의 강령이라고 말씀하신 바 있다(마 22:37-40). 유대인은 자기 동족들만 이웃으로 인정하고, 원수는 사정없이 미워하였으나 그리스도는 원수까지 이웃으로 확대하였다(마 5:43-48). 바울도 유대인과 이방인의 차별이 없이 이웃으로 적용했다.

(22) "너희가 만일 성령의 인도하시는 바가 되면 율법 아래에 있지 아니하리라"(5:18). 성령이 인도하시면 율법의 규제가 적용되지 않는다. 성령의 인도 아래 있으면 죄 지으려는 욕망이 사라지고 율법과 무관하게 된다.[31] 성령의 인도는 육의 욕망에서 해방시키기 때문이다. 육의 욕망이 발동되지 않으니까 율법의 규제를 벗어나려고 애쓸 필요가 없어질 것이다.

(23) "할례를 받은 그들이라도 스스로 율법은 지키지 아니하고 너희에게 할례를 받게 하려 하는 것은 그들이 너희의 육체로 자랑하려 함이라"(6:13). 율법주의자들도 율법을 지킬 수 없기 때문에 율법을 지키지 않으면서도 할례를 행하여 자신들의 유대인 신분을 과시하려 하였다. 율법주의자들은 십자가를 말하기를 꺼리고 할례받고 유대교에 속한 것을 자랑하게 했다.[32]

이처럼 갈라디아서에 율법에 관한 구절이 많이 등장하는 것은 갈라디아교회에 가만히 들어온 거짓 교사들의 변형된 율법개념을 바로 잡기 위함일 것이다. 바울이 이처럼 율법을 많이 거론하는 것은 율법의 행위의 긍정적인 측면을 강조하기 위함이 아니라 율법의 행위의 부정적인 측면을 드러내고 믿음의 긍정적인 면을 강조하기 위함일 것으로 보인다. 이러한

31) 서철원, 247.

32) 서철원, 279-80.

구절들에 나타난 몇 가지 특징을 지적한다면, 율법은 사람들을 그리스도께로 인도하는 초등교사이다. 누구도 율법의 행위로는 의롭다함을 얻을 수 없다. 또한 율법의 행위로는 성령을 받을 수도 없다. 은혜로 그리스도를 믿음으로 칭의에 이를 수 있고, 그 믿음으로 성령을 선물로 받는다는 것을 말하는 것으로 보인다. 하나님 앞에서 의롭게 된다는 것은 하나님 앞에서의 생존권으로 구원의 과정을 의미하는 것이라 할 수 있을 것이다,

3. 믿음으로 성령 받음

유대주의 그리스도인들은 갈라디아에 와서 예수 믿음만 지키는 것은 반쪽 구원이고, 완전한 구원이 되지 못한다고 주장했다. 그들에 따르면, 바울은 참 사도가 아니기 때문에(1:1 참고) 복음을 바로 알지 못해서 예수 믿음만 전했다. 완전한 믿음과 완전한 구원은 예루살렘 교회처럼 예수 믿음에 율법의 완전 준수를 더해야 한다(4:17-20 참고). 그래야 성령도 받고 충만히 받는다는 것이다. 그러나 바울은 사람이 의롭게 되고 성령을 받는 것이 그리스도를 믿음으로 되는 것이지 결코 율법준수로 되는 것이 아님을 밝혔다(2:15-21). 아래 구절은 믿음으로 성령 받음을 제시하기 위한 구절들인데, 위에서 제시한 구절들과 중복된 것도 있다. 그러나 위의 것은 갈라디아서에 나타난 율법의 의미를 파악하기 위한 것이고, 아래의 구절들은 믿음으로 성령 받음을 드러내기 위해서 제시된 것이다.

(1) "내가 너희에게서 다만 이것을 알려 하노니 너희가 성령을 받은 것이 율법의 행위로냐 혹은 듣고 믿음으로냐"(3:2). 특히 바울은 성령 받은 것이 율법의 행위가 아니라 믿음으로 된 것임을 밝힌다. 죄인은 이신칭의 바탕 위에서 성령을 받을 수 있다. 이신칭의가 성령 받음에 필수적

이다. 왜냐하면 성령님은 하나님이시므로 죄가 없어야 성령 하나님이 오실 수 있기 때문이다. 죄가 있다면, 하나님의 거룩성 때문에 즉사할 수도 있다. 의로운 상태에 성령님이 임하셔야 뒤탈이 없다. 예수 믿음으로 칭의가 오고, 예수 믿음으로 성령도 오신다. 그래서 칭의도 은혜이고, 성령 받음도 은혜이다. 칭의와 성령 받음은 구원이다. 성령님이 함께 하면 부활과 천국의 영생에 이르기 때문이다.

그러나 소위 바울의 율법에 관한 새 관점(New Perspective on Paul)은 언약적 율법주의(Covenantal Nomism)를 말하기 때문에 결국 율법의 행위로 의롭게 된다는 말과 크게 다를 바 없는 것으로 보인다.[33] "바울에 관한 새 관점"은 믿음에 행함을 더해야 완전한 구원을 얻는다고 주장하기 때문이다, 톰 라이트(Tom Wright)가 주장하는 바와 같이 " '행위가 아닌 믿음으로 얻는 칭의' 에 관한 교리를 주장하는 것 자체가 일종의 '행위'를 더하는 것이 되어 버렸고, 그로 인해 오직 믿음에 의한 칭의의 복음이 위협을 받고 오염되어 버린 것이다."[34] 그러면 이신칭의 교리를 바꾸는 것이다.

그러나 우리가 율법을 지키려고 노력하면 할수록 그것을 범하는 죄만 더해간다. 결국 우리는 그것을 다 지킬 수 없다는 것을 깨닫게 된다. 그래서 율법의 완성자 그리스도를 보내달라고 절규하게 되는 것이다. 때가 차매 율법의 완성자 그리스도께서 오셔서 율법을 성취하셨다. 그리스도는 율법의 조목들을 다 지켜서 성취하신 것이 아니라, 계명과 율법을 범한

---

33) 최갑종, 「바울연구 I: 생애와 사상」 (서울: 기독교문서선교회, 1992), 50-51.

34) cf. 톰 라이트, 「톰 라이트, 칭의를 말하다: 하나님의 계획과 바울의 비전」, 최현만 역 (서울: 에클라시아북스, 2016). 13-15. 125-68; 고경태 외, 「현대 칭의론 논쟁: 김세윤의 유보적 칭의론 고찰」 (개정판, 서울: CLC, 2017).

죄 값을 그의 피로 갚으셨기 때문에 율법의 요구를 충족하신 것이다. 그러므로 율법의 조문들을 다 지켜야 한다는 요구는 사라졌다. 왜냐하면 그 죄 값을 갚았기 때문이다. 따라서 율법준수와 믿음을 함께 해야 온전히 구원받을 수 있다는 주장은 어불성설이다. 중세 천년 동안 믿음과 행함으로 구원에 이른다는 것이 완전히 실패임이 증명돼 종교개혁이 일어났는데, 새 관점은 다시 종교개혁 이전으로 돌아가자는 주장에 불과하니까 우리가 받을 수 없다고 할 수 있을 것이다.

(2) “너희에게 성령을 주시고 너희 가운데서 능력을 행하시는 이의 일이 율법의 행위에서냐 혹은 듣고 믿음에서냐”(3:5). 예수님의 성령 파송이 율법의 행위가 아니라 예수 그리스도의 복음을 듣고 믿음에서임을 이 구절에서 밝힌다.

(3) “무릇 율법 행위에 속한 자들은 저주 아래에 있나니 기록된바 누구든지 율법 책에 기록된 대로 모든 일을 항상 행하지 아니하는 자는 저주 아래에 있는 자라 하였음이라”(3:10). 이 구절은 율법의 행위가 인간의 구원에 아무런 역할을 하지 못함을 밝힌다. 심지어 율법의 행위의 결과는 저주에 이를 뿐이라고 말한다. 왜냐하면 인간은 율법을 온전히 행할 수 없기 때문일 것이다.

(4) “내가 이것을 말하노니 하나님께서 미리 정하신 언약을 사백삼십 년 후에 생긴 율법이 폐기하지 못하고 그 약속을 헛되게 하지 못하리라”(3:17). 이 구절에서 말하는 언약은 하나님께서 아브라함에게 주신 언약이다. 언약의 내용이 그리스도이심으로 율법이 폐지하지 못한다는 뜻이다. 430년은 출애굽기 12:40에 따른 것이라고 본다.

(5) “믿음이 오기 전에 우리는 율법 아래에 매인 바 되고 계시될 믿음

의 때까지 갇혔느니라"(3:23). 여기서 믿음은 신약시대의 예수 그리스도에 대한 믿음이다. 이러한 믿음이 오기까지 사람들은 율법 아래 갇혀 있었다.

(6) "너희가 만일 성령의 인도하시는 바가 되면 율법 아래에 있지 아니하리라"(5:18). 성령이 인도하시면 율법의 규제가 적용되지 않는다. 성령의 인도 아래 있으면 죄 지으려는 욕망이 사라지고 율법과 무관하게 된다.[35] 성령의 인도는 육의 욕망에서 해방시키기 때문이다. 육의 욕망이 발동되지 않으니까 율법의 규제를 벗어나려고 애쓸 필요가 없어질 것이다.

이상에서 본 것처럼 갈라디아서에서 바울은 율법의 행위보다는 믿음을 강조하는 것으로 보인다. 바울은 갈라디아서에서 갈라디아교회가 율법의 행위로 의롭다 함을 받은 것이 아니라 믿음으로 받았음과 아울러 성령도 믿음으로 받았음을 강조하였기 때문이다. 바울은 갈라디아교회에 침투하여 복음을 변질시키는 유대주의자들의 가르침의 잘못을 지적하고 바로 잡기 위하여 성령은 믿음으로 받은 것이지 율법을 행함으로 받은 것이 아님을 강조했다. 유대주의의 거짓 교사들이 사람이 의롭게 되고 성령 받아 구원받는 것은 예수 믿음에다 율법 행위를 더해야 이루어지는 것이 아니라 예수 믿음만으로 충분함을 강조했다.

4. 결론

주지하는 바와 같이, 갈라디아교회는 바울이 떠난 후 문제가 생겼다. 갈라디아 교인들은 바울이 전한 복음을 속히 떠나 다른 복음을 따르게 되었다. 바울은 이 문제를 해결하기 위해 갈라디아서를 썼다. 이 글은 '믿음

---

35) 서철원, 247.

으로 성령 받음' 이 갈라디아교회의 문제에 대한 해결책이면서 갈라디아서의 주제로 보고, 이 주제가 갈라디아서 본문에 근거하고 있는지를 개관했다. 믿음으로 성령 받음의 주제는 "내가 너희에게서 다만 이것을 알려 하노니 너희가 성령을 받은 것이 율법의 행위로냐 혹은 듣고 믿음으로냐" (3:2)는 바울의 강조에서 가장 분명하게 드러나 있는 것으로 보인다. 사람이 의롭게 되어 성령을 받는 것은 율법의 행위에 의한 것이 아니라 믿음으로 말미암은 것임을 바울이 강조하였다, 바울은 믿음으로 성령 받음을 강조하여 흔들리는 갈라디아 교인들의 믿음을 바로 잡아서 거짓 교사들의 율법주의적인 가르침의 현혹에서 벗어날 것을 강력하게 권하였다,

따라서 믿음으로 성령 받음을 말하는 대신에 유대주의자들이 율법의 행위로 성령을 받는다고 주장한 것은 바울에게 복음의 변질이고 다른 복음이었다.[36] 갈라디아교회를 향하여 이렇게 말하는 바울의 마음은 매우 절박했을 것이다. 구약교회는 예언으로 바라보기만 하고 실제로 누리지는 못했던 성령 강림인데도 불구하고, 율법의 행위로 돌아가서 성령의 은혜에서 떠나가려는 갈라디아교회에 대한 바울의 심장은 안타까운 마음으로 불붙는 것 같았을 것이다.

---

36) cf. "그리스도의 은혜로 너희를 부르신 이를 이같이 속히 떠나 다른 복음을 따르는 것을 내가 이상하게 여기노라 다른 복음은 없나니 다만 어떤 사람들이 너희를 교란하여 그리스도의 복음을 변하게 하려 함이라 그러나 우리나 혹은 하늘로부터 온 천사라도 우리가 너희에게 전한 복음 외에 다른 복음을 전하면 저주를 받을지어다 우리가 전에 말하였거니와 내가 지금 다시 말하노니 만일 누구든지 너희가 받은 것 외에 다른 복음을 전하면 저주를 받을지어다 이제 내가 사람들에게 좋게 하랴 하나님께 좋게 하랴 사람들에게 기쁨을 구하랴 내가 지금까지 사람들의 기쁨을 구하였다면 그리스도의 종이 아니니라 형제들아 내가 너희에게 알게 하노니 내가 전한 복음은 사람의 뜻을 따라 된 것이 아니니라 이는 내가 사람에게서 받은 것도 아니요 배운 것도 아니요 오직 예수 그리스도의 계시로 말미암은 것이라"(갈 1:6-12).

바울이 이토록 믿음으로 성령 받음을 강조한 것은 성령이 율법에서 자유를 누리게 할 것이기 때문이다(5:18). 성령의 첫 열매가 사랑이다(5:22). 위에서 보았듯이 사랑은 율법의 핵심이고, 사랑은 율법의 완성이기 때문이다(5:14). 성령의 인도하시는 바가 되면 율법 아래 있지 않는다. 믿음으로 성령을 받아 성령을 따라 행하면 육체의 소욕을 이루지 않고 하나님 나라의 백성으로 영원히 살 것이기 때문에 바울이 그토록 믿음으로 성령 받음을 강조한 것으로 보인다(5:16). 따라서 갈라디아서에 따르면 성령은 믿음으로 받는 것인지 혹은 율법의 행위로 받는 것인지의 문제에 대한 답이 분명히 제시된다. 종교개혁의 책으로 알려진 갈라디아서의 주제가 다름 아닌 '믿음으로 성령 받음'이라 할 수 있다.

13 Chapter 서철원 박사의 성경해석

서철원은 1941년 8월 10일 서순석 목사와 김래엽 사모의 8남매 중 장남으로 전남 순천시 안풍동 136 새마을에서 출생했고, 1942년 8월 19일에 호적등록했다. 그리고 1955년 5월 미국남장로교 선교사 보이열(Boyer)에게 곡성군 석곡교회에서 세례를 받았다. 서박사는 1958년 순천매산고등학교 수석입학 후 1960년 WCC 항거로 퇴학당하고, 1961년에 광주숭일고등학교를 우등 졸업하고, 1965년에 서울대학교 철학과를 졸업했다. 그는 1967년 대한예수교장로회 총회신학교를 졸업하고, 1968년에 강도사고시에 합격했다. 1969년 서울대학교대학원에서 철학전공으로 문학석사학위를 받았고, 같은 해에 순천노회에서 목사임직을 받고, 1971년 4월 29일에 대구중앙교회 김대교 장로 차녀 김정순 사모와 결혼했고, 그 후 창헌, 벤쟈민, 강국 등 세 아들을 얻었다. 1971년부터 1972년까지 총신대학교 강사를 역임하기도 했다. 1972년 8월 육군군목 대위로 예편했다.

1975년에는 미국웨스트민스터신학교에서 반틸 교수 지도의 "칼빈의 영혼관"이란 논문으로 신학석사학위(Th.M.)를 취득했다. 1979년에는 화란 암스텔담자유대학교의 박사과정을 우등으로 수료하고, 1982년 6월에 동대학교에서 "예수 그리스도의 창조중보직"(*The Creation-Mediatorship of Jesus Christ*)이란 제목의 논문으로 신학박사학위(Dr. Theol)를 취득했다. 이 논문이 독일 튀빙겐대학교가 선정한 20세기의 대표적인 신학 논문 100편 테올로지쿰(Theologicum)에 포함된 것은 제목의 독창성과 고금의 신학자들을 앙양계열과 하강계열로 분류한 창의성 때문일 것이다. 1982년 6월부터 1991년 2월까지 개혁신학연구원 조직신학 교수 및 대학원장으로 수고하고, 1991년 3월부터 총신대학교신학대학원 조직신학 교수로 신학대학원장, 대학원장과 부총장으로 봉직했다. 1997년에 남아프리카 프레토리아대학교 방문교수를 수행하고, 인도 마드리스소재 신학대학(Jubeleum Memorial Theological College) 기독론 강의를 담당한 바 있다. 2007년 6월에 총신대학교 신학대학원 교수에서 정년퇴임했다. 퇴임 후 몇 년간 한영신학대학교에서 석좌교수를 역임했고, 은퇴 후 매년 몇 차례 신학강좌를 개최하고 있다.

서철원 박사의 주요저서로는 「복음과 율법의 관계」(1984), 「신앙과 학문」(1988), 「하나님의 구속경륜」(1989), 「기독교문화관」(1992), 「하나님의 나라」(1993), 「성령신학」(1995), 「복음적 설교」(1995), 「기독론」(1997), *Christology*(1998), 「창세기 주석 4권」(2001-2), 「교리사」(2003), 「갈라디아서 주석」(2005), 「인간: 하나님의 형상」(2007), 종교다원주의」(2007), 「서철원 박사 교의신학 I~VII」(2018), 「하이델베르크 요리문답 해설(2019) 등이 있다. 그가 번역한 논문으로 Paul G. Schrotenboer의 "에큐메니즘과 세속주의", Paul G. Schrotenboer의 "에큐메니즘과 세속주의", G. Machen의 "그리스도교와 문화", 헨리 M. 모리스의 "진화론과 현대 기독교", Henry M. Morris의 "진화론과 현대 기독교(Ⅱ)" 등이 「신학지남」에 발표되었다, 그가 작성한 논문으로는 「신학지남」에 발표된 "화이트헤드의 신권과 세속 신학자들", "공교회의 종말 신앙", "그리스도인의 학문 활동", "장로제도", "사회정의", "성령과 말씀", "표준 새번역 성경에 대한 신학적 비판", "성경의 해석", "카일 라아너의 기독론", "현대신학의 동향", "기도의 바른 법", "보수 신학이란 무엇인가", "개혁파 교회론", "종교다원주의와 구속신앙", "아따나시오스(Athanasios) 신학", "발트신학의 문제점", "20세기 신학의 회고와 전망" 등 다수의 논문이 있다.[1)]

서철원 박사는 설교집도 출간했는데 「복음의 개요」(1985), 「복음의 권세」(1989), 「하나님 나라의 복음」(1990), 「그리스도의 구속사역」(1990), 「성령의 사역」(1990), 「그리스도께서 내 안에 계심」(2000) 등이 있다.

1. 신학서론

서철원은 그의 박사학위논문에서 9명의 신학자를 탐구하였다. 상승계열로 둔스 스코투스(Duns Scotus, 1266~1308), 카알 발트(Karl Barth, 1886~1968), 카알 라아너(Karl Ranher, 1904~1984), 핸드릭스 벌콥(Hendrickus Berkhof, 1914~1995)을 배치하여 기독교가 못 된다고 평가했고, 하강계열에 이레네이우스(Irenaeus, 130~202), 아브라함 카이퍼(Abraham Kyuper, 1837~1920), 헤르만 바빙크(Herman Bavinck, 1854~1921), 벌카워(G. C. Berkouwer), 반 룰러(van Ruler)를 논평하여 영생의 구원을 이룬 기독교라 결론하였다. 서철원은 카알 발트를 비판했음에도 발트를 옹호하는 지도교수 페인호프(Jan Veenhof)가 승인하고, 벌카워(G. C. Berkouwer)는 "이제는 (카알 발트

---

1) 정규철 외, 「성경과 개혁신학」, 서철원박사은퇴기념논총 (서울: 쿰란출판사, 2007), 24-34.

신학을 지지하는) 그런 말을 못 하게 됐다. 잘 썼다"는 평가를 했다.[2] 아무도 서철원의 논지증명에 반박할 수 없었기 때문이다. 그렇다면 서철원의 신학방법은 무엇인가?

1) 신학의 방법

서철원 박사의 신학 방법은 그의 저서 「신학서론」에 나타난다. 신학은 하나님의 계시에 의존해서 하나님을 목표로 한 학문이다. 신학도 학(scientia)이므로 대상과 방법론과 지식체계를 갖는다. 일반학문은 창조세계의 한 영역을 구분하고 제한하여 그 대상으로 삼는다. 그러나 신학은 모든 창조의 영역들을 창조하신 창조주 하나님을 대상으로 한다. 일반학문은 자연 이성을 활용하여 대상을 접근하지만 신학은 그 대상이 하나님이시기 때문에 인간의 이성이 아니라 믿음으로 하나님의 계시를 받아들인다.[3] 이러한 방법으로 획득한 지식을 종합하고 체계화하는 것이 신학이다.[4]

2) 계시론

하나님께서는 자신을 계시하시고 하나님의 자기 지식을 계시하신다. 그래서 신학은 계시에서 그 출발점을 갖고 계시로 진행하며 계시에서 신지식을 획득한다. 계시는 하나님 자신의 계시이기 때문에 우리가 하나님

---

2) 서철원 박사에 따르면, "칼 바르트에 의하면 하나님의 존재가 행동이고 사건이라고 주장한다. (그런데) 행동과 사건 뒤로 돌아가서 자존하신 하나님을 붙잡을 수 있는 계기가 없다."고 강조했다. "서철원 교수, 한국 교회는 개혁주의 신학을 지켜야," 「크리스찬타임스」 (기사입력 2014-12-19 오후 1:23:00, 최종수정 2014-12-19 13:23).

3) 서철원, 「신학서론」 (서울: 총신대학교출판부, 2001), 13.

4) 서철원, 「신학서론」, 14.

을 바로 알고 참으로 하나님을 섬기고 영화롭게 하는 데 이른다. 계시를 통하여 얻는 신지식은 직접적 획득이 아니라 계시에 의해 매개된 지식이다.[5)]

계시를 부인하고 자연이성으로 신학을 하면 종교학과 인문학이 되고, 하나님의 존재는 비신화화되고 창조주 하나님의 존재마저 해소되어 인간 예수만 남는다.[6)] 일반계시는 인간의 문화 활동의 기초가 되고 복음을 예비하는 직임이 있지만, 구원계시가 아니어서 사람을 죄 가운데서 구원하지 못하기 때문에 특별계시가 존재한다.

3) 성경론

특별계시는 성경이다. 성경은 하나님의 계시이고 창조와 인간의 타락과 하나님의 구원계시가 기록되어 있다. 성경에는 인간의 구원의 완성과 하나님 나라의 도래가 기록되어 있다.[7)] 특별계시로서 성경은 하나님의 말씀으로서 정확무오하다. 그 이유는 성경 내용에 오류가 없기 때문이다. 하나님의 계시를 담지하는 성경 문장에 오류가 없다. 성경의 기록은 그 내용을 지시하는 역사적 사실들과 실제 사실들 간에 일치한다. 그것은 과학적 사실에도 마찬가지이다. 성경이 역사적 과학적 오류를 가지면 하나님의 말씀이 될 수 없다. 성경의 한 부분에라도 오류가 있다면 다른 부분도 신뢰할 수가 없기 때문에 성경은 무오하게 기록되었다. 특히 성경은 하나님의 영감으로 기록되었기 때문에 오류가 있을 수 없다.[8)] 이러한 성경에 의존해서 하나님을 목표로 한 학문이 신학이다.

---

5) 서철원, 「신학서론」, 28..
6) 서철원, 「신학서론」, 3-5
7) 서철원, 「신학서론」, 152-6
8) 서철원, 「신학서론」, 192-4

2. 첫째 날의 창조

서철원 박사의 창조론 중에서 특이한 점은 창세기 1장 1절을 첫째 날의 창조에 포함시킨다는 점이다. 그는 다음과 같이 문제를 제기한다. 지금까지 많은 성경학자들은 창세기 1:1을 전 창조의 제목으로 혹은 포괄적 기술로 보아왔다는 것이다. 성경과 공교회의 신앙고백은 전능하신 하나님께서 무에서 창조를 이루시고 6일 동안에 이루셨다는 데에 일치하지만, 6일 창조에 대한 고백은 변함이 없어도 1:1의 이해에 있어서 1장 전 창조의 제목으로 보느냐, 아니면 1일 창조에 넣느냐에 따라 중대한 차이를 낸다고 본다. 창세기 1장 1절을 첫날 창조에 넣지 않음으로 해서 3절에 나오는 빛 창조와 1절과 2절이 창조 간에 상당한 세월이 있다는 간격론(Gap Theory)에 의하면 1:1의 '빠라'(ברא)로 나타나는 천지의 창조 곧 땅과 보이지 않는 하늘의 세계가 언제 창조되었는지에 대한 답이 없다고 주장한다. 창세기 1:1을 창조의 제목으로 보면 하나님께서 천지를 창조하실 때 땅이 혼돈하고 공허했으니까 결국 영원물질이 된다는 것이다.

더욱이 1장 1, 2절과 3절 사이에만 긴 세월이 포함된 것으로 보는 것이 아니라, 1일 창조와 2일 창조 사이에도 긴 세월이 포함되어 결국 6일 창조를 6 지질학적 년대와 일치시키게 되어 진화론적 창조론에 귀착한다는 것이다. 그렇게 되면 하나님의 전능 교리에 전적으로 배치되어 6일간에 천지와 만물을 창조하셨다는 성경의 자증에 맞지 않는다는 것이다. 첫날에 만유가 개략적 형태로 천계를 이루고 그 후속과정으로 현창조가 6일간에 정비되었다고 해야 바르다는 주장이다.[9)]

---

9) 서철원, 「신론」(서울: 개혁신학연구원, 미출간된 강의안), 60.

대요리문답은 이 문제에 있어서 서철원 박사의 주장과 모순되지 않는다. 대요리문답 15문의 답을 보면, "창조의 사역은 하나님께서 태초에 능력의 말씀으로 무에서 세상과 그 안의 모든 것을 스스로를 위하여 6일 동안에 매우 선하게 만드신 것이다"로 되어 있는데, 하나님의 창조의 사역이 세상과 그 안의 모든 것을 6일 동안에 만드신 것이라는 가르침과 전혀 모순되지 않고 오히려 일치한다고 할 것이다.

그러면 이제 우리는 서교수가 창세기 1장의 날(יוֹם)을 어떻게 이해했는가를 살펴야 할 것이다. 히브리어 날(יוֹם)의 복수(יָמִים)는 일정한 기간을 표시할 수 있다. 그래서 신복음주의자들은 그날들이 세대를 지시한다고 하여 첫날도 24시간 하루로 말할 수 없고 지질학적 연대와 일치시켜야 한다고 주장한다. 그러나 히브리어 날의 단수는 문맥에서 뜻을 요구하지 않는 한 정상적인 24시간의 하루를 가리키는 것으로 이해되어야 한다고 서박사는 주장한다.

"저녁이 되며 아침이 되니 이는 …째 날이니라"는 반복된 표현은 일정한 기간을 표시하는 것이 아니라, 일상적인 24시간 하루를 의미한다. 하나님은 태초에 천지를 창조하시고 빛을 창조하시므로 시간을 피조세계에 도입하셨다. 천지를 창조하실 때 창조는 시작을 갖기 시작하였으므로 시간이 시작되었고, 창조가 시간 내에서 전개되어 시간과 함께만 존재할 수 있게 되었다. 시간이 피조물의 존재방식이 되었다. 하나님은 창조를 시간 내에서 이루셨다는 것이다.[10]

출애굽기 20:9-11에서 여호와 하나님은 이스라엘에게 6일 동안 일하고 제7일은 안식일로 준수할 것을 명하셨다. "나 여호와가 엿새 동안에 하늘

---

10) Ibid.

서철원 교수 성경세미나

과 땅과 바다와 그 가운데 모든 것을 만들고 제7일에 쉬었음이라" 고 하심으로써, 이스라엘에 쉬어야 할 제7일에 하나님이 창조를 마감하시고 쉬셨으며, 이스라엘이 힘써 일해야 할 통상 24시간 내의 6일간에 창조를 이루셨음을 분명히 하셨다는 것이다. 이스라엘과 고대 민족들이 아는 밤과 낮 즉 24시간의 날의 기간에 창조가 이루어졌음을 밝혔다는 것이다. 바벨론 시대에 벌써 1년 360일, 하루 24시간, 1시간 60분이 나와 있다. 무궁한 세월이 의미적으로 24시간 하루가 되는 것이 아니다. 출애굽기의 이 구절은 창세기 1장의 날이 24시간 하루임을 분명하게 확정하고 지시해준다고 서박사는 주장한다. 그의 이러한 설명 역시 대요리문답 제15문답의 "창조의 사역은 하나님께서 태초에 능력의 말씀으로 무에서 세상과 그 안의 모든 것을 스스로를 위하여 6일 동안에 매우 선하게 만드신 것이다" 라는 가르침과 일치한다.

그런데 제4일에 태양과 달이 조성됨으로 마지막 3일은 지구와의 관계에서 결정된 태양일의 24시간 하루임이 분명하다면, 제1일부터 제3일까지의 창조도 24시간 하루 기간에 청조된 것으로 추론할 수 있다는 것이다. 이 기간에도 날의 계산은 지구의 자전에 기초했을 것이고, 이 자전에 의해서 태양 아닌 빛이 비쳐도 시간의 진행 곧 밤과 낮의 진행은 그대로 이루어졌을 것이므로 태양과 달이 나타난 제4일 이후와 그전 3일간의 시간도 동일한 24시간으로 보아야 맞다는 것이 서박사의 주장이다.[11] 이 주장 역시 위에 인용한 대요리문답 15문의 가르침에 상응한다.

이러한 전제 하에서 서 교수는 성경 창세기에 근거하여 다음과 같이 각 일의 사역을 서술한다. 하나님은 첫날에 천지의 만유와 빛을 먼저 창조하시고, 그 후속되는 창조가 첫날 창조된 만유를 만상으로 정비하심의 순서로 진행되었다는 것이다. 창조의 과정은 인류의 출현을 위한 준비와 정비로서 인류를 목표로 하고 나아갔다. 창조목표는 하나님 섬김과 하나님과 인간의 관계이고 이 관계가 지구상에서 전개될 것이기 때문이다. 그러니까 창조기사는 우주와 자연의 만상에 관한 것보다 지구 중심적이고 하나님께서 인간에게 베푸신 사역에 중점을 둔 것이라고 주장한다. 이러한 서교수의 주장은 성경 66권의 자증과 일치한다.

제1일에 천계와 천계의 개략적 형태의 전체 만상을 창조하셨다. 천계의 보이지 않는 영의 세계도 포함한다. 제1일에 영적 세계가 창조되었다. 이 첫째 날 하나님은 빛을 창조하시고 빛과 어두움을 나누심으로 첫째 날이 되게 하셨다. 처음 창조의 빛은 발광체에서 나온 빛이 아님으로 물질형태의 빛이라기보다는 하나님의 영광의 광채에서 유래한 빛이다. 천사를 창조하심에서 빛 가운데서 진행하셨다는 사실이다. 하나님께서 천지의 만

11) 서박사는 현대신학자들에 대하여 매우 비판적이다. 현대신학자들은 창조를 신화인 것처럼 말하기 때문이다. 아무도 본 사람이 없으므로 역사성이 없다는 식이다. 예를 들어 오스카 쿨만은 「그리스도와 시간」에서 창조는 증명할 수 없는 영역에 속하기 때문에 예언이라고 했다. 그러나 창조는 역사적 사건이다. 시간과 함께 시작된 하나님의 창조사역은 계시로 전달 받는다. 성경의 창조본문에는 신화적인 요소가 전혀 없고 삼위 하나님의 사역과 인간에게 행하신 그의 사역들을 증거하고 있다고 서박사는 주장한다.

유를 창조하신 후 빛을 하나님의 영광에서 나게 하시고 그 빛 아래서 그 다음 창조의 과정을 진행하셨다. 이 빛은 재창조의 빛을 예표한다.[12] 창세기 1:1의 하늘은 물질적 하늘과 함께 영의 세계를 포함하는 것으로 서술한다. 그러니까 영의 세계는 천지창조 첫날의 창조에 속한다. 다시 말하면 하늘은 영의 세계와 물질적 하늘을 함께 말한다. 골로새서 1:16의 '보이지 않는 것들'과 에베소서 1:10의 '하늘에 속한 것들'은 영의 세계를 말한다. 그러니까 천사들도 첫날에 창조된 것이다.[13] 천사들 중 일부가 타락하여 악한 천사가 되고 사탄 마귀가 된 것은 어거스틴과 이레네우스의 말대로 창조 첫 주간 금요일 오후에 타락한 것이 아니라, 첫 안식일 후 천사의 타락이 있었고 범죄가 들어왔다.[14] 성경 창세기에는 안식일 후에 타락 기사가 나오는데, 이것은 타락이 안식일 전에 발생한 것이 아니라 안식일 후에 타락이 이루어졌음을 보여준다.[15]

성경의 창조교리가 무너지면 인간의 타락과 예수 그리스도의 구속사역의 교리는 세워질 수 없을 것이다. 성경의 창조교리가 무너지면 하나님의 참다운 교회도 세워지지 않을 것이다.

따라서 모든 신학작업은 창조를 포함하여 성경에 근거해야 하고 우리 교회의 가르침인 대요리문답에서 벗어나지 않아야 할 것이다. 이런 면에서 서철원 박사는 성경에 충실하고 역사적 기독교의 정통적인 가르침을 명확히 하였다.

---

12) 서철원, 「신론」, 61.
13) 서철원, 「신론」, 57.
14) 서철원, 「신론」, 58.
15) 서철원, 「신론」, 63.

3. 하나님의 구속경륜

통상 하나님의 경륜은 하나님의 의식활동에 의한 영원한 계획과 작정으로 이해한다. 그러나 서철원은 성경계시에 나타난 하나님의 사역을 하나님의 경륜으로 이해한다. 하나님의 구속경륜은 하나님께서 세상을 구속하시기 위해서 누구를 통하여 어떻게 이루실 것인가의 작정을 계시하신 것이다.[16)]

1) 언약의 성취

하나님께서는 창조 시에 인류와 맺은바 하나님의 백성이 되기로 한 첫 언약을 인간의 반역에도 불구하고 회복하기로 하셨다. 인간은 반역적인 범죄로 하나님의 계명을 허물어뜨릴 뿐이어서, 하나님 자신이 계명 준수를 이루어 그 의를 인류의 것이 되게 하시기로 하시고, 인류 중의 한 인간으로 출생하시고 인자가 되셨다. 그리고 이 인자가 아담과 그 후손들의 자리에 서서 하나님의 법이 요구한 모든 순종을 다 이루시고 그것을 인간 자신의 것으로 주시고 인간이 하나님 앞에 설 수 있는 의를 선사하여 첫 언약을 성취하셨다. 따라서 이 의를 자기의 것으로 받아만 들이면 하나님의 자녀가 되는 것은 자동적이고 또 영생에 이른다(갈 3:26).[17)]

2) 아브라함의 제사: 하나님의 구원방식의 계시

하나님은 자기의 구원 경륜을 집행하시기 위하여 아브라함을 부르시고

---

16) 서철원, 「하나님의 구속경륜」 (광주: 성문당, 1989), 13. 서철원은 이 하나님의 구속경륜을 매우 중요하게 생각한다.

17) 서철원, 「하나님의 구속경륜」, 1989), 83-98.

이 구원의 길을 계시하였다. 하나님은 아브라함으로 하여금 이삭을 제사지내도록 명하셨다. 아브라함은 하나님의 제사명령과 자기의 대답으로부터 사람의 생명도 하나님께 제물이 될 수 있음을 깨달았다. 자기의 제일 귀한 생명인 자기 아들이 제물이 된다. 그러나 하나님께서는 어린 양을 마련하셔서 이삭의 자리를 대신하여 희생이 되게 하셨다. 이 제사로 하나님께서 아브라함의 씨 곧 이삭의 씨로 큰 민족을 이루고 천하 만민의 복의 근원이 되게 하시기로 언약하셨다. 바로 이 이삭의 씨로 나올 하나님의 아들이 이삭처럼 희생양이 되어 피 흘림으로 모든 인류의 죄를 속량하므로 세상을 구원하여 하나님의 백성이 되게 할 것임을 아브라함에게 가르치셨다. 그러므로 아브라함은 이삭의 제사 후 눈을 들어 자기 씨에서 나올 세상 구속주의 날을 바라보고, 믿으며 살았다(요 8:56).[18] 하나님은 이스라엘로 가나안에 살므로 하나님의 백성이 되고 메시야의 출생을 예비하여 하나님의 구원의 길을 만방에 전파하게 하셨다.[19]

3) 율법과 제사제도

이스라엘의 구속주이신 여호와 하나님은 시내산에서 이스라엘 백성과 언약을 맺어 자기 백성으로 삼으신 후, 그들 삶의 길로 율법을 허락하셨으며, 그 법에 의해 하나님을 섬기며 국가 생활을 하게 하셨다. 하나님께서 이스라엘에게 주신 율법은 마땅히 성취되어야 하나 사람은 지킬 수 없다는 것이다. 그러므로 결국 율법의 성취자 곧 구원자의 오심을 바라게 하셨다.

제사는 하나님을 섬기는 예배와 속죄의 두 방면으로 구성된다. 또한 하

18) 서철원, 「하나님의 구속경륜」, 107-18.

나님과 관계회복도 속죄 제사를 통해서이다. 하나님은 이스라엘에게 속죄 제사를 집행하게 하셔서 고대 세계에 하나님의 구속방식을 선포하게 하셨다. 그러나 짐승으로 드리는 속죄제사는 죄과의 문제를 근본적으로 다 해결하지 못하였다. 따라서 이스라엘과 세상을 구원할 완전한 제사가 하나님의 손에서 나올 것을 가르치신다(히 9:12). 짐승의 피가 아니라 하나님의 손에서 마련될 완전한 제사를 통하여 인류가 구원에 이르는 것을 바라게 하셨다.[20]

4. 복음과 율법의 관계

바울에 의하면 율법은 복음의 예비 단계였고, 복음이 온 후에는 파괴 세력으로서 율법의 지배는 구원사적-종말론적인 그리스도의 구원 사건에 의해 제거되었다. 구원은 전적으로 은혜 곧 값없이 주신 선물이므로 인간의 공로가 개입할 수 없다. 인간의 공로가 조금이라도 개입하면 하나님의 은혜가 은혜되지 못해 하나님의 은혜의 주권성이 파괴된다. 율법은 결코 구원의 길이 아니고 예수 믿음만이 구원의 길이다.

율법은 구원의 길이 아니고 생활규범이다. 아브라함에게 복음을 약속하신 후 430년 후에 주신 것은, 율법으로 구원의 가능함을 보이심이 아니고 그리스도의 구원을 재촉하기 위해서였다. 즉 언약 백성을 그리스도께로 인도하는 몽학선생 곧 그리스도만이 구원자임을 알게 하여 그를 믿게 하시려고 율법을 주신 것이 복음과 율법과의 관계이다.[21] 이러한 서철원

---

19) 서철원, 「하나님의 구속경륜」, 122-34.
20) 서철원, 「하나님의 구속경륜」, 136-47.
21) 서철원, 「복음과 율법의 관계」(서울: 도서출판엠마오, 1988), 31-5.

의 이해는 2,000년 기독교 역사에 잘 제시되지 않은 것이다.

그리스도의 십자가로 율법의 기능을 종결시키신 후 하나님은 물리적 세력으로 제사 제도를 폐하셨다. 폐해지기 이전에도 옛 언약의 구원 질서 들 곧 제사제도가 백성들의 죄를 속하고 양심을 깨끗케 한 것이 아니다. 구약백성들의 죄도 그 제사가 지시하는 그리스도의 희생으로만 이루어졌다. 구약백성은 그리스도의 피가 그들 제사 시간에 역행하여 적용되므로 구원 얻었다.[22]

율법이 규범적 기능을 가짐을 예루살렘 사도들의 공회의가 결정하였고 특히 주의 형제 야고보가 결정적으로 공헌하였다. 구원은 믿음으로 받는 것이고 율법은 언약 백성들의 생활 규범이다.[23] 구원얻은 백성은 율법을 하나님의 법으로 지키되 그 정신을 따라 온전하게 지킨다. 모든 행동이 그리스도의 법 아래서 이루어진다.

그리스도인의 모든 행동은 사랑에 의해 동기되고 수행된다. 그리스도의 사랑이 모든 신자의 마음을 강권하시기 때문이다. 자기의 피를 흘려 자기 백성을 사랑하신 그 사랑이 새 언약 백성의 심장을 지배한다. 이 그리스도의 사랑이 백성들로 하여금 하나님을 사랑하고 이웃을 사랑하게 한다. 그리스도 자신이 율법을 사랑의 계명 곧 하나님 사랑과 이웃 사랑으로 요약하셨고, 자기 피로 언약을 세우심으로 그 피에 기초한 언약은 그 근거가 그 피에 표현된 하나님의 사랑임을 분명히 하셨다. 그러므로 새 언약 백성은 그 모든 삶과 행동에 있어서 사랑으로 행해야 한다.

그러나 신구약의 이 통일성은 그리스도와 그의 사역이 구약의 한낱 연

---

22) 서철원, "나의 신학," 「서철원박사은퇴기념논총: 성경과 개혁신학」(서울: 쿰란출판사, 2007), 70-1.

23) 서철원, 「복음과 율법의 관계」(서울: 도서출판엠마오, 1988), 144-50.

장이나 그중 한 사건의 연속임을 뜻하지 않는다. 그리스도와 그의 사역은 옛 언약의 구원 질서들을 종결할 뿐 아니라 지양하였다. 그리스도는 사망과 정죄 세력으로서 율법의 마침인 동시에 의롭다함을 얻는 구원의 길로서 율법의 마침이다. 율법 기능은 종결되었다.[24)]

복음과 율법과의 관계는 바울이 전개한 구원사적 관점에서만 바로 이해된다. 이 관점에서 이해할 때만 기독교가 기독교로 남는다. 율법을 성취하신 예수 그리스도가 바로 기독교이다. 그리고 이 그리스도의 바른 해석에 바울이 그의 사도로 서 있다. 연약하여 율법 준수로는 구원 얻을 수 없는 인류를 위하여 하나님께서 예수 그리스도를 구원의 길로 내셨다. 이 예수 그리스도만이 구원이다. 어느 누구도 율법을 지켜 구원에 이를 수 있는 것이 아니다. 한 사람 꼭 한 사람만이 율법을 다 지켰는데 그가 바로 예수 그리스도이시다. 구원은 오직 이 예수를 믿는 복음뿐이다. 이 예수 믿는 백성들이 의거해서 살 법이 율법이다.[25)] 이것이 율법과 복음의 관계이다.

5. 기독론

1) 기독론의 정의와 방법

기독론은 하나님의 성육신과 그의 구원사역을 다루는 신학이다. 기독론의 내용은 그리스도의 인격과 속죄사역에 집중된다. 하나님은 성육신의 방식으로 세상을 구원하시기로 작정(pactum salutis)하셨다.[26)] 서철원이

---

24) 서철원, 「복음과 율법의 관계」, 117-25.

25) 서철원, 「복음과 율법의 관계」, 92-3..

26) 서철원, 「기독론」 (서울: 총신대학교출판부, 2000), 9-10

주장하는 기독론은 프리드리히 슐라이어막허와 알브레히트 릿츌과 에밀 브룬너와 칼 발트와 폴 틸리히와 루돌프 불트만과 헨드리커스 베르크호프와 칼 라아너가 서술한 밑에서부터 위로의 기독론(Aufstiegschristologie)이 아니라 신약성경이 선포하는 위에서 밑으로 시작하는 기독론(Abstiegschristologie)의 방법을 취한다.[27]

2) 그리스도의 인격

그리스도는 사람의 출생과는 다른 하나님의 아들의 출생인데, 이것은 하나님 아버지의 객관화여서 신적 인격이고 아들이고 로고스이다.[28] 그리스도의 인격은 하나님의 성육신의 인격이다. 그의 인격은 하나님이 인간이 되신 신인인격이다.[29] 인간의 원상회복(retitutio)을 위해서 흠 없는 몸과 피로 속죄제사를 드려야 하기 때문에 하나님의 아들이 성육신하였다.[30] 하나님의 성육신이기 때문에 예수 그리스도의 인격은 신성과 인성의 두 본성으로 구성된다. 451년 칼케돈신조와 개혁신학자들은 그리스도의 인성을 무인격적 인성의 취택(Anhypostatia, The Impersonal Human Nature)으로 표기했다.[31] 이미 삼위일체의 제2위격으로서 신적 인격이 있기 때문에 그의 영혼과 육체의 인성은 무인격이다. 또한 예수 그리스도의 두 본성의 속성 교류는 두 본성 간에 직접 이루어지는 속성전달(communicatio idiomatum)이 아니라 위격적 전달이다. 신적 속성이 인성에 전달되었으면

27) 서철원, 「기독론」, 11-18

28) 서철원, "나의 신학," 「서철원박사은퇴기념논총: 성경과 개혁신학」(서울: 쿰란출판사, 2007), 57-8.

29) 서철원, 「기독론」, 27.

30) 서철원, 「기독론」, 28-9.

31) 서철원, 「기독론」, 44.

인성의 정상적인 성장이 불가능하고 재능의 발달과정도 비정상이어서 희한한 돌출행동이 발생할 수 있었는데, 위격적 전달이어서 그런 일은 일어나지 않았다.[32)]

3) 그리스도의 사역

예수 그리스도의 사역에서 중요한 것은 십자가상의 죽음을 통하여 이루어진 인간의 구속이다. 구속은 두 방면으로 성립한다. 첫째는 팔린 어떤 것을 그것을 산 사람에게 그 값을 지불하고 다시 사는 것을 뜻한다. 두 번째 구속 곧 속량은 원수들에 의해 포로된 자들을 구출하고 그 속박에서 해방하는 것으로 이루어진다.[33)] 아울러 십자가의 죽음은 그리스도의 흠 없는 피 흘림으로 말미암아 이루어진 화해제사이고 속죄제사이며 대리적 속죄이다.[34)] 로마교회형에 따른 사도신경에 표기된 지옥강하는 개혁신학에 따라서 그리스도가 그의 영혼으로 지옥에 친히 감이 아니라 십자가의 고난과 죽음의 극치와 땅에 묻힘을 말한다.[35)]

예수 그리스도의 부활의 근거는 죄 때문에 죄에 대하여 죽으므로 사망을 폐하고 생명을 도입한 것이다. 즉 죄의 세력이 궤멸되므로 죄가 더 이상 죽음을 주장할 수 없게 되었다. 그리스도께서 죽으셔서 죄를 제거했기 때문에 사망이 더 이상 주장할 수 없게 되어서 하나님께서 그리스도를 살리신 것이다.[36)]

예수 그리스도의 승천은 속죄제사의 완성이고 하나님의 보좌 우편에

---

32) 서철원, 「기독론」, 45.
33) 서철원, 「기독론」, 119-20.
34) 서철원, 「기독론」, 125-36.
35) 서철원, 「기독론」, 142-4.
36) 서철원, 「기독론」, 146.

앉으심이다. 보좌 우편은 하나님의 통치의 자리이다. 통치의 시작은 성령의 보내심이다. 뿐만 아니라 그리스도의 승천은 우리의 육이 하나님의 보좌 앞에 가 있음이고, 우리의 죽음 후 우리의 영혼이 하나님 앞에 갈 길을 연 것이다.[37)]

서철원은 전통적인 기독론에서 다루지 않은 그리스도의 구원을 추가하였다. 곧 그리스도의 구원은 죄 용서와 의의 선사와 영생의 선사, 하나님의 아들들이 됨, 부활을 보장함 그리고 창조의 변환이라 하였다.[38)]

6. 성령신학

1) 오순절운동의 신학

현금 한국 교회와 세계 교회는 오순절 운동에서 신비주의적 신사도운동으로 확산되고 있다. 신사도운동에서는 더 과격하게 계시 계속 사상을 여과 없이 주장한다. 그렇다면 오순절 운동의 핵심은 무엇인가? 서철원은 오순절운동의 신학은 중생 후 성령 세례를 주장하지만 경험을 표준으로 삼는 알미니안신학을 따른 것이라고 평가하였다.[39)] 웨슬리의 감리회 신학이 18세기 미국의 대각성운동에서 장로회 신학을 침식하여 알미니주의화하였다.[40)]

2) 오순절의 성령강림

그리스도의 구속 때문에 오순절 성령강림이 가능했고 성령 세례가 곧

37) 서철원, 「기독론」, 157-61.
38) 서철원, 「기독론」, 177-88.
39) 서철원, 「성령신학」 (서울: 총신대학교출판부, 2000), 49-62.
40) 서철원, 「성령신학」, 108-14.

성령 받음이다.[41] 예수 그리스도의 성령세례는 메시아 임직식이고, 성령 담지자가 되어 성령의 내주의 시작이 오순절 성령강림이다. 신약의 증거들은 어떤 조건들을 이행하여 성령을 받는 것이 아니라 예수 그리스도의 구속사역을 믿음으로 성령 받음을 제시한다.[42] 성령강림의 목적은 반역한 백성을 회복하여 하나님의 거소를 마련하는 것이다.[43] 성령강림으로 이루어진 성령의 내주는 신자들과의 지속적인 인격적 관계를 맺음이다. 성령충만은 성령의 지배와 통치를 받아 성령의 인도로 죄악을 벗는 것이다.[44] 성령의 인침은 구원의 보장이다.[45] 성령 받았음의 증거는 하나님을 아버지라 부르고 죄와 투쟁하는 것이다.[46] 성령의 능력은 전도의 능력이고 죄를 이기는 힘이고 말씀에 대한 바른 이해이다.[47]

3) 성령과 그리스도의 관계

예수 그리스도는 성령으로 시작되셨고, 최초의 성령 세례 받은 자로서 구원 시대 곧 하나님 나라를 구체적으로 이 세상에서 실현하였다. 예수 그리스도는 성령의 담지자이고 살리는 영이며 성령의 파송자이다. 성령은 예수의 영이고 예수님의 인격이며 성령 오심의 통로이다. 보혜사 성령은 예수 그리스도의 제2 자아이다. 그리스도 사역의 승계는 보혜사 성령이 역사한다. 성령은 그리스도의 사역을 계속하신다. 그리스도께서 자기의

41) 서철원, 「성령신학」, 63-4.
42) 서철원, 「성령신학」, 85-106.
43) 서철원, 「성령신학」, 123-43.
44) 서철원, 「성령신학」, 148-57.
45) 서철원, 「성령신학」, 159.
46) 서철원, 「성령신학」, 165-9.
47) 서철원, 「성령신학」, 176-84.

사역을 계속하시기 위해서 성령을 자기 자리에 보내셨다. 성령 사역의 목표는 그리스도의 영화이다. 아들이 아버지를 영화롭게 함을 그의 목표로 삼았듯이 성령께서 아들을 영화롭게 하는 것이 성령의 사역의 목표이다. 그리스도인이 그리스도인으로 사는 일에서 그리스도께서 영광을 보신다. 왜냐하면 이 일에서 그리스도께서 왕이시기 때문이다. 예수 그리스도의 부활은 그의 몸인 새 인류가 동참할 부활의 첫 열매이고 성령이 그 보증금이다. 종말 세계에서도 우리를 떠나지 않는 성령은 우리가 영원히 사는 생의 원리가 된다.[48)]

7. 교의신학전집

2018년에 서철원 박사의 교의신학전집이 출간되었다. 그의 교의신학전집 출간은 한국교회를 넘어 세계교회가 축하할 일이라고 평가된다. 서철원 박사는 서울대학교 철학과(B.A), 동 대학원(M.A), 총신대 신학대학원, 미국 필라델피아 웨스트민스터 신학교 대학원(Th.M), 화란 암스테르담 자유대학교(Dr. Theol)를 졸업하였다. 자유대학교 신학박사 학위논문 "예수 그리스도의 창조 중보직"(The Creation-Mediatorship of Jesus Christ)은 20세기 100대 신학저술 모음(Theologicum)에 수록되었다. 한국교회를 위해 헌신하고자 귀국하여 개혁신학연구원 교수, 총신대 신학대학원 조직신학 교수(대학원장, 신학대학 원장, 부총장 역임), 한영신학대학교 석좌교수로 재직하다가 은퇴하였다. 한국교회 전체가 예수 그리스도의 복음을 바르게 믿고 하나님의 말씀 위에 굳건히 서게 되기를 간절히 바라며 집필에 전념

---

48) 서철원, 「성령신학」, 222-48.

하고 있다.

저서로 「교리사」, 「복음과 율법의 관계」(한글 및 일어 번역판), 「성령신학」, 「하나님의 구속경륜」, 「신앙과 학문」, 「복음적 설교」, 「하나님의 나라」, 「문화명령」, 「종교다원주의」, 「창조신앙」, 「기독교문화관」을 출판하였다. 저자는 "언약사상에 대한 새로운 사상" (A New Thought on the Covenant Idea, contributed to the International Reformed Theological Journal of the Netherlands) 외 다수 논문을 학술지에 게재하였다. 성경의 핵심내용을 쉽게 이해할 수 있도록 「창세기 주석」, 「갈라디아서 주석」을 저술하였다. 설교집으로 「하나님 나라의 복음」, 「그리스도께서 내 안에 사심」, 「복음의 개요」, 「복음의 권세」, 「성령의 사역」, 「그리스도의 구속사역」을 출판하였다. 서철원 박사는 나의 박사학위논문 지도교수이기도 하다. 그래서 나는 이미 저자가 저술한 「신학서론」, 「인간, 하나님의 형상」 그리고 「기독론」으로 총신대신대원, 안양대신대원과 국제신대원에서 수차례 강의한 바 있다. 아울러 그의 「신학서론」, 「신론」과 「인간, 하나님의 형상」으로 계약신학대학원대학교에서 강의하고 있고, 지역교회의 교리반 공부에서 그의 교의신학전집을 참고하고 있다. 아마도 이 글은 장님이 코끼리를 만지고 느끼는 것과 같을지도 모르지만, 서철원 박사의 교의신학전집은 다음과 같은 특징이 있는 것으로 보인다.

(1) 서철원 박사의 교의신학은 우선 자기의 신학이란 점이 특색이다. 그는 박형룡이나 루이스 벌코프 그리고 아브람 카이퍼나 헤르만 바빙크를 단순히 요약 반복하는 것이 아니라 자기의 연구를 통하여 성경과 기독교의 정통적 개혁신학에 합치되는 것들만 자신의 문장으로 서술했다. 특히 기독교를 파괴하는 현대신학을 치명적으로 비판하고, 이에 대한 하나님의 말씀인 성경과 개혁신학의 근거를 명시했다. 예컨대 그는 성경무오를 신

학서론의 기본으로 제시했다. 또한 그는 행위언약의 부당함을 주장하고 하나님의 형상 개념과 언약 개념을 성경과 개혁신학 안에서 창의적으로 제시했다. 아직까지 이러한 주장은 국내외적으로 제시되지 않았다는 점에서 서철원 박사의 개혁신학 안에서의 창의적 신학 작업의 가능성을 보여주었다.

서철원 박사는 하나님의 형상이 인격이고, 언약은 하나님의 백성이 되기로 한 약정이라는 점을 성경적으로 창의적으로 설득력 있게 논증하였다. 그가 기독론에서 하나님 아들의 성육신 인격과 그의 구속사역이 복음의 핵심임을 강조한 것은 그의 신학의 백미에 해당할 것이라고 여겨진다. 그리스도의 부활과 승천과 우편에 앉으심에 대한 설명은 단순한 사실이 아니라 왜 기독교의 복음이 되는지를 밝혔다. 예수 그리스도의 성령 파송에 대한 해설도 성경에 따른 것인데, 그동안 이러한 논의가 없어서 새롭고 은혜롭게 느껴진다. 구원론에서는 사람이 계속적인 믿음고백으로 죄를 용서받고 죄 욕망을 극복할 수 있다는 성화 이해는 성경적 창의적 통찰에 의한 실천방안으로 보인다. 종말론은 창조경륜의 궁극적 성취라고 하면서 천년기론은 공교회의 신조에 한 번도 채택된 적이 없고 유대교가 짐승의 피 제사 회복을 목표로 한 것이어서 기독교가 받을 수 없다고 강력하게 논증하였다.

(2) 저자는 교의신학 연구를 진행함에 있어서 교부들의 글들을 인용하거나 약술하고 평가하여 학술적 가치를 높였고, 중요한 기독교 신조와 개혁신학자들의 글을 참고하여 간단명료하게 표현하여 기독교 정통신학의 저술임을 자증하였다. 또한 「기독교강요」를 비롯한 칼빈의 저서들을 빈번하게 인용함으로써 저자의 신학이 개혁교회의 신학적 진술임을 분명히 했다.

서철원 박사와 함께

(3) 서철원 박사의 글에는 각주가 없다는 항간의 비판도 있지만 그런 평가는 피상적이라고 할 수 있다. 그의 글에서 중요한 서술에는 대부분 그 근거를 본문 중에 괄호로 표시하여 그 안에 기록했다. 따라서 학적 저술로서 조금도 부족함이 없다. 그의 학문적 자질은 그의 학위논문(예수 그리스도의 창조 중보직)이 튀빙겐대학 선정 20세기 100대 신학논문에 포함됨에 따라 시비불가할 것이다. 아마도 거기에 선정된 이유는 제목의 독창성과 고대로부터 현대까지 전체적인 신학의 특징을 인간의 이성에서 출발한 앙양신학과 하나님의 계시인 성경에서 비롯된 하강신학으로 분류하고 그 논거를 제시한 독창성 때문인 것으로 보인다. 따라서 저자의 글에 각주가 없다는 비판은 근거가 없는 발언이다.

(4) 무엇보다 이번에 출판된 서철원 박사의 교의신학전집의 특징은 성경의 복음을 선포하고 있다는 점이다. 신학서론부터 종말론까지 예수 그리스도의 생명과 구원의 복음이 현시되고 있다. 그래서 조직신학이 소위 '조지는' 신학이 아니라 생명을 살리고 영혼을 윤택하게 하는 내용으로 구성되었다. 그 때문에 내용 전개가 지루하지 않고 은혜로우며 신선하다. 문장도 쉽다. 저자가 제시하는 복음은 예수 그리스도의 인격과 사역이다.

(5) 그리하여 서철원 박사의 저술은 그가 신학자로서 성경교사임을 드러냈다. 저자는 신학적 진술을 함에 있어서 무엇보다도 성경본문에 대한 정확한 이해를 바탕으로 논의한 것으로 보인다. 저자는 성경의 좁은 문맥

이나 단어 풀이에 그치지 않고 성경 전체 문맥의 관점에서 성경의 주제들을 서술한 것으로 보인다. 예컨대 저자가 거의 독창적으로 사용한 '창조경륜'과 '하나님의 구속경륜' 그리고 '복음과 율법의 관계' 등이 그렇다. 이것은 다름 아닌 성경 내용의 해설로서 성경교사의 과업에 속한 것으로 보인다.

(6) 저자의 교의신학전집의 출간과 관련하여 한 가지 바라는 것이 있다. 현대교회의 신학적 좌경화 추세에 비추어 그리스도 예수의 복음은 누구에게나 제공되어야 하기 때문에, 복음을 특별히 강조하는 저자의 교의신학전집은 더 많이 보급되어야 할 것이다. 예를 들어 루이스 벌코프가 자기의 조직신학을 각계각층의 사람들이 읽을 수 있도록 몇 단계로 쉽게 요약하여 출판하였던 것처럼, 저자 스스로 7권의 방대한 교의신학을 단권의 매뉴얼 형태로 축소하여 대학의 교양과목으로 일반학생들도 배울 수 있도록 하고 그것조차도 더 쉽고 간단하게 요약하여 중고등학생들까지 읽고 배울 수 있도록 한다면 저자의 교의신학전집이 전달하려고 하는 구원의 복음은 더 널리 전파될 것으로 사료된다.

8. 개혁주의냐 칼빈주의냐

개혁주의와 칼빈주의의 호칭에 관한 문제는 한국교회에서만 제기될 수 있는 질문이다. 이 질문에 대하여 서철원 박사는 다음과 같이 논술하였다.

> 종교개혁 이후 로마교회로부터 가장 신랄하게 비판과 공격을 받은 교회는 개혁교회였고 또 다른 개신교회들로부터 비난을 받아왔다. 칼빈 이후 최대의 칼빈주의자라고 불리던 아브라함 카이퍼가 지적했듯이 칼빈주의자란 이름이 분파주의자의 이름으로 헝가리와 프랑스에서 야유되었고,

> 또 독단적인 예정교리에 종속하는 편협한 자들이란 오명을 얻게 되었다. 서철원은 한국에서 박윤선 박사가 개혁주의신행협회장으로 있을 때 발행기관을 표시하기 위해 개혁주의란 용어를 사용했고, 김의환 박사가 칼빈 자신도 칼빈주의보다 개혁주의를 더 원했을 것이라 하여 사용되기 시작했다고 본다. 이제껏 칼빈주의가 성행한 나라들(화란, 영국, 스위스, 독일의 남부지역과 미국 등)에 개혁주의란 이름이 없다. "개혁주의" 신행협회란 이름의 영어 표기도 그냥 "Reformed"이고 화란어도 "Gereformeerd"이고 독일어 표기도 역시 "Reformiert"로 "개혁된"이란 뜻의 형용사만 있을 뿐이다.[49)]

칼빈주의란 이름보다 개혁주의가 더 타당하면 칼빈 이후 최대의 칼빈주의자라고 할 아브라함 카이퍼가 그렇게 했을 것이다. 그러나 그는 칼빈주의란 명칭을 고수하였고 "우리 칼빈주의자들"이란 명칭을 즐겨 사용하였다. 그것은 카이퍼가 무식해서나 칼빈의 정신을 잘 이해하지 못해서가 아니라 "칼빈주의"란 명칭이 바른 진리 체계를 표현하고, "개혁주의"란 용어가 다른 뜻 혹은 뉘앙스를 내포하기 때문이다. 개혁주의란 명칭은 개혁교회의 진리에 합치하지 않는 뜻을 전달한다. 우리가 개혁교회라고 할 때 그것은 하나님의 말씀에 의해 혹은 말씀을 따라 개혁된 교회를 지시한다. 말씀에 의해 이미 개혁된 교회이고, 계속 개혁해야 함이 교회의 임무이다. 우리의 손과 힘으로 교회를 개혁해야 하는 것이 아니라, 이미 하나님의 말씀의 권세로 말씀대로 개혁된 교회이다. 우리가 로마교회의 사제주의로부터 개혁을 다시 시도할 필요가 없고, 또 루터교회의 민족적 교회나 위계적 질서를 다시 개혁할 필요도 없고, 이미 말씀이 가르친 원교회 모습대로 개혁된 교회를 그대로 지키고 보존하며, 이 개혁된 교회형태에

---

49) 서철원, 「신앙과 학문」 (서울: 기독교문서 선교회, 1988), 255.

서 달리 변질될 때 그것을 개혁하는 계속적인 개혁의 노력이 필요할 뿐이다. 우리는 다시 16세기의 개혁을 반복하지 않는다. 개혁주의가 아니다. 그러니 우리의 교회, 신앙과 신학은 개혁교회, 개혁신앙, 개혁신학이고, 개혁주의 교회, 개혁주의 신앙, 개혁주의 신학이 아니다.

칼빈주의는 모든 것을 하나님에게서 유래된 것으로 바로 믿고 인정하며, 창조와 생의 목표를 하나님의 영화에 두고 모든 창조의 영역과 인간의 활동영역을 다 그리스도의 권세 아래 복종시켜 하나님의 나라 이룸을 생의 유일한 목표로 삼는 진리와 생활의 체계이다. 이 진리 체계가 칼빈에 의해 조직되었으므로 그의 이름에 의해 불리나, 칼빈주의자들은 이 이름조차 높이는 것을 허락받지 못했다. 그것이 칼빈주의이다. 그러니 "개혁주의"가 아니라 칼빈주의라고 계속해야 옳다. 왜 우리가 칼빈주의란 이름을 다른 것으로 대치해야 할까?[50]

> 칼빈주의 대신 개혁주의라고 할 때 한 가지 오해는 종교개혁자 루터의 사상도 포함될 수 있다는 점이다. 칼빈주의라고 하면 칼빈의 사상이 주를 이루지만 개혁주의라고 하면 루터의 사상도 포함이 되고 다른 종교개혁자들의 사상도 포함된 개혁주의가 될 가능성이 있다. 그러나 칼빈주의라고 하면 다른 종교개혁가들의 사상보다도 존 칼빈의 사상을 먼저 고려하게 될 것이다.

9. 성경해석의 방향[51]

서철원 박사는 신학의 기본이 먼저 성경의 해석에 있다고 보았다. 성경

50) 서철원, 「신앙과 학문」, 256-7.

51) 서철원 박사의 성경해석 실제는 그의 주석 「창세기주석」 4권과 「갈라디아서주석」에서 볼 수 있다. 서철원, 「신학서론」, 서철원박사 교의신학 1 (서울: 쿰란출판사, 2018), 254-66을 보시오.

에 대한 주해를 기초로 하여 신학을 수립하는 것을 신학의 원칙으로 보았다. 그리하여 성경에 대한 해석을 어떻게 할 것인가에 대하여 방향을 제시하였다. 그것은 기독교 2,000년간의 성경해석 역사를 반성하면서 해석의 방향을 설정한 것이라고 할 수 있겠다. 이러한 성경해석의 방향 제시는 과거의 성경해석의 오류와 현대의 성경해석의 오류에 빠지지 않으려는 지침을 제공한 것이라고 할 수 있다. 서철원 박사가 제시한 성경해석의 원칙은 다음과 같다.

1) 구약과 신약을 함께 읽기

성경은 구약과 신약으로 성립되어 있지만 둘은 하나의 책이고 교회의 책이다. 구약이 교회의 책인 것은 구약도 그리스도의 증거이기 때문이다. 구약에서 전혀 그리스도가 언급되지 않은 부분들도 그리스도를 위해서 기록되었고 그리스도 때문에 기록되었으며 그리스도 출현의 준비이다. 그리고 신약은 구약에서 기원하였다. 신약의 뿌리가 구약이므로 신약은 구약과 함께 읽어야 하고 구약의 제시를 따라 해석되어야 한다.[52)]

2) 성경의 기독론적 해석

헬라어 번역 성경인 70인경(LXX)이 교회의 성경이 된 것은 구약을 메시아적으로 해석 번역하였기 때문이다. 신약과 교회가 이 메시야 해석을 계속하였다. 구약은 신약의 준비이고, 신약에서 성취되었기 때문에 그리스도가 구약에서부터 역사하고 일하였고, 신약에서의 성취를 위해 이스라엘 역사를 인도하였다. 그러므로 구약에 나타난 사건들과 구원 사역에서

52) 서철원, 「신학서론」, 서철원박사 교의신학 1 (서울: 쿰란출판사, 2018), 259-60.

그리스도의 얼굴을 보는 것은 당연하다. 구약을 읽을 때에 그 시대 상황에서 배정된 소임을 수행한 것을 배제하고 그리스도의 얼굴만을 보려고 하는 것은 결코 바른 해석법이 아니다. 신약에 연결해서만이 예표론적으로 구약을 볼 수 있다. 그렇지 않고 그리스도만을 산출하려고 하면 우화적 해석이 되어 그리스도를 잃게 된다. 구약은 그 시대 상황에서 행한 소임을 다 인정하면서 그리스도의 사전 표상으로 이해해야 한다.[53]

3) 신약에 의한 구약 해석

신약이 구약 해석의 문맥이다. 구약의 진행된 목표가 예수 그리스도이다. 구약은 그 자체로는 미완결의 책이다. 그 결말은 신약에 있고 신약에 계시되어 있다.[54] 구약 전체는 예수 그리스도에 의해서 이루어진 근원이다. 이스라엘만이 하나님의 백성이 아니라 세계 모든 족속이 예수 그리스도에 의해 하나님의 백성으로 회복된다. 그리스도의 구속 후에는 이스라엘이 하나님의 백성 중의 하나가 된다. 예수 그리스도의 출생으로 이스라엘은 그 존재 목적을 다하였기 때문이다. 그러므로 구약을 그리스도 없이 해석하면 유대교의 율법종교가 된다. 율법을 삶의 법과 구원의 길로 삼는 율법주의밖에 안 나온다. 그리스도가 배제되면 구원도 배제된다. 그러므로 구약의 바른 해석은 기독론적 해석이다.[55]

4) 그리스도 중심의 신약 해석

그리스도의 출생과 사역, 그의 죽음과 부활에 의한 구원만을 신약의 중

53) 서철원, 「신학서론」, 260-61.
54) 시 110편과 히브리서 7장에 멜기세덱이 등장한 이유가 나온다.
55) 서철원, 「신학서론」, 261.

심으로 보고, 다른 부분들은 그리스도와 무관하게 해석하면 안 된다. 예컨대

① 성령의 파송과 그의 사역은 다 그리스도로 가능해졌고 정립되었다. 성령이 구원을 적용하는 중생과 믿음만이 그리스도의 구원사역의 연장인 것이 아니다. 사도신경의 2조가 3조에 의해 기초되었어도 성령의 존재와 파송은 다 그리스도에게서 유래되었고, 그리스도의 구속 때문에 가능하게 되었다. 그리스도와 분리된 성령의 오심과 사역은 성립하지 않는다. 성령론은 기독론의 연장이다. 따라서 성령론은 오순절 후의 기독론이다. 성령은 그리스도의 얼굴로 일하고 그리스도를 현시한다. 그리스도께서 영 안에서 자기의 구원을 적용하시기 때문이다. 성령은 인격으로는 독자적이지만 그의 사역에 있어서는 그리스도의 제2 자아이다. 그러므로 성령의 사역을 그리스도와 분리해서 독자적으로 구성하면 신비주의가 된다.[56] 그러므로 구원적용은 그리스도의 구원사역의 연장으로 이해해야 한다. 그리스도께서 성령으로 사람들을 자기의 백성으로 삼는다. 그리스도와 분리되어 독자적으로 성령을 추구하면 신약의 성령에 이르지 못한다. 거기서는 사람의 영을 만나고 인간의 자기 투사를 만난다. 그러므로 성령은 그리스도를 통해서 이해되어야 한다.[57]

② 종말에 관한 부분도 기독론적으로 이해하고 해석해야 한다. 역사의 진행이 완료되면 재림이 이루어지고 종말이 오는 것이 아니다. 그리스도가 역사를 주재하고 구원적용이 완료되면 구원의 완성을 위해 재림한다. 종말론은 기독론의 연장이다. 종말에 이르러 모든 신학도 완성된다. 성경해석이 거기서 성취된다. 더 이상 성경해석이 필요하지 않다. 모든 해석이

56) 최근의 신사도운동이 여기에 해당될 것이다.

57) 서철원, 「신학서론」, 262-63.

실재가 되기 때문이다. 약속이 실재로 구체화되는 것이 그리스도에 의해 이루어진다. 종말에 관한 부분들을 기독론적으로 해석하지 않으면 사변과 공포만 조성된다. 종말에 관한 한 은혜가 되는 것이 아니라 재앙이 되고 공포가 된다. 이 부분에서 기독교가 기독교이기를 그치고 무서운 참혹한 신을 만나게 된다. 더 이상 구속주는 없어지게 된다. 그러므로 종말에 관한 성경 부분들도 기독론적으로 해석하고 기독론의 연장으로 해석되어야 한다.[58]

③ 생활 규범에 관한 성경 본문들도 성경의 중심에 의해 해석되어야 한다. 그렇지 않으면 인간의 열성이 나타나고 율법주의 망령이 되살아난다. 은혜의 종교가 생활 영역에 이르러서는 인간 스스로가 자기 삶을 해결하는 자연종교나 율법주의가 된다. 그리스도인이 그리스도인으로 사는 것도 그리스도의 은혜로만 가능하다. 그리스도가 그리스도인으로 그리스도인 되게 하는 보장이고 그 수행자이다.[59]

5) 참 해석: 문자적 의미

성경본문의 의미는 그 단어와 문장이 문맥에서 뜻하는 것이다. 즉 글자적 문법적 의미를 성경본문의 뜻으로 삼아야 한다. 문자적 의미를 벗어나면 그것은 곧 시대사상과 합치하여 성경의 사신을 변조하게 된다. 성경을 해석하기 위하여 일반 언어를 도입하고 철학적으로 형성된 언어들을 도입한다. 그러면 자연히 그렇게 차용된 언어의 내용 곧 사상 체계도 함께 도입하여, 성경을 그 사상 체계에로 번역하고 변용하는 일을 하게 된다. 이

58) 서철원, 「신학서론」, 263.

59) Ibid.

일을 막기 위하여 성경해석은 교회의 근본교리들에 부착해야 한다. 이미 사전 이해를 가지고 접근하고 자기 당대의 문화에 의해 각색되어 성경을 본다. 그러므로 성경을 해석할 때 교리의 명백한 가르침에 부착해야 한다. 그럴 때만이 문화와의 타협을 면하고 성경본문의 명백한 뜻을 취할 수 있게 된다.[60)]

성경은 모든 부분이 다 산문언어로 기록된 것이 아니다. 시적 표현과 상징적 언어의 활용이 많다. 그리하여 일상 언어로 표현되었어도 쉽게 내용을 알 수 없게 한다. 이 경우는 명백한 진술들에 의해 그 부분들을 해석해야 한다. 초대교회 때부터 실시된 성경해석의 원칙을 잘 활용해야 한다. 불분명한 부분은 명료한 부분에 의해 해석되고 조명된다. 그리하여 성경 전체의 문맥에 맞게 해석해야 한다. 계시록과 다니엘서는 상징적 언어로 미래를 예언하고 전개하였다. 그러므로 글자에만 매이면 전혀 성경본문이 지시하는 뜻을 놓치게 되고 사변을 일삼게 된다. 그러므로 명백하게 산문으로 기록된 해당 본문들에 의해 성경 전체 문맥에 맞게 해석해야 한다. 아가서는 시문서이어서 성경 전체 문맥에서 무엇을 말하려고 하는지 알기가 쉽지 않다. 이런 시 부분은 교회의 유익을 위하여 비유적 의미가 가능하고 허용된다. 따라서 우화적 해석이 허용될 수 있다. 단지 남녀 간의 사랑만이 아니라 그리스도와 교회 간의 관계와 사랑을 말하는 것으로 이해하고 해석해야 한다.[61)]

6) 당대 사상번역을 배제한 원래 의미 전달

해석자가 만나는 유혹은 성경을 자기문화 체계에 합당한 자리를 배정

---

60) 서철원, 「신학서론」, 264.
61) 서철원, 「신학서론」, 264-65.

받게 함으로 자기의 연구가 학문으로 인정받기 바라는 욕망이다. 그리하여 문화체계의 일부로 성경이 해석되지 않으면 생소한 것으로서 외부세계에서 유입된 것이므로 현대인이 받을 수 없다는 주장을 한다. 통상 학문은 이성에 의해 탐구되고 체계화된 지식체계이기 때문에, 이성의 범주로 해석되지 않는 성경과 신학은 지성을 희생함(sacrificium intellectus)이라고 한다. 그리하여 성경을 자연 이성이 받을 수 있는 범주로 해석하는 일을 반목하여 기독교의 근본을 부인하였다. 그러나 성경을 존중하는 것은 성경의 자기주장을 인정하고 그 주장에 맞게 해석하는 것이다. 그리하여 그 문장들이 말하는 명백한 뜻을 굽히지 않고 실제대로 받아야 한다. 그리하여 성경이 성경으로써 말하도록 해석해야 한다. 그래야 하나님께서 우리에게 주시는 메시지를 우리가 전달받을 수 있다.[62]

이와 같이 서철원 박사는 성경해석의 정당한 방식으로 6가지를 제시하였다. 이러한 성경해석의 지침은 성경해석학적으로 정당하다고 할 수 있다. 여기에 서철원 박사의 성경해석을 소개하는 이유는 서철원 박사가 현재 한국교회에서 가장 성경적인 성경해석을 시도한 것으로 보이기 때문이다. 나는 서철원 박사의 성경해석이 전 세계적으로 확산되었으면 좋겠다고 생각한다. 서철원 박사는 성경의 메시지를 충실하게 전달한 것으로 보이기 때문이다.

---

62) 서철원, 「신학서론」, 265-66.

14 Chapter 이병규 목사의 성경해석

이병규 목사(1924~2014, 사진)는 1924년 평안북도 정주군 고독면 관내동에서 출생하였다. 1948년에 들어서 이 목사는 황해도 금산교회 시무 후 평북 정주 갈산교회 2년 목회하였다. 1953년에는 고려신학교를 제7회로 졸업하고 명륜교회를 개척했다. 1954년부터는 삼각산 기도원과 관악산 기도원에서 사경회를 시작하였다. 그때 강사는 아현교회 김현봉 목사였다. 1956년에 고신측 경기노회 소속으로 목사안수를 받았고, 1960년에는 김현봉 목사 등과 함께 공의회를 조직하였다. 1965년에 창광교회를 개척하고, 1967년에 계약성경고등학교를 설립하였다. 1969년에는 계약신학교를 설립하였고, 1975년에 대한 예수교 장로회 총노회를 조직하고, 경기도 의왕에 고천기도원을 설립하였다. 1980년 대한예수교장로회 총회(계신측)를 조직하고 총회장이 되었다. 1981년 5월 9일에 미국 훼이스신학교(Faith Theological Seminary)에서 신학박사학위(D.D.)를 받았다. 1986년에는 신약강해서 12권을 출간하고, 1990년 구약강해서 16권을 완간하였다. 1993년에는 광주제일기도원을 준공하고, 한국성경공회를 창립하였다. 1999년에 바른성경을 출간하였다. 2000년에 계약신학대학원대학교를 설립하고 이사장이 되었다. 2010년에는 신구약 설교집 총40권을 완간하였다. 2014년 7월 20일 0시 15분에 향년 91세로 서울 아산병원에서 소천하였다.

이병규 목사
(1924~2014)

1. 이병규 목사가 영향 받은 인물들

1) 이기선 목사

이기선 목사는 1878년 10월 1일 평안북도 박천군 남면 남6리에서 믿지 않는 농부의 아들로 태어났다. 유년시절에는 기독교에 대해 전혀 몰랐으며, 1905년 27세에 되던 해에 기독교에 입교하였다. 이후 1908년 신의주교회에 전도사로 부임하였고, 1911년 평양신학교에 입학하여 1915년 6월 제8회로 졸업하였다. 그리고 8월 25일 조선예수교장로회 평북노회에서 목사 안수를 받은 후, 평안북도 의주군 일대에 23개 교회를 세웠다. 1917년에는 경상남도 울산교회와 김해읍교회 등에서 시무하였으며, 1930년에는 다시 의주로 돌아와 백마교회, 북하동교회, 상단교회 등에서 전도활동에 힘썼다. 1937년부터 일제의 신사참배 강요가 심해지자 북하동교회를 일제의 압력으로 사면한 뒤, 시무교회 없이 가정에서 예배하며 신사참배 반대운동에 나섰다. 1939년 구속되어 7년 동안 복역했다. 8.15 해방 후에는 북한을 중심으로 교회 재건 운동에 힘을 기울였으나, 오히려 1947년 3월 의산노회에서 노회정책에 불순종한다는 미명 하에 목사직 무기정직을 당했다. 그러나 이기선 목사는 매일 성경을 펴놓고 종일 성경을 읽고 연구하는 일에 열중하였다. 한 번의 설교를 위해 성경 본문을 100번씩 읽었다.

이기선 목사는 1949년에 30여 교회를 중심으로 독노회(혁신복구파)를 조직한 후 목회자 양성을 위해 신학교인 "성경연구회"를 설립하여 130명

이기선 목사

의 학생을 가르쳤다. 당시에는 공산당국의 방해로 "신학교" 명칭을 사용하지 못했다.

이때 학우회 회장이었던 이병규 목사는 이기선 목사에 대해 "본인은 청년시절부터 북한에서 이기선 목사님이 사경회를 인도하는 여러 곳에 따라다니며 성경을 배웠고 또 평양 산정현교회에서 성경연구회(신학교)를 설립하여 성경 교수를 할 때에 학생의 한 사람으로 강사인 이기선 목사님께 많이 배운바 있다."고 하였다. 이병규 목사는 이기선 목사님 숙소에 찾아갈 때마다 언제나 성경책을 펴놓고 종일 성경을 읽고 연구하시는 것을 목격하였다. 또 누가 이기선 목사님을 찾아와 무슨 문제를 질문하면 "성경 몇 장 몇 절을 보라" 하고 그 성구를 찾아 친히 읽어주고 "가서 그대로 하라"고 하는 것이 답변이었다. 이기선 목사가 설교하는 방법은 먼저 대소지를 말해주고 성경 본문을 음조(고조) 있게 읽어주는 것이었다. 알기 어려운 성경도 대소지를 분해하여 주면 그 뜻을 명확히 알 수 있었다고 보았기 때문이다.[1] 이기선 목사는 1950년 한국전쟁 때 월남하지 않고 순교당한 것으로 알려졌다.

2) 김의홍 목사

김의홍 목사는 평북 정주군 대전면 운산동교회에 시무한 목사이다. 그는 목회를 하기 위해 신학교에 가기 전에는 애국적인 항일운동에 적극 참여하기도 하여 5, 6 차례나 투옥되기도 하였고, 일정말엽에는 신사참배를

---

1) 나은기, "이병규 목사 강해설교의 형태와 특징 연구"(미간행석사학위[Th.M.]논문, 계약신학대학원대학교, 2009), 3; 구왕서, "한국 장로교회의 분열과 계신 교단의 설립" (미간행석사학위[M.Div.]논문, 계약신학대학원대학교, 2012), 54-56.

김의홍 목사

반대하다가 투옥되기도 하였다. 해방과 더불어 운산동교회에 전도사로 부임하였고, 독노회에서 방계성 장로, 심을철 전도사와 함께 목사 안수를 받아 장로교회 복구운동에 적극적으로 참여하였다. 의산노회가 이기선 목사를 제명하고 금단령을 내린 것에 아랑곳하지 않고 이기선 목사의 지도를 받기로 자원하면서 그를 보좌하였다. 이후 1950년 6.25 전쟁 중 1.4 후퇴 시기까지 평양 산정현교회와 황해도 심촌교회, 해주교회 등지에서 집회를 인도하였으며, 1.4 후퇴 때 미처 피난을 하지 못하고 있다가 해주 근교 어느 둑 밑에서 공산당에게 총살당해 순교하였다.[2)]

김의홍 목사는 「말세학과 성경상식론」을 저술하여 해방 후에는 운산동교회와 신학교에서 성경공부를 열심히 시켰는데, 특히 다니엘서와 요한계시록을 가르쳤다. 이기선 목사가 성경을 한 장 한 장을 조리 있게 연구하여 발표하였다면, 김의홍 목사는 성경 전체를 몇 가지 원리로 구분하여서 연구하였다. 이병규 목사는 김의홍 목사에게서는 말세론에 대한 가르침을 받았다.

3) 김현봉 목사

김현봉 목사(1884~1965, 사진)는 1884년 경기도 여주군 가내면 건장리에서 출생했다. 그 후 서울에서 자랐으며 1906년 동대문 감리교회에 출석하여 신앙생활을 시작하였다. 1912년 양정의숙[3)] 법과 졸업 후 일제의

---

2) 임석윤, 「이기선 목사와 동역자 김의홍 목사의 생애」, 293. 구왕서, "한국 장로교회의 분열과 계신 교단의 설립" (미간행석사학위논문, 계약신학대학원대학교, 2012), 57에서 재인용.

3) 양정고등학교의 전신

김현봉 목사

감시를 피해 중국으로 건너가 1923년까지 애국운동을 하였으며, 이후 귀국하여서 투옥되었으나 보석으로 석방되었다. 1923년 출옥 후 39세의 나이로 평양신학교에 입학하여 재학 중 평북 정주교회, 관악 보림말교회, 시흥 구읍교회에서 조사로 시무하였고, 1927년에 평양신학교 제23회로 졸업한 후 이듬해에 목사 안수를 받았다. 이후 공덕교회에서 목회하다가 1932년 3월 31일 서울 아현교회를 개척하였다.

김현봉 목사는 1950년 6.25 전쟁 때에 삼각산에 피신하여 9일 동안 금식케 된 일이 있었다. 이 일을 통하여 그의 영성은 놀랍게 신장되었고, 그의 영력 있는 설교에 교인의 수는 날로 증가하여 10년 후에는 1,200명이나 되었다.[4] 아현교회에는 교회건물 미관에는 관심이 없었고 다만 위생적이며 예배드리기 편리하게 짓는데 주력하다보니 없는 것도 많았다. 교회 간판도 없고, 종과 종탑도 없고, 십자가도 없고, 의자와 강대상도 없고, 성가대도 없었다. 그래서 일제가 교회를 핍박할 때 아현교회만은 묵인하였다고 한다. 김 목사는 설교를 원고 없이 좌담식으로 하였다. 설교를 하다 지치면 강대상 위에 올라가 앉아서 설교하기도 했다. 그에게는 예배당 건물 그 자체가 신성한 것이 아니었다.

김현봉 목사는 검소한 생활을 하였는데, 교인이 1,000명이 넘었을 때도 평생 검정 무명 두루마기에 고무신 신고 머리는 삭발하고 다녔기 때문에 '중목사'라고 불리기도 하였다. 또한 자기 자신이 절대 남의 신세를

4) "이렇게 교회가 성장하고 그렇게 잘 훈련된 교회가 되고 보니 당시에는 전국에서 영락교회 다음으로는 김 목사의 아현교회만한 교회는 없었다." 엄두섭, 「좁은 길로 간 사람들」 (서울: 도서출판 소망사, 1989), 231.

지려고 하지 않았을 뿐 아니라 교인들에게도 자립정신을 길러주려고 노력하였다. 그의 일과는 나이 80의 고령에 이르도록 항상 규칙적이었다. 저녁 6시경에 잠자리에 들어서 한밤중인 12시에 기상하였으며, 냉수마찰하고 묵상 후 새벽 통행금지가 해제되면 연세대 뒷산에 있는 기도실에서 오전까지 기도하였다. 그리고 낮 12시가 되면 산에서 내려와 교인들을 심방하였다. 그는 평생 "자기를 만들어가는 일"을 중요시하다가 1965년 3월 12일 오전 9시경에 자택에서 81세로 별세하였다.

김 목사는 후배를 기르는 일에 무척 애를 써서 그의 감화를 받고 김 목사를 따르던 목회자들과 청년들이 많았다. 이중에 이병규(신촌), 백영희(부산), 안병모, 이한영, 안길옹(알래스카)과 그의 아들인 안정남 목사(나성성약교회)도 김현봉 목사의 정신을 이어가고 있다.

이병규 목사는 고신총회 경기노회에서 김현봉 목사를 알기 시작했다. 이후 이병규 목사는 명륜교회를 담임하면서 1년에 수차례 삼각산기도원, 임마누엘기도원, 관악산기도원, 대구 주암산기도원 등에서 김 목사를 초빙하여 사경회를 열고 성경을 배웠다. 사경회 때 많이 모일 때는 약 700명가량 참석하였다.[5]

이병규 목사는 김현봉 목사에게서 "구원을 이루어 나가야 된다는 진리"와 "중생한 영이 자라나야 되고 인격을 건설해 나가야 된다는 도리"를 배웠다.[6] 즉 성경의 깊은 진리를 깨달아 참 성도가 되는 도리와 참 교회를 세우는 법, 그리고 성도가 사람 노릇을 바르게 하는 방법을 배웠다. 김현봉 목사를 초빙하여 사경회를 매년 개최했던 일은 지금까지도 계신

5) 이병규, 「김현봉 목사 강도집(설교집)」 (서울: 염광출판사, 1990), 6.

6) "나의 개척시대-이병규 목사님과 극동방송과의 인터뷰," 「빛의 소리」, 제5호 (창광교회 제2청년회 편집부, 1996. 8), 16.

박윤선 목사

교단의 연례 사경회가 되었다.

4) 박윤선 목사

박윤선 목사(1905~1988)는 1905년 12월 11일 평안북도 철산군 백령면 장평동에서 출생했다. 어릴 때는 서당에서 한학을 배웠고 정주 신성중학교, 평양 숭실전문학교와 평양신학교를 졸업하였다. 이후 웨스트민스터 신학교에서 석사 학위를 받고 1936년에 귀국하여 평양신학교에서 원어강사로 총회 종교 교육부 성경주석 편집부에 근무했다. 또한 만주신학교에서 교수로 봉사했으며, 고려신학교 설립에 공헌함은 물론 고려신학교 교수로 취임하였다. 이후 박형룡 박사가 고려신학교를 떠나자 1948년 5월 박윤선 교수는 고려신학교 제2대 교장에 취임하였다.

그는 행정책임자로서 뿐만 아니라 교수로서 고려신학교의 발전을 위해 크게 기여하였다. 미국 웨스트민스터 신학교에서 수학하는 동안 메이첸(G. J. Machen)과 반틸(C. Vantil) 등에게 배우고, 화란 자유대학교에서 수학하는 동안 개혁신학을 연구하였기에, 그는 워필드(B. B. Warfield), 카이퍼(A. Kuyper), 바빙크(H. Bavinck), 스킬더(K. Schilder), 그레이다너스(G. Greydanus) 등의 신학을 소개하고 가르침으로써 고려신학교에 칼빈주의 신학의 기초를 확립하였다. 또한 주경, 변증학, 조직신학, 성경언어학 그리고 헌법에 이르기까지 거의 대부분의 신학분야를 교수하였다.

박윤선 교수는 예배당 소송 문제로 1957년 2월에 고려신학교 교장직을 사임하고 서울로 올라가 "개혁신학원"을 설립하였으나, 그해 9월 하순에 다시 고려신학교로 돌아왔다. 그러나 1960년 9월 스푸너(A. B. Spooner) 선교사와 관련된 주일성수 문제로 고려신학교를 떠났다.

이병규 목사는 이 시기에 고려신학교에서 수학한 뒤 1953년 제7회로 졸업을 하였다.[7] 이병규 목사는 고려신학교 재학 시절 당시 교장이었던 박윤선 목사로부터 많은 영향을 받았기 때문에 그가 집필한 강해서와 설교집에 박 목사의 칼빈주의 신학이 많이 내포되어 있다.

2. 이병규 목사와 계신교단의 설립 내력

1958년 9월 마산 문창교회 예배당 소송의 중지를 요청하며 행정보류를 선언한 경기노회가 고신총회에서 추방당한 후, 김현봉, 이병규, 백영희 목사 등은 성경중심의 신앙운동을 하다가 1960년에 성경을 그대로 믿고 순종하는 생활을 목표로 칼빈주의와 보수적 복음주의 신앙노선의 공의회를 조직하였다.

이후 이병규 목사는 1967년에 계약성경고등학교를 설립하고, 1969년 4월1일에는 계약신학교를 설립하였다. 계약신학교는 2000년에 인가를 받아 계약신학대학원대학교로 성장하였다. 신학교를 통하여 많은 목회자가 양성, 배출되었고 이에 따라 1975년 11월 15일에 대한예수교장로회 총노회가 조직되었다. 총노회는 이후 7개 노회로 확대되었고, 1980년 9월 22일에 대한예수교장로회총회(계신측)가 조직되었다.

'계신'이란 '계약신학'(契約神學)을 나타내는데 이것은 성경에 나타난 하나님의 언약을 믿는다는 뜻이며, 성경을 중심으로 하는 교단이라는 뜻이다. 계신측의 신앙노선은 칼빈주의, 보수주의, 복음주의이며, 성경은 무

---

7) "고려신학대학원 제7회 동창회 명단," http://www.kts.ac.kr/www/bbs/board.knf?boid=el_name&page=4&wid=8

오한 하나님의 말씀으로서 우리 신앙과 행위의 유일한 표준임과 성경의 축자 영감과 유기적 영감, 그리고 웨스트민스터 신앙고백서와 대, 소요리 문답이 성경의 가르침에 가장 충실한 것으로 믿는 신앙 위에 서 있다.

대한예수교장로회총회 계신측은 신앙의 선진으로부터 물려받은 바른 신학 위에 기도와 말씀을 통하여 세워진 교단이다. 비록 예배당 소송으로 인하여 고신측에서 분리되었지만 일제시대에는 신사참배를 거부하고 해방 후에는 신사참배에 대한 철저한 회개를 주장하던 고신측에 역사적 뿌리를 두고 있다. 또한 이기선 목사, 김의홍 목사, 박윤선 목사, 김현봉 목사, 이병규 목사에 이르는 성경말씀의 진리와 칼빈주의 신학 사상과 경건생활에 신학적 뿌리를 두고 있다. 또 성경대로 하나님을 바르게 믿고 바르게 섬기기 위하여 교단이 탄생한 것이므로 신앙적으로는 성경에 뿌리를 두고 있다. 계신측은 현재 수도노회, 동서울노회, 남서울노회, 인천노회, 경기노회, 성남노회, 강원노회, 충청노회, 호남노회, 전남노회, 영남노회, 미주노회, 우주노회 등 13개 노회에 약 131개 교회로 구성되어 있다. 또 미국, 캐나다, 호주, 일본, 중국, 인도네시아 등에 선교사를 파송하였고, 특히 러시아, 카자흐스탄, 우즈베키스탄, 우크라이나 등 북방 선교에 힘을 쓰고 있다.[8)]

계신교단의 설립 의의는 신구약성경 66권을 철저하게 오류 없는 하나님의 말씀으로 믿고 가르치고 실천한다는 데 있다. 따라서 계신 교단은 일체의 현대자유주의적인 신학과 신앙을 배격한다. 우리가 계신교단을 칼빈주의 교회라 할 수 있는 것은 성경중심의 신앙과 교회를 추구하기 때문이다.

---

8) 「계신총회보」, 제 103호 2면, 2014년 10월 22일자 참고.

3. 이병규 목사의 신학과 신앙

1) 성경 중심의 신학

이병규 목사의 신학사상과 신앙은 성경 중심이다. 성경에서 시작해서 성경이 가는 데까지 가고, 성경이 머무는 곳에 머물며, 성경으로 마쳤다. 이목사는 성경을 많이 읽고, 연구하였으며, 교회에서나 신학교에서 성경을 많이 가르쳤다. 그 결과 신구약성경 66권 전체에 대한 강해서와 신구약 설교집을 집필하게 되었다. 신구약성경 전체 강해서를 출판한 신학자나 목사는 한국기독교 역사에 몇 명에 불과하고, 세계적으로도 많지 않다. 신구약 모든 성경은 성령의 감동으로 기록된 하나님의 무오한 말씀으로 믿고 가르치고, 성경말씀을 전할 때도 말씀 그대로 전하였다. 바울 사도와 같이 아무것도 섞지 않고 말씀 그대로 가감하지 않았으며, 사람의 귀를 즐겁게 하려고 인간의 방법으로 하지 않고 성경의 순수한 말씀 그대로만 전했다(고후 2:17; 고전 2:3-5). 이병규 목사는 신구약성경 66권을 하나님의 정확무오한 말씀으로 믿고 신앙과 신학과 목회와 삶의 유일한 법칙으로 삼았다. 이런 것이 바로 칼빈주의 신학과 신앙이다.

2) 기도 중심의 신학

이병규 목사는 목회를 시작하면서 매일 많은 시간 기도하였고, 매일 새벽 예배 후에는 연세대 뒤편 봉원산에 있는 기도실에 올라가서 11시까지 기도하였다. 또한 경기도 광주에 위치한 기도원 산속에 있는 기도실에 일주일에 2일 이상 머물면서 기도했다. 고령으로 새벽예배를 인도하지 않을 때에는 매일 새벽 4시에 봉원산 기도실에서 11시까지 기도했다. 그의 영권은 기도를 통하여 신령한 세계에서 하나님과 깊은 영적 교통으로 이

사진은 1988년 8월 65세 시절 경기도 의왕시 고천천막기도원에서 사경회 인도하는 이병규 목사의 모습

루어진 것이다. 그래서 산에서 기도하는 생활과 골방에 들어가서 기도하는 것을 강조하고, 신학생을 비롯한 모든 교역자들은 하루에 2시간 이상 기도, 성경 10장 이상 읽을 것을 특별히 강조하였다.

3) 구원을 이루어나가는 신앙

이병규 목사는 구원 이루어나가는 도리를 자주 강조했다. 누구든지 예수 그리스도를 믿으면 죄 사함받고, 구원받아 하나님의 자녀가 된다(요 1:12, 5:24). 이것을 기본 구원이라고 한다. 누구든지 기본 구원을 받은 자는 완전한 천국 백성이 되고, 천국에 들어갈 수 있다, 보통 신자들은 이 단계에만 머물러 있다. 구원 이루어나가는 도리는 기본 구원을 받은 성도가 죄에서 점점 벗어나서, 중생한 영이 점점 자라나고, 신앙인격이 예수 그리스도의 형상을 닮아나가는 것을 말한다. 그래서 예수님의 장성한 분량에까지 자라나는 것이다(엡 4:13, 15). 기본 구원은 예수 그리스도를 믿는 순간에 순간적으로 일어나지만, 구원을 이루어나가는 일은 일생토록 진행되며, 믿음을 쓰는 만큼 이루어지게 되고, 하늘나라 가서 누리는 영광과 존귀도 정도에 따라 차이가 있다(마 5:19; 고전 15:39-41). 그러나 이것도 하나님의 은혜이다. 구원은 하나님께서 친히 이루어 가신다. 하나님께서 성도에게 구원을 이루어나갈 소원도 주시고 그것을 행할 힘도 주시는데, 그 일이 하나님의 만능으로 이루어지기 때문이다.[9)]

9) 이병규, 「옥중서신」, 성경강해 (서울: 염광출판사, 1995), 127.

4) 중생한 영은 범죄하지 않고 죽지 않는다는 신앙

이병규 목사는 중생한 영은 범죄하지 않고 죽지 않는다는 것을 강조하였다. 중생한 영은 옛 사람이 아닌 새 사람이기 때문에 그렇다.[10] 중생은 허물과 죄로 죽었던 영이 다시 살아나는 것이다. 중생은 하나님의 단독적인 역사이며(엡 2:4-5; 요 1:13), 하나님으로부터 말씀과 성령으로 태어났다는 것을 말한다(요 1:13, 3:5, 8).[11]

중생한 사람은 범죄할 수 있으나, 중생한 영은 새 사람과 속사람으로서 범죄하지 않는다. 그 이유는 (1) 완전하신 하나님으로부터 태어난 신적 출생이기 때문이다. (2) 하나님의 씨가 그 사람 안에 거하기 때문이다. "하나님께로부터 난 자마다 죄를 짓지 않으니, 이는 하나님의 씨가 그 사람 안에 거하기 때문이다. 그는 죄를 지을 수 없으니, 이는 그가 하나님께로부터 났기 때문이다"(요일 3:9). (3) 하나님께로부터 나신 분이 그를 지키시기 때문이다(요일 5:18).[12] 4) 하나님은 영 전체를 새 생명으로 다시 살려 주셨기 때문이다(엡 2:1). (5) 중생한 영은 다시 죽지 않기 때문에 범죄하지 않는다(롬 6:23). "내가 진정으로 진정으로 너희에게 말한다. 나의 말을 듣고 나를 보내신 분을 믿는 자는 영생을 가지고 있고 심판에 이르지 아니하니, 그는 이미 사망에서 생명으로 옮겨졌기 때문이다"(요 5:24).

5) 청교도적인 경건신앙

이병규 목사는 청교도적인 경건신앙을 몸소 실천하고 가르쳤다. 미국에서 청교도적인 신앙을 가진 선교사들이 우리나라에 와서 선교함으로 우

---

10) 이병규, 「로마서」, 성경강해 (서울: 염광출판사, 1998), 133.
11) 이병규, 「요한복음」, 성경강해 (서울: 염광출판사, 1995), 58.
12) 이병규, 「공동서신」, 성경강해 (서울: 염광출판사, 1995), 360-61.

리나라의 초대교회는 청교도적인 경건한 신앙으로 시작했다. 이병규 목사는 우리나라 초대교회의 청교도적인 경건신앙을 지키고, 그 신앙을 계승하려고 힘을 많이 썼다. 청교도들이 성경에 기초한 거룩한 삶을 추구하듯 신앙생활의 기본적인 세 가지를 항상 강조하였다. ① 철저한 주일 성수, ② 우상의 제물을 먹지 말라, ③ 온전한 십일조 생활이다.

특히 이병규 목사는 주일성수 신앙에 철저했다. 이북 공산당 정권에서 1948년 11월 3일 주일에 국민투표를 하도록 공포했다. 교회를 박해하고자 고의적으로 주일을 택했다. 그러나 이목사는 전도사 시절 목숨을 걸고 주일을 거룩히 지키도록 가르치고 교인들이 투표에 참석하지 않도록 앞장서다가 붙잡혀 감옥에 잡혀가 고난을 받기도 했고, 명륜교회 시무시에는 주일에 화폐개혁이 있었으나 끝까지 주일을 성수했다. 주일에는 세상일을 하지 않고, 오락을 금하며, 물건을 사고파는 행위를 금했다. 주일성수는 십계명의 중심 계명이며, 현대의 선악과와 같다고 하였다.

이 목사는 구약시대의 안식일과 신약시대의 주일에는 연속성이 있는 것으로 믿었다. 하나님께서 천지만물을 육일 동안 창조하시고 일곱째 되는 날 안식하심으로 토요일을 안식일로 지켰으나, 신약시대는 주일로 변경되었다. 그 이유는 신약시대에 이르러 이레 중 첫날에 안식일을 지키게 하였고(히 4:7-10), 전에 계명이 연약하여 폐하였기 때문이다(히 7:18). 또한 주일에 성부 하나님께서 계시를 주셨고(계 1:10), 성자 예수님이 부활하셨으며(마 28:1), 보혜사 성령이 강림하신 날이 주일로서 3위1체 하나님이 합동해서 구원역사를 완성하신 날이기 때문이다(행 2:1). 그래서 신약의 사도들도 처음에는 토요안식을 지키다가 주님의 부활 이후에는 주일을 안식일로 지켰다(고전 16:2; 행 6:7).

6) 우상의 제물을 먹지 않고 추도예배를 드리지 않는 신앙

우상의 제물을 먹는 것은 성경에서 금하고 있다. ① 이방인의 제사는 귀신에게 하는 것이다(고전 10:20). ② 우상의 제물을 먹는 자는 우상의 제단에 참여하는 것이다(고전 10:18).[13] ③ 성령께서 우상의 제물을 먹지 말라고 명령하셨다(고전 15:29). 또한 성경은 추도예배를 금하고 있다. ① 하나님만 예배의 대상이며, 하나님 외에 죽은 조상이 예배의 대상이 될 수 없다(출 20:4-5).[14] ② 추도예배는 하나님께 예배하는 것이 아니라 예배형식만 빌린 죽은 자를 위한 제사의식이다. ③ 죽은 자에게 제사함은 바알브올을 숭배하는 죄이다(시 106:28-29). ④ 아브라함이나 이삭과 야곱과 같은 믿음의 조상들이 추도예배를 드린 예가 없다. 그러므로 우상의 제물을 먹지 말아야 한다, 추도예배는 성경에 근거하지 않는다.

이상에서 우리가 보았듯이 이병규 목사는 ① 그는 성경중심의 목회를 하였다. ② 그는 성경중심의 신학교육을 위해 신학교와 신학대학원대학교를 설립하고 교수하였다. ③ 신구약성경 66권 전체에 대한 강해서와 설교집을 출간하였다. ④ 경건한 말씀연구와 함께 기도생활을 많이 하였다. ⑤ 1년에 수차례 사경회를 열어 많은 성도에게 성경을 알도록 하였다. 이런 점에서 이병규 목사는 우리가 본받을만한 칼빈주의 목회자였다.

4. 이병규 목사의 저서

1) 성경강해서

그의 주요저서는 성경 66권 전체 강해서로서 28권이 있다. 즉 「창세

13) 이병규, 「고린도서」, 성경강해 (서울: 염광출판사, 1999), 130.
14) 이병규, 「출애굽기」, 성경강해 (서울: 염광출판사, 1995), 267-68

기」,「출애굽기」,「레위기· 민수기」,「신명기」,「여호수아· 사사기 · 룻기」,「사무엘」,「열왕기」,「역대기」,「에스라 · 느헤미야 · 에스더」,「욥기」,「시편」,「잠언 · 전도서 · 아가」,「이사야, 예레미야 · 예레미야애가」,「에스겔 · 다니엘」,「소선지서」,「마태복음」,「마가복음」,「누가복음」,「요한복음」,「사도행전」,「로마서」,「고린도서」,「바울서신」,「옥중서신」,「히브리서」,「공동서신」,「요한계시록」 등이다.

2) 설교집

그리고 그는 목회하면서 설교한 내용을 40권에 담아 성경 66권 전체 설교집으로 남겼다. 즉「창세기上」,「창세기下」,「출애굽기上」,「출애굽기下 · 레위기上」,「레위기下 · 민수기上」,「민수기下· 신명기上」,「신명기下」,「여호수아·사사기上」,「사사기下· 룻기· 사무엘상上」,「사무엘상下 · 사무엘하上」,「사무엘하下· 열왕기상上 · 中」,「열왕기상下· 열왕기하上」,「열왕기하下·역대상」,「역대하上· 中」,「역대하下 · 에스라 · 느헤미야」,「에스더 · 욥기上 · 中」,「욥기下 · 시편上」,「시편中」,「시편下」,「잠언 · 전도서」,「아가· 이사야上」,「이사야下 · 예레미야上」,「예레미야中 · 下」,「예레미야애가 · 에스겔上 · 中」,「에스겔下·다니엘 · 호세아 · 요엘」,「소선지서 암-말」,「마태복음上· 中」,「마태下· 마가·누가上」,「누가복음中」,「누가下· 요한上」,「요한下· 사도행전上」,「사도행전中 · 下」,「로마서」,「고전·고후上」,「고후下· 갈 · 엡上」,「엡下· 빌 · 골 · 살전」,「살후· 딤· 딛 · 몬 · 히上」,「히下· 약 · 벧전」,「벧후· 요한서신· 유 · 계上」,「요한계시록中· 下」 등이다.

창광교회 본당 모습

15 Chapter 복음의 시작

* (개역개정) 하나님의 아들 예수 그리스도의 복음의 시작이라; (바른 성경) 하나님의 아들 예수 그리스도의 복음의 시작이다;
* (KJV) The beginning of the gospel of Jesus Christ, the Son of God;
* (루터역) Dies ist der Anfang des Evangeliums von Jesus Christus, dem Sohn Gottes;
* (Stephanos) Ἀρχὴ τοῦ εὐαγγελίου Ἰησοῦ Χριστοῦ υἱοῦ θεοῦ.
* (Vulgate) initium evangelii Iesu Christi Filii Dei (막 1:1).

예수님은 하나님의 아들이며 그리스도이시다. 마태복음 16:16은 시몬 베드로가 대답하여 말하였다. "주님은 그리스도이시며 살아 계신 하나님의 아들이십니다." 라고 말한다. 요한복음 20:31은 "오직 이것들을 기록하는 것은 너희들이 예수께서 그리스도이시며, 하나님의 아들이심을 믿게 하려는 것이요, 또 너희로 믿고 그분의 이름을 힘입어 생명을 얻게 하려는 것이다" 라고 말한다. 이 고백이 중요하다. 예수님은 하나님의 아들로

---

* (2019.3.4. 계약신학원개강, 3.14. 계약신학대학원경건회, 3.27. 푸른초장교회 수요예배, 6.30. 자카르타 은혜교회 주일예배 설교)

서 사람이 되신 분이시다. 왜? 그리스도가 되기 위함이다. 유일한 그리스도이시다. 예수님 외에 그리스도는 없다.

1. 하나님의 아들

예우상의 이름이 아니다. 헬라신화의 제우스 신 같은 가공의 신이 아니다. 헬라로마 신화의 신들은 그야말로 만들어진 신이다. 중국의 신자, 일본의 천황은 진짜 신이 아니다. 우리나라의 단군신화가 만들어진 것과 같다. 그러나 본문의 하나님은 성경에서 말하는 삼위일체 하나님의 성자 하나님이시다. 본문의 하나님은 영원부터 스스로 계신 진짜 하나님의 아들로서, 사람의 아들이 되신 예수님이다.

우리는 성경이 말씀하는 하나님의 영광을 위해 살아야 한다. 왜? 하나님께서 우리에게 영광을 주셨기 때문이다. 우리가 하나님의 형상으로 창조된 것은 우리의 영광이다. 우주 만물의 피조물 중 하나님의 형상으로 창조된 존재는 인간 외에는 없다. 하나님은 삼위일체 하나님으로서 서로의 영광을 위해 존재한다. 이것은 미국의 팀 켈러 목사의 설명이다. 요한복음 17장에 보면 성부는 성자에게 영광 돌리고 성자는 성부를 영화롭게 한다. 성령은 성부와 성자를 영화롭게 한다. 이렇게 성부, 성자, 성령은 서로를 영화롭게 하면서 존재한다. 영화롭게 하는 것은 자신을 위해서 존재하는 것이 아니라 자신의 중요한 것을 내어주면서 존재하는 것이다. 이것이 성부와 성자와 성령의 존재방식이다. 서로에게 자신을 내어줌으로써 영원히 산다. 주는 것이 받는 것보다 낫다. 받기만 하는 이기적인 삶은 결국은 죽는 것이다. 자신을 한없이 내어주는 것이 오히려 사는 것이다.

하나님의 아들은 우리를 살리기 위해서 사람이 되어 자신을 내어줌으로써 우리를 죄와 사망과 사탄에게서 살려내셨다. 따라서 우리도 하나님의 영광을 위해 살아야 한다, 이것이 우리가 사는 길이다. 삼위 하나님께서 서로의 영광을 위해 존재하시고 하나님의 형상인 우리를 위해 십자가에서 피 흘려 우리를 구원하신 것처럼 우리도 하나님의 영광을 위해 살아야 한다.

2. 예수

예수님은 하나님의 아들로서 사람의 아들이 되신 분이다. 하나님이 사람이 되신 분이 예수님이다. 그런데 성경에 보면, 예수님과 같은 이름이 있다. 동명이인(同名異人)들이 있다. 여호수아는 구원자라는 뜻이다. 가나안 정복과 분배를 했다. 예수님은 죄와 사망과 마귀를 정복하셨다. 또한 천국의 유업을 상속하게 된다. 이 모든 것이 다 예수님의 십자가의 공로 때문이다.

호세아는 예수와 같은 이름이다. 선지자로서 음란한 여인 고멜을 아내로 맞이했다. 집을 나갔어도 다시 데려왔다. 예수님은 음란한 고멜 같은 우리를 사랑하셔서 구속하셔서 하나님의 백성으로 사셨다. 대제사장 여호수아는 여호사닥의 아들 대제사장(학 1:1)으로서 성전을 재건했다.

예수님은 하나님의 아들로서 사람의 아들이 되신 분이다. 그러나 흠 없는 사람이 되셨다. 그것은 우리를 흠 없는 사람이 되도록 하기 위함이다. 즉 우리를 죄에서 구원하시기 위함이다.

3. 그리스도

그리스도는 하나님께서 사람이 되신 목적을 말한다. 왜 하나님께서 사람이 되셨는가? 그리스도가 되기 위함이다. 그리스도는 기름부음 받은 자이다. 성령의 기름이다. 기름 부음 받은 선지자는 하나님의 뜻을 전하는 자이다. 제사장은 백성을 대신하여 백성이 준비한 제물로 속죄 제사를 드리는 자이다. 왕은 외부의 공격으로부터 백성을 보호하는 자이다. 이것들을 그리스도께서 성취하셨다. 예수님은 선지자로서 하나님의 뜻을 누구보다 잘 전하신다. 예수님이 하나님이시니까 그렇다. 제사장으로서 스스로 제물이 되어 완벽한 제사를 드리셨다. 왕으로서 백성을 마귀와 죄와 사망으로부터 보호하고 지키신다. 그래서 메시야이시고 그리스도이시다. 그리스도는 기름 부어주는 자이다. 예수 믿어야 성령 받는다.

4. 복음

좋은 소식이다. 예수님은 하나님의 아들이고 그리스도이시다. 이 진리를 믿은 결과는 영생이다(마 16:16; 요 20:31). 이것은 성경의 핵심이다. 복음은 성경의 핵심으로서 예수님을 하나님의 성육신이시고 구속 사역하신 분이라고 믿는 것이다. 이것은 영원한 멸망과 영생의 분기점이다. 이것은 교회 존재 이유이고 교회 생존법이며 전도와 목회의 필수사항이다.

5. 시작

태초와 같은 말이다. 창세기 1:1의 태초는 '천지의 시작'이다. 요한복음 1:1의 태초는 '영원'이다. 진정한 시작은 하나님에 의하여 이루어진다, 시작은 하나님이 하신다. 시작은 새 출발이다. 예수 그리스도와 함께 참된 새 출발이 시작된다. 마태의 족보, 마가의 시작, 누가의 처음은 새로운 시작을 말한다. 복음전파와 하나님의 나라와 천국의 시작이다.

우리 개신교에는 좋은 시작이 있다. 특히 칼빈주의 개혁교회에 좋은 시작이 있다. 영국 식민지 홍콩 개신교와 미국 개신교와 한국 개신교가 좋은 시작을 했다. 스페인의 식민지 필리핀은 가톨릭이 대부분이다. 그러나 의미가 없다. 복음이 없으니까 기독교가 아니게 되었다. 포르투갈의 식민지 모로코와 브라질과 마카오는 가톨릭과 노예매매가 판을 쳤다. 파티마에 마리아 출현한 성지라는 것은 미신적이다.

성경의 핵심은 예수 그리스도이다. 예수 그리스도는 복음이다. 성경을 아는 것은 예수님을 아는 것이고, 예수님을 아는 것은 복음을 아는 것이다. 예수님 안에 진정한 새로움이 있다. 성경 안에 진정한 새로움이 있다. 세월은 다 지나가고 있다. 복음과 함께 좋은 시작이 있기를 바란다.

에필로그

지금까지 우리는 성경해석학의 역사를 스케치했고, 또한 성경해석의 실제를 살폈다. 성경해석의 역사에서 1,500년 이상의 풍유적 해석은 종교개혁 때 문자적 해석으로 개혁되었음을 보았다. 아울러 우리는 바람직한 성경해석으로 처음부터 풍유적 해석이 아니라 문법적 역사적 신학적 해석임을 제시했다. 성경해석에 문제가 생기기 시작한 것은 유대인의 성경해석이라 할 수 있다. 유대인들은 탈무드에서 지나치게 적용 위주의 해석에 치중한 나머지 성경 원래의 메시지에서 벗어나게 되었다. 성경의 적용에 치우친 나머지 풍유적인 해석을 도입하게 되었다. 알레고리적 해석은 필로에서 두드러지게 되었다. 필로는 헬라철학 특히 플라톤의 철학 사상을 해석에 도입하여 성경의 내용을 헬라철학화하였다. 이러한 경향은 알렉산드리아의 클레멘트가 이어받고 그의 뒤를 이어 오리겐에게까지 영향을 끼쳤다고 할 수 있다.

그러나 고대의 성경에서 특이한 것은 5중 의미의 풍유화 해석의 분위기에서 그리스도교의 근본교리들이 분명히 표현되고 고백되었다는 사실이다. 니케아 신조와 콘스탄티노풀 신조, 아다나시우스 신조 그리고 칼케돈 신조의 확정으로 삼위일체 교리와 기독론 교리라는 그리스도교의 두 뿌리가 확고부동하게 표현되었다. 고대의 성경해석에 따른 그리스도교의 두 뿌리는 종교개혁시대에 그대로 계승되었고, 성경의 권위와 이신칭의 교리가 강조되었다. 종교개혁 시대의 이러한 두 가지 특징은 중세의 성경해석에 대한 반성과 개혁이었다. 중세시대에는 토마스 아퀴나스가 그의 「신학대전」에서 아리스토텔레스의 철학을 성경해석에 도입하여 철학이 신학의 시녀가 아니라 오히려 신학을 철학의 시녀가 되도록 하였기 때문이다. 이러한 경향은 현대신학에서 현저하게 나타났다. 불트만과 틸리히와 바르트 그리고 본회퍼의 신학은 현대철학으로 성경을 해석하여 성경의 메시지가 철학 사상에 가리어짐으로써 성경해석의 타락을 이루었다.

그러나 성경해석학의 목표는 성경에 계시되고 기록된 하나님의 메시지를 그대로 사람들에게 전달하는 것이다. 성경의 메시지는 기본적으로 사람들이 하나님의 아들의 성육신인 예수 그리스도를 믿어 죄 사함 받고 구원받고 영생 얻고 하나님의 자녀가 되고 하나님의 백성이 되는 복음이다. 이러한 내용을 가장 잘 나타낸 것은 웨스트민스터 신앙고백과 대소요리문답이라 할 수 있을 것이다. 17세기의 신앙고백주의가 정통주의라는 용어로 가볍게 취급되거나 그 중요한 성경의 가르침들이 가리어질 수는 없을 것이다. 우리가 지금까지 성경해석학 연구를 통해서 할 수 있는 결론은 다음과 같다. 즉 완전히 무흠하다고는 할 수 없을지라도 지금까지 역사상 이러한 웨스트민스터 3대 표준문서만큼 성경의 내용을 잘 요약하고 해석한 문서는 없는 것으로 사료된다. 서방교회의 로마 가톨릭과 동방교회의 그리스와 러시아 정교회는 성상과 성화숭배를 교리로 정하여 십계명의 제2계명을 정면으로 어기고 있는 것으로 보인다. 이러한 잘못된 교회들의 결정을 개혁한 것도 종교개혁의 공헌이라 할 수 있다.

종교개혁의 신학사상과 청교도의 경건을 반영한 웨스트민스터 신앙고백서를 알기 쉽게 풀이한 웨스트민스터 대소요리문답이 한국교회에 끼친 영향을 무시할 수 없다. 웨스트민스터 총회는 하루아침에 이루어지지 않았다. 1643년 7월 1일에 웨스트민스터에 모여 1652년 3월 25일에 해산하였다.[15] 적어도 9년간에 걸쳐 개최된 총회에서 신앙고백과 대소요리문답이 조성되었다. 그래서 웨스트민스터 총회의 표준문서의 중요성이 있다고 할 수 있다. 당시 잉글랜드와 아일랜드와 스코틀랜드에서 파송된 신학자들이 모여 논의한 총회였다. 한국에서 출간된 대부분의 성경 찬송가의 앞뒤 표지 바로 전 페이지에 사도신경과 십계명과 주기도문이 수록된 것은 웨스트민스터 대소요리문답의 영향이라고 할 수 있다. 웨스트민스터 대소요리문답에 따르면 사람의 제일 되는 목적이 하나님을 영화롭게 하고 영원토록 즐거워하는 것이다. 또한 하나님을 영화롭게 하는 규칙이 성경에 기록되어 있는데, 성경의 내용은 하나님을 믿는 것과 하나님 앞에서의 의무로 나눌 수 있다. 이런 내용은 기독교 어느 문서에도 없고 오직 웨스트민스터 대소요리문답에만 나타난 표현으로 보인다. 하나님 앞에서의 믿음과 행위가 성경 내용의 2대 내용이라 할 수 있다. 성경에서 말하는 믿음은 사도신경에 요약되어 있고, 행위는 십계명과 주기도문에 요약되어 있다. 그래서 성경 찬송가의 앞뒤 전면에 사도신경과 십계명과 주기도문이 수록되어 있다고 할 수 있다.

이러한 우리 한국교회의 현상이 웨스트민스터 대소요리문답의 영향인 것을 아는 사람은 많지 않은 것 같다. 또한 기독교 2,000년 역사에 웨스트민스터 신앙고백서만이 성경의 무오를 표현하고 있다(1장 5절). 무오의 영어 표현이 'infallible'으로 되어있으나 이 단어는 현대의 'inerrancy'에

---

15) 로버트 래담, 「웨스트민스터 총회의 역사」, 권태경, 채천석 공역 (서울: 개혁주의 신학사, 2014), 69.

해당한다고 볼 수 있다. 왜냐하면 이 신앙고백서 작성 당시에는 정확무오함을 'infallibility'로 표현했고, 'Inerrancy'는 최근에 학문적으로 사용된 단어이기 때문이다. 웨스트민스터 신앙고백서가 기독교 역사상 처음으로 인생의 목적이 하나님을 영화롭게 하는 것이고, 성경의 내용은 크게 믿을 것과 행할 것으로 나눌 수 있는 것과 성경의 무오성을 언급한 것은 성경의 내용을 다시 정리한 것일 뿐 성경 외의 내용이 아니다. 성경의 내용과 진리를 이 신앙고백서가 독창적으로 표현한 것이라는 점에서 특별성과 탁월성이 있다고 할 수 있다.

이러한 웨스트민스터 신앙고백서는 기독교 전체 역사의 신앙고백을 반영한 것이기도 하다. 교부들과 종교개혁의 중요한 신앙고백이 웨스트민스터 신앙고백서 안에 담겨 있기 때문이다. 따라서 간혹 성경해석에 어려움을 느낀다면 웨스트민스터 신앙고백서와 대소요리문답을 참고한다면 도움을 받을 수 있을 것이다.

이처럼 성경의 메시지는 웨스트민스터 신앙고백서와 대소요리문답에 분명하게 표현되었다. 우리의 과제는 이러한 내용을 어떻게 전달할 것인가에 있다고 할 것이다. 성경의 언어는 히브리어(아람어 포함)와 헬라어이다. 성경 문체에서 특징적인 것은 구약에서 시(노래)가 가장 많이 차지하고 있고, 신약에서는 편지체가 현저하게 많이 차지하고 있다는 점이다. 성경에서 구약 히브리어는 시와 노래로 많이 사용되었고, 신약 헬라어는 편지에 많이 사용되었다. 이로 보건대 구약에서의 메시지 전달은 노래의 형식에 담았고, 신약에서 메시지는 주로 편지에 담았다. 그러니까 '노래'와 '편지'가 성경의 메시지 전달의 중요한 수단이었음을 알 수 있다. 성경에서 하나님의 메시지를 전달하는 중요한 수단이 노래와 편지였다. 따라서 여기서 우리는 오늘날 어떻게 복음 메시지를 전할 것인가에 대한 통찰력을 얻을 수 있다. 현대의 문명을 사용하면서 노래와 편지를 통하여 예수 그리스도의 복음의 기쁜 소식을 전할 수 있을 것이다.

구약의 '노래'와 신약의 '편지'의 공통적인 특징은 주로 짧다는 데 있다. 간단한 문장과 단어에 많은 의미를 함축하는 것이다. 짧은 문장에 중요한 메시지를 담아내야 하는 것이 '노래'와 '편지'의 특징이라고 할 수 있다. "여호와는 나의 목자시니 내게 부족함이 없으리로다"(시 23:1)는 구절은 얼마나 위로가 되는 말씀인가! "주 예수를 믿으라. 그리하면 너와 네 집이 구원을 받을 것이다!" 유명한 이 구절은 누가가 사도행전에 담아낸 복음의 메시지이다(행 16:31). "누구든지 주의 이름을 부르는 자는 구원을 받을 것이다"(롬 10:13)라는 복음 전달의 메시지는 바울이 로마서에 담아냈다. 사람의 죄의 욕망을 해결할 수 있는 성경구절은 "그가 빛 가운데 계신 것 같이 우리도 빛 가운데 행하면 우리가 서로 사귐이 있고 그 아들 예수의 피가 우리를 모든 죄에서 깨끗하게 하실 것이요"(요일 1:7)라는 사도 요한의 서신에 담겨 있다. 이처럼 간단하게 묘사된 복음의 메시지가 노래와 편지 형식의 문체에서 보석처럼 빛나고 있다. 이와 같이 성경의 메시지의 간결함은 참으로 탁월하다. 간단한 문장에 복음의 메시지를 강하게 전달한다면 성경해석학의 목표가 매우 효과적으로 이루어질 것이다.

참고문헌

1. 국내서적

(1) 논문

권연경. “다시 생각하는 거울 읽기: 갈라디아서의 경우.” 「신약연구」 제14권 제2호. 2015.6.

김규섭. “바울 우주론의 재구성: 바울의 우주론적 이원론과 ‘세상의 초등학문’.” 「신약연구」 제15권 제3호. 2016.9.

김석환. “캅바도기아 교부들과 칼빈의 삼위일체론.” 「칼빈논단」 2000.

맥킴, 도날드 K. “칼빈의 성경관.” 도날드 K. 맥킴 외 공편. 「칼빈에 관한 신학 논문」. 서울: 기독교문화협회, 1993.

박윤선. “한국교회 주경사.” 「신학지남」 35/1. 1968.3.

박종훈. “성 바실의 목회신학과 사회적 실천에 관한 연구.” 박사학위논문. 한신대학교 대학원, 2017.

신근수. “톰 라이트 신학과 개혁주의 신학에서의 기독론의 위상과 역할 비교 연구: 언약과 구속 그리고 율법을 중심으로.” 박사학위논문. 백석대학교, 2016.

안명준. “존 칼빈의 신학적 해석학: Scriptura sui ipsius interpres 원리를 사용한 Brevitas et Facilitas 방법론.” 「장로교회와 신학」 1권. 2004.

이동수. “사랑은 은사인가?: 고린도전서 12~14장을 중심으로.” 「성령과 말씀」 제11권, 2015.

정규철. “이병규 목사의 생애와 신학.” 「한국교회를 빛낸 칼빈주의자들」. 서울: 킹덤북스, 2020.

조호영. “갈라디아서 6:2에 나타난 ‘그리스도의 법’에 대한 연구.” 「신약연구」 제14권 제4호. 2015. 12.

최의원. “창조론의 재검토.” 「신학지남」 제161호. 1973, 6.

호페커, 앤드류. “벤자민 워필드.” 데이빗 F. 웰스 편. 「프린스톤 신학」. 박용규 역. 서울: 도서출판 엠마오, 1996.

(2) 저서

「NIV 구약 원어대조성경」. 서울: 도서출판 로고스, 1993.

「계신총회보」. 제103호 2면. 2014.10.22.

「크리스천투데이」. 2016.10.12.

「헌법」. 개정판. 서울: 대한예수교장로회총회 출판부, 2015.

가이슬러, 노르만 L. 외. 「성경무오(無誤): 도전과 응전」. 권성수 역. 서울: 도서출판 엠마오, 1991.

개핀, 리차드. 「성령은사론」. 권성수 역. 서울 기독교문서선교회, 1983.

거쓰리, 도날드. 「신약개론」. 나용화, 박영호 공역. 서울: 기독교문서선교회, 1988.

고경태 외. 「현대 칭의론 논쟁: 김세윤의 유보적 칭의론 고찰」. 개정판. 서울: CLC, 2017.

고펠트, 레온하르트. 「신약신학 II」. 박문재 역. 서울: 크리스챤다이제스트, 1992.

골즈워디, 그레엄. 「하나님의 아들과 새 창조」. 강대훈 역. 서울: 부흥과개혁사, 2016.

권성수. 「성경해석학 1」. 서울: 총신대학교 출판부, 2005.

권종선 편. 「해설복음서대조서」. 서울: 도서출판 누가, 2013.

그로샤이데, F. W. 「고린도전서」. 서문강 역. 성경주석 뉴 인터내셔널. 서울: 생명의말씀사, 1984.

김세윤. 「바울 신학과 새 관점: 『바울 복음의 기원』에 대한 재고」. 서울: 도서출판 두란노, 2002.

김희보. 「구약 호세아 주해」. 서울: 총신대학 출판부, 1983.

노희원. 「사무엘하」. 성서주석. 서울: 대한기독교서회, 2006.

덤브렐, 윌리엄 J. 「새 언약과 새 창조」. 장세훈 역. 서울: CLC, 2007.

델리취, 카일. 「창세기」. 고영민 역. 구약주석 1. 서울: 기독교문화출판사, 1983.

라이큰, 필립 그레이엄. 「갈라디아서」. 신민우 역. 서울: 부흥과 개혁사, 2017.

라이트, 톰. 「칭의를 말하다: 하나님의 계획과 바울의 비전」. 최현만 역. 서울: 에클레시아북스, 2016.

래담, 로버트. 「웨스트민스터 총회의 역사」. 권태경, 채천석 공역. 서울: 개혁주의신학사, 2014.

레빈, 크리스토프. 「구약성서 해석학: 구약성서 안에 있는 보충 기록들」. 원진희 역. 서울: 도서출판 동연, 2009.

레인, 윌리암. 「마가복음(상)」. 이상훈 역. 뉴 인터내셔널 성경주석. 서울: 생명의 말씀사, 1983.

렌스키, H. 「갈라디아서 에베소서」. 장병일 역. 성경주석. 서울: 백합출판사, 1975.

롱에네커, 리처드 N. 「갈라디아서」. 이덕신 역. WBC. 서울: 도서출판 솔로몬, 2003.

마틴, J. 루이스. 「갈라디아서」. 김병모 역. 앵커바이블. 서울: CLC, 2018.

머레이, 죤. 「칼빈의 성경관과 주권사상」. 나용화 역. 서울: 예수교문서선교회, 재판, 1979.

멀러, 리처드. 「신학서론」. 조호영 역. 서울: 부흥과개혁사, 2018.

메이천, J. 그레샴. 「신약개론(상): 문헌과 역사에 대한 고찰」. W. 존 쿡 편. 김효성 역. 서울: 성광문화사, 1992.

바넷, 폴. 「고린도후서」. 전용우 역. NICNT. 서울: 부흥과 개혁사, 2020.

바레트, C. K. 「고린토전서」. 서울: 한국신학연구소, 1992.

바클레이, 윌리엄. 「갈라디아서 에베소서 빌립보서 골로새서 데살로니가전서」. 성경주석. 서울: 기독교문사, 2009

박아론. 「현대신학은 어디로?」. 서울: 청암출판사, 1971.

박영희. 「신약석의의 방법과 실제」. 서울: 총신대학 출판부, 1988.

박윤선. 「바울서신(상)」. 신약주석. 서울: 영음사, 1985.

박종칠. 「시편의 구속사적 이해」. 서울: 도서출판 영문, 1997.

박형용. 「성경해석의 원리」. 수원: 합동신학대학원출판부, 2002.

배제민. 「새로운 형태의 구약연구」. 서울: 총신대학출판부, 1982.

버틀러, 트렌트. 「여호수아」. 정일호 역. WBC. 서울: 도서출판 솔로몬, 2004.

베스터만, 클라우스. 「창세기 주석」. 강성열 역. 서울: 도서출판 한들, 1998.

베이컨, 프란시스. 「신기관 : 자연의 해석과 인간의 자연 지배에 관한 잠언」. 진석용 역. 서울: 한길사, 2001.

부르너, 프레드릭 데일. 「성령신학」. 김명용 역. 서울: 도서출판 나눔사, 1989.

브라운, 레이몬드 E. 「신약개론」. 김근수 외 역. 서울: 기독교문서선교회, 2009.

브루스, F. F.「신약사」. 나용화 역. 서울: 기독교문서선교회, 1984.

블롬버그, 크레이그.「고린도전서」. 채천석 역. NIV 적용주석. 서울: 도서출판 솔로몬, 2014.

비슬리-머리, G. R.「요한복음」. 이덕신 역. 서울: 도서출판 솔로몬, 2001.

비일, 그레고리 K.「요한계시록 상권」. 오광만 역. NIGTC. 서울: 새물결플러스, 2016.

빌, 그레고리.「신약성경신학: 성경신학적 종말론적 주제별 연구방식」. 김귀탁 역. 서울: 부흥과개혁사, 2014.

샌더스, E. P.「예수와 유대교」. 황종구 역. 고양: 크리스챤 다이제스트, 2008.

서철원.「갈라디아서 주석」. 서울: 대한예수교장로회총회, 2005.

서철원.「교리사」. 서울: 총신대 출판부, 2003.

서철원.「기독론」. 서울: 총신대학교 출판부, 2000.

서철원.「복음과 율법의 관계」. 서울: 도서출판 엠마오, 1988.

서철원.「성령신학」. 서울: 총신대학교 출판부, 2000.

서철원.「신앙과 학문」. 서울: 기독교문서선교회, 1988.

서철원.「신학서론」. 서철원박사 교의신학 1. 서울: 쿰란출판사, 2018.

서철원.「창세기(2)」. 서울: 도서출판 그리심, 2001.

서철원.「하나님론」, 서철원박사 교의신학 II. 서울: 쿰란출판사, 2018.

서철원.「하나님의 구속경륜」. 광주: 성문당, 1989.

소긴, A.「여호수아」. 서울: 한국신학연구소, 1993.

손석태.「창세기 강의」. 서울: ESP, 2001.

슈라이너, 토마스 R.「강해로 푸는 갈라디아서」. 김석근 역. 존더반 신약주석. 서울: 도서출판 디모데, 2017.

스미스, 제임스 K. A.「해석의 타락」. 임형권 역. 서울: 도서출판 대장간, 2015.

스피노자.「에디카 [윤리학]」. 이재기, 김영철 공역. 세계의 대사상 4. 서울: 휘문출판사, 1979.

신성종.「신약총론」. 서울: 기독교문서선교회, 1983.

신충훈.「유대인의 세계가 보인다」. 서울: 도서출판 솔로몬, 2016.

아리스토텔레스.「데 아니마 [영혼에 대하여]」. 김완수 역. 세계의 대사상 2. 서울:

휘문출판사, 1979.

아우구스티누스. 「삼위일체론」. 김종흡 역. 서울: 크리스챤 다이제스트, 1997.

안진호. 「예수와 신약」. 서울: 총신대학출판부, 2006.

앤더슨, A. A. 「사무엘하」. 권대영 역. WBC. 서울: 도서출판 솔로몬, 2001.

엄두섭. 「좁은 길로 간 사람들」. 서울: 도서출판 소망사, 1989.

에드워즈, 제임스. 「마가복음」. 전용우 역. PNTC. 서울: 부흥과 개혁사, 2018.

예레미아스, 요아킴. 「신약신학」. 정충하 역. 서울: 새순출판사, 1992.

오즈번, 그랜트. 「요한계시록」. 김귀탁 역. BECNT. 서울: 부흥과 개혁사, 2016.

웬함, 고든. 「창세기(하)」. 윤상문, 황수철 공역. WBC. 서울: 도서출판 솔로몬, 2006.

이병규. 「고린도서」. 성경강해. 서울: 염광출판사, 1999

이상근. 「갈 · 히브리」. 신약주해. 대구: 성등사, 1990.

이양호. 「칼빈: 생애와 사상」. 천안: 한국신학연구소, 1997.

이태훈. 「시편 어떻게 읽을 것인가」. 서울: 성서유니온선교회, 2006.

이필찬. 「요한복음 1: 이 성전을 허물라」. 고양: 엔크리스토, 2008.

이한수. 「바울신학연구」. 서울: 총신대학교 출판부, 1993.

이희영. 「바빌론 탈무드」. 서울: 동서문화사, 2009.

이희영. 「솔로몬 탈무드」. 서울: 동서문화사, 2006.

임창일. 「이사야의 창조신학」. 서울: 개혁주의신행협회, 2001.

정규철 외. 「성경과 개혁신학」, 서철원박사은퇴기념논총. 서울: 쿰란출판사, 2007.

정규철. 「성경무오: 역사적 증명」. 서울: 도서출판 그리심, 2003.

정규철. 「요한복음의 새 창조」. 서울: 도서출판 그리심, 2018.

조병수. 「신약신학 열두 주제」. 수원: 합동신학대학원 출판부, 2001.

조철수. 「예수 평전」. 서울: 김영사, 2010.

최갑종. 「바울연구 I: 생애와 사상」. 서울: 기독교문서선교회, 1992.

최종태. 「시편주석 I」. 서울: 도서출판 횃불, 2006

카넬, 에드워드. 「정통주의신학」. 김관석 역. 서울: 기독교서회, 1967.

카츠, 마이클. 스워츠, 거숀 공저. 「원전에 가장 가까운 탈무드」. 주원규 역. 서울: 바다출판사, 2018.

칸트, 임마누엘. 「순수이성비판」. 전원배 역. 세계사상전집 15. 서울: 삼성출판사, 1983.

칸트, 임마뉴엘. 「이성의 한계 안에서의 종교」. 신옥희 역. 서울: 이화여자대학교 출판부, 2001.

쾨스터, 크레이크 R. 「요한계시록 I」. 최흥진 역. 앵커바이블. 서울: CLC, 2019.

쿨만, 오스카. 「신약의 기독론」. 김근수 역. 서울: 도서출판 나단, 1991.

크루즈, 콜린 G. 「요한복음」. 배용덕 역. 틴데일 신약주석 시리즈 4. 서울: 기독교문서선교회, 2013.

키너, 크레이그 S. 「요한복음 II」. 이옥용 역. 서울: CLC, 2018.

키에르케고오르. 「철학적 단편」. 손재준 역. 세계사상전집 19. 서울: 삼성출판사, 1984.

킷텔, 게르하르트. 프리드리히, 게르하르트 편. 「신약성서신학사전」. 브리밀리, 제프리 W. 편역. 서울: 요단출판사, 1986.

토마스, 로버트. 「성령의 은사들」. 김지찬 역. 서울: 생명의 말씀사, 1983.

토케이어, 마빈. 「유대인 성경 탈무드」. 이찬일 역. 부산: 도서출판 선영사, 2001.

틸만, 프랭크. 「빌립보서」. 채천석 역. NIV 적용주석. 서울: 도서출판 솔로몬, 2014.

패커, J. I. 「성령을 아는 지식」. 서문강 역. 서울: 새순출판사, 1992.

포웰, 마크 알란. 「현대인을 위한 신약개론: 역사적 문학적 신학적 읽기」. 이승호 역. 서울: CLC, 2014.

폰 라트, 게르하르트. 「창세기」. 국제성서주석. 서울: 한국신학연구소, 1993.

프라이어, 데이비드. 「고린도전서 강해」. 서울: IVP, 2006.

프랜스, R. T. 「마태복음」. 권대영, 황의무 공역. NICNT. 서울: 부흥과 개혁사, 2019.

피, 고든. 「바울, 성령, 그리고 하나님의 백성」. 길성남 역. 서울: 좋은 씨앗, 2004.

피츠마이어, 조셉 A. 「사도행전 주해」. 박미경 역. 칠곡: 분도출판사, 2015.

헤그너, 도날드. 「마태복음 1-13」. 채천석 역. WBC. 서울: 도서출판 솔로몬, 1999.

헤이스, 리처드 B. 「고린도전서」. 유승원 역. 서울: 한국장로교출판사, 2011.

헨드릭슨, 윌렴. 「요한복음(상)」. 문창수 역. 서울: 아가페 출판사, 1985.

호돈, 제랄드. 「빌립보서」. 채천석 역. WBC. 서울: 도서출판 솔로몬, 1999.

홉즈, 토마스. 「리바이어던」. 한승조 역. 세계사상전집 9. 서울: 삼성출판사, 1983.

홍인규. 「바울의 율법과 복음」. 서울: 생명의 말씀사, 1996.

흄, 데이빗. 「인간 오성의 탐구」. 김혜숙 역. 서울: 고려원, 1996.

2. 외국서적

(1) 논문

Geisler, Norman L. "Philosophical Presuppositions of Biblical Errancy." in Norman L. Geisler, ed. *Inerrancy*. Grand Rapids, Michigan: Zondervan Publishing House, 1995.

Kantzer, K. S. "Calvin and the Holy Scripture." *Inspiration and Interpretation*. Ed. John F. Walvoord. Grand Rapids: Wm. B. Eerdmans Pub. Co., 1957.

Kwon, Youngju. "Cacophony or Symphony?: Paul's Grand Vision of the Church in 1 Cor 12," 「한국기독교신학논총」 101. 한국기독교학회, 2016.7.

Hengel, Martin. "The Prologue of the Gospel of John as the Gateway to Christological Truth." *The Gospel of John and Christian Theology*. eds Richard Bauckham, Carl Mosser. Grand Rapids, Michigan: Wm. B. Eerdmans Pub. Co., 2008.

Packer, J. I. "John Calvin and the Inerrancy of Holy Scripture," in *Inerrancy and the Church*, ed. John D. Hannah. Chicago: Moody Press, 1989.

(2) 저서

Boismard, M. E. *St. John's Prologue*. trans. Carisbrooke Dominicans. Westminster, Maryland: Newman Press, 1957.

Brown, Francis, Driver, S. R. & Briggs, Charles A. A. *Hebrew and English Lexicon of the Old Testament with an Appendix containing the Biblical Aramic*. Oxford: At The Clarendon Press, 1997.

Bruce, F. F. *The Book of the Acts*. NICNT. Grand Rapids, Michigan: Wm. B. Eerdmans Pub. Co., 1988.

Bruce, F. F. *The Epistle to the Hebrews*. NICNT. Grand Rapids, Michigan: Wm. B. Eerdmans Pub. Co., 1990.

Buchanan, George Wesley. *To the Hebrews*. The Anchor Bible. New York: Doubleday & Company, Inc, 1972.

Burton, Ernest De Witt. *The Epistle to the Galatians*, ICC. Edinburgh: T. &

T. Clark, 1948.

Calvin, John. *Commentaries: The Epistles of Paul The Apostle to the ROMANS and to the THESSALONIANS*. trans. R. Moackenzie. Grand Rapids, Michigan: Wm. B. Eerdmans Pub. Co., 1973.

Calvin, John. *Commentaries on the Book of Psalms* Vol. 5, trans. James Anderson. Grand Rapids, Michigan: Wm. B. Eerdmans Pub. Co., 1949.

Calvin, John. *Commentaries on the Twelve Minor Prophets* Vol. 1, trans. John Owen. Grand Rapids, Michigan: Wm. B. Eerdmans Pub. Co., 1949.

Calvin, John. *Commentaries: A Harmony of the Gospels MATTHEW, MARK AND LUKE* Vol. 1. trans. A. W. Morrisson. Grand Rapids, Michigan: Wm. B. Eerdmans Pub. Co., 1972.

Calvin, John. *Commentaries: THE ACTS OF THE APOSTLES 1-13*, trans. J. W. Fraser & W. J. G. McDonald. Grand Rapids, Michigan: Wm. B. Eerdmans Pub. Co., 1973.

Calvin, John. *Commentaries: The Epistle of Paul The Apostle to the Hebrews and The First and Second Epistles of ST PETER*. trans. W. B. Johnston. Grand Rapids, Michigan: Wm. B. Eerdmans Pub. Co., 1974.

Calvin, John. *Commentaries: The Gospel according to ST JOHN 1-10*. trans. T. H. L. Parker. Grand Rapids, Michigan: Wm. B. Eerdmans Pub. Co., 1974.

Calvin, John. *Commentaries: The Second Epistle of Paul The Apostle to the Corithians and the Epistles to Timothy, Titus and Philemon*. trans. T. A. Smail. Grand Rapids, Michigan: Wm. B. Eerdmans Pub. Co., 1973.

Calvin, John. *Commentary on the Book of the Prophet Isaiah*, Vol. II. trans. William Pringle. Grand Rapids, Michigan: Wm. B. Eerdmans Pub. Co., 1947.

Calvin, John. *Commentary on the Gospel According to John*, Vol. II. trans. William Pringle. Grand Rapids, Michigan: Wm. B. Eerdmans Pub. Co., 1949.

Calvin, John. *Institutes of the Christian Religion I*. vi. 2., ed. John T. McNeill, The Library of Christian Classics VXX. Philadelphia: The Westminster Press, 1967.

Dodd, C. H. *The Interpretation of the Fourth Gospel*. Cambridge: Cambridge

University Press, 1980.

Dowey, Edward Jr. *The Knowledge of God in Calvin's Theology*. New York: Columbia University Press, 1964.

Dunn, James D. G. *The Partings of the Ways: Between Christianity and Judaism and their Significance for the Character of Christianity*. London: SCM press, Philadelphia: Trinity Press International, 1991.

Fee, Gordon D. *The First Epistle to the Corinthians*. Grand Rapids, Michigan: Wm. B. Eerdmans Pub. Co., 1987.

Gaffin, Jr, Richard B. *Perspectives on Pentecost: New Testament Teaching on the Gifts of the Holy Spirit*. Phillipsburg: Presbyterian and Reformed. 1979.

Green, Joel B. *The Gospel of Luke*. NICNT. Grand Rapids, Michigan: Wm. B. Eerdmans Pub. Co., 1997.

Gundry, Robert H. *Mark: A Commentary on His Apology for the Cross*. Grand Rapids, Michigan: Wm. B. Eerdmans Pub. Co., 1993.

Harvey, H. *Commentary on the Pastoral Epistles, First and Second Timothy, and Titus and the Epistle to Philemon*. Philadelphia: The American Baptist Publication Society, 1890.

Hodge, A. A. & Warfield, B. B. *Inspiration*. Grand Rapids, Michigan: Baker Book House, 1979. 박용규 역, 「신학지남」 제253호.

Keener, Craig S. *The Gospel of John: A Commentary* Vol. 1. Massachusetts: Hendrickson Publishers, 2003.

Lange, J. P. 「창세기(하)」. 김진홍 역. 서울: 백합출판사, 1979.

Mann, C. S. *Mark*, The Anchor Bible. New York: Doubleday & Company, Inc, 1986.

Meyers, Carol L. & Meyers, Eric M. *Haggai, Zechariah 1-88,* The Anchor Bible. New York: Doubleday & Company, Inc, 1987.

Michaels, J. Ramsey. *The Gospel of John*. NICNT. Grand Rapids, Michigan: Wm. B. Eerdmans Pub. Co., 2010.

Morris, Leon. *1 Corithians* (Grand Rapids, Michigan: Wm. B. Eerdmans Pub. Co., 1985.

Packer, J. I. *Fundamentalism and the Word of God*. London: InterVarsity

Fellowship, 1958.

Phillips, Peter M. *The Prologue of the Fourth Gospel: A Sequential Reading l*. London: T&T Clark, 2006.

Sanders, E. P. *Paul and Palestinian Judaism: A Comparison of Patterns of Religion*. Philadelphia: Fortress, 1977.

Selwyn, Edward Gordon. *The First Epistle of St. Peter*. Grand Rapids, Michigan: Baker Book House, 1987.

Staley, J. I. *The Print's Kiss: A Rhetorical Investigation of the Implied Reader in the Fourth Gospel*. Atlanta: Scholars Press, 1988.

Thiselton, Anthony C. *First Corinthians: A Shorter Exegetical and Pastoral Commentary*. Grand Rapids, Michigan: Wm B. Eerdmans Pub. Co., 2006.

Verhoef, Pieter A. *The Book of Haggai and Malachi*. NICOT. Grand Rapids, Michigan: Wm. B. Eerdmans Pub. Co., 1987.

Warfield, B. B. *Calvin and Augusrine*. Ed. Samuel G. Craig. Philadelphia: The Presbyterian and Reformed Pub. Co., 1971.

Warfield, B. B. *The Inspiration and Authority of the Bible*. Philadelphia: The Presbyterian and Reformed Publishing Company, 1948.

1. 성경 색인

2. 인명 색인

3. 주제 색 인

후기: 아버님을 추모하며

어느 날 아침 국민일보를 보니까 코엘료가 칼럼을 썼는데, 옛날이나 지금이나 사람들이 글을 쓸 수 있는 스토리는 결국 네 가지 유형이라는 보르헤스의 말을 인용했다. 그것은 둘 사이의 사랑 이야기, 셋 사이의 사랑 이야기, 권력 쟁취 이야기, 그리고 여행기라는 것이다. 그러나 가족 이야기가 하나 더 추가될 수 있을 것이다. 그래서 여기에 나의 아버님 이야기를 담고 싶다. 이하의 짧은 칼럼은 「장로신문」(2008.11.12) 칼럼에 "장로님이셨던 아버지를 추모하며" 라는 제목하에 내 이름으로 실린 글이다. 나는 성경해석학으로 십수 년간 강의했지만 나의 아버님은 성경에 관한 이론보다는 하나님의 말씀인 성경말씀을 몸소 실천하신 몇 가지가 성경해석학의 후기로서 전혀 가치가 없는 것이라고 할 수는 없을 것 같다.

나의 아버지는 나의 할아버지의 3남 1녀 중 셋째 아들로 1929년 영광에서 태어나셨다. 지난달 말 (2008년 9월 29일)에 우리나라 나이 80세를 일기로 하나님의 부르심을 받으셨다. 우리 정(丁)씨 집안은 대대로 전통적인 유교 집안이었는데, 나의 어머님이 기독교인으로서 시집을 오심으로써 기독교 복음의 문이 열렸다. 먼저 우리 자녀들이 예수님을 믿었고, 내가 초등학교 때 아버님이 예수님을 믿은 다음부터는 은혜를 받고 전도에 열심을 내어 다른 마을에까지 다니면서 그리스도의 복음을 전하셨다.

아버님은 김제로 이사하고 신발가게를 하셨는데, 내가 고등학교 1학년 때쯤 세례를 받으시고, 주일성수를 하셨다. 주일에 가게 문을 열지 않으셨다. 그리고 담배를 끊으셨다. 또한 십일조 헌금을 하셨다. 그 후 김제중앙교회 전도부 총무와 차장 그리고 부장을 하면서 총동원전도 때는 시내에 북을 치고 다니면서 전도를 하셨다. 아버님은 거의 매일 새벽기도에 나가셨다. 그리고 가정예배를 드리셨다. 가끔 아버님과 어머님이 부르시는 찬송소리는 나도 그 찬송을 부르고 싶도록 내 마음에 감동을 주었다.

아버님은 나를 포함해서 3남 2녀를 모두 신앙 생활하도록 하셨고, 4년제 대학 혹은 그 이상을 가르치셨다. 이것은 결코 작은 일이 아닌 것으로 사람들이 말한다. 아버님은 아버님의 생각으로 우리를 강요하신 적이 없다. 중요한 결정은 우리 자녀 스스로 하도록 하셨다. 내가 기억하기로 아버님은 만 60세가 넘으셔서 당시 가장 많은 득표로 장로가 되셨다. 그래서 우리 집은 집사, 권사, 장로, 목사가 다 있는 집안이 되었다.

나는 목사이면서도 가정예배를 제대로 못 드릴 때가 많았다. 매일 가정예배를 드리시는 아버님의 모습을 마음에 그리는 가운데, 지난달 교인들과 성지순례하면서 우리 부부가 매일 새벽에 가정 예배할 때 받은 은혜는 정말 꿀 송이 같았다. 성지순례를 다녀와서 그리고 해피데이 부흥회를 하기 전 월요일에 보름 동안 머무신 노인전문병원에서 고요히 하나님의 부르심을 받았다. 아마도 소천을 앞두고 많은 기도를 하지 않으셨나 생각된다. 그런 생각을 하니 눈시울이 뜨겁다.

내가 때로 실수도 하고 실패도 했을 때
아버님은 따뜻한 말씀으로 나를 격려하시고 축복하셨다.
아버님은 언젠가 나에게, "목사에게 설교는 생명이고, 기술이다"
말씀하셨는데, 지금도 잊히지 않는다.
나는 이런 아버님을 주신 하나님 아버지께 감사하며,
이렇게 몇 마디라도 아버님을 추모한다.

성경무오: 역사적 증명

신국판/반양장/336면

정규철 지음

구약 때부터 18세기까지 교회의 보편 신앙은 성경이 하나님의 말씀으로서 무오하다는 진리였다. 그러나 18세기부터 본격적인 성경 비평이 시작되었다. 성경이 하나님의 말씀이라는 것을 부인하기 위하여 성경이 영감으로 기록된 것이 아니고 이방 종교의 영향을 받은 문서들의 편집이라는 가설이 제시되었다. 그러나 이러한 성경 비평은 처음 단계에서부터 성경 무오 교리에 대한 공격에 집중하였다. 성경 무오 교리가 교회의 시작, 더욱이 구약 교회에서부터 시작된 기본 사상이 아니고, 성경 비평이 과격하여짐에 따른 교회의 반동으로 나타난 것으로 치부하게 되었다. 그리하여 성경 무오 교리는 구자유주의가 절정에 이른 19세기 말에서 20세기 초엽에 형성된 것이라고 주장한다. 그러나 이 주장은 역사적 근거가 없는 가설이다. 이 가설이 정당한 것이 아니라는 것을 밝히기 위하여 이 책이 쓰여지게 되었다.

성경무오와 교회

존 D. 한나(John D. Hannah)
정규철 역

신국판 /반양장/450면

역자는 20세기 최대의 신학자라 고 일컬어지는 칼 바르트의 신정통주의 신학으로 점철되는 신학계와 교계의 현실을 안타까워한다. 이 책에 의하여 비판받고 있는 로저스와 맥킴도 그런 신학의 영향 하에 있다. 사실 바르트의 신학은 기독교를 파괴하는 신학이다. 성경과 삼위일체 하나님, 하나님의 성육신으로서의 예수 그리스도, 성령, 이신칭의, 천국과 지옥의 내세를 부정한다. 그 현란하고 박학한 필치로 정통적 기독교를 철저히 해체하는 신학적 작업을 그의 「교회교의학」에서 수행하였다. 그런데도 국내외에서 너 나 할 것 없이 그를 추종하고 있다. 이 책이 그런 신학적 상황을 어느 정도 개선한다면, 이 책의 목적 중 하나를 달성하리라고 본다.

요한복음의 새창조

성경 전체를 창조에서 새 창조에 이르는 과정으로 파악하고 창조에서 새 창조의 대변환점이 로고스의 성육신과 구속사역인 것을 확인한 것은 저자의 성경이해에 새로움과 기쁨을 더했다. 그래서 이 책은 그 기쁨과 희열을 객관적으로 표명한 것이기도 하다.

신국판/ 252면/반양장 / 정규철 지음